Mme DE WITT, NÉE GUIZOT

LES FEMMES
DANS
L'HISTOIRE

OUVRAGE ILLUSTRÉ DE 80 GRAVURES

PARIS
LIBRAIRIE HACHETTE ET Cie
79, BOULEVARD SAINT-GERMAIN, 79

LES
FEMMES DANS L'HISTOIRE

Imprimeries réunies, **B**, rue Mignon, 2.

Mme DE WITT

NÉE GUIZOT

LES
FEMMES DANS L'HISTOIRE

Ouvrage illustré de 80 gravures

DEUXIÈME ÉDITION

PARIS

LIBRAIRIE HACHETTE ET CIE

79, BOULEVARD SAINT-GERMAIN, 79

1889

Droits de reproduction et de traduction réservés.

LES
FEMMES DANS L'HISTOIRE

J'ai été élevée dans la croyance à la disparité comme à l'égalité des sexes. J'ai vécu au milieu de femmes aussi distinguées que les hommes dont elles partageaient les travaux et secondaient de tout leur pouvoir les nobles ambitions. Pour mon compte et d'après mon observation personnelle, je reconnais, même dans de semblables conditions, l'infériorité féminine, non seulement comme étendue et puissance des facultés intellectuelles, mais comme valeur et force morales. La vertu d'un homme vertueux, celle de Du Plessis-Mornay, par exemple, dépasse celle de sa femme comme élévation et comme désintéressement. Avant son mariage, ma mère écrivait à sa sœur dans une lettre intime : « Il y a dans la raison des hommes quelque chose de supérieur qui dédommage de la soumission ; leur volonté est calme, tandis que la nôtre s'agite sans cesse ; une multitude de petits incidents qui nous contrarient vivement ne les atteignent même pas ; aussi veulent-ils moins fréquemment, mais plus également et plus durablement que nous. Dans tous les ménages que je vois, j'observe cette différence, et je suis persuadée que beaucoup de femmes très distinguées ont dû à cette dispensation de la Providence leur bonheur avec des maris qui n'avaient pas autant d'esprit qu'elles, mais dont le caractère ferme et calme leur donnait l'appui et le repos dont elles avaient besoin. Pareille chose t'arrivera, chère amie, et peut-être à moi, et nous verrons tout ce qu'une femme spirituelle peut apprendre d'un homme médiocre. On dit que je suis très instruite, et je sais bien que je le suis plus que la plupart des femmes; eh bien, ma chère, je n'ai jamais causé un peu sérieusement avec un homme sans apercevoir combien il y avait de décousu dans mon instruction et de lacune dans mes connaissances. Il y a quelque chose de désultoire dans l'esprit et dans l'éducation des femmes; elles ne savent jamais rien à fond, ce qui fait que les hommes les battent aisément dans la discussion. Si on est vaincue par un mari qu'on aime, le mal n'est pas grand. »

Élisa Dillon n'a pas épousé un homme médiocre, et si elle a beaucoup appris de son mari, elle l'a beaucoup aidé pendant sa courte vie conjugale, le remplaçant souvent dans le travail de préparation des numéros de la *Revue française* pour laquelle elle rédigeait des articles littéraires non signés, qui sont restés le témoignage durable d'une instruction solide et étendue, comme de l'esprit le plus délicat et de l'âme la plus élevée. Morte à vingt-neuf ans, elle a laissé dans la vie de celui qu'elle aimait un vide irréparable, et, grâce à ce fidèle souvenir, elle a tenu une si grande place dans la vie des enfants qui l'ont à peine entrevue, que je voudrais consacrer à sa mémoire cette esquisse du rôle des femmes dans la vie des hommes, auquel j'ai souvent pensé en lisant l'histoire de tant de vies glorieusement soutenues ou malencontreusement traversées par l'influence féminine.

J'écris pour les esprits et les âmes jeunes. Je me bornerai à parler des femmes qui ont fait du bien autour d'elles, dans la famille ou dans la société, des mères, des femmes, des filles, dignes de la tâche que Dieu leur avait confiée, et, par occasion seulement, de celles auxquelles il a ouvert un champ d'activité divers, et qui ont exercé leur influence en faveur des malheureux et des souffrants plutôt que dans la famille proprement dite. C'est aux femmes qui ont travaillé, quel que soit le genre de leur travail et les circonstances au milieu desquelles s'est déployée leur action, que je veux rendre hommage, c'est leur exemple que je voudrais voir imiter.

Nous entendons sans cesse réclamer les droits des femmes, leurs droits politiques et leurs droits sociaux; je me suis dit bien souvent en assistant à ces bruyantes protestations que les femmes perdraient beaucoup d'influence à gagner ces droits. « L'influence n'est pas le gouvernement, » disait Washington ; si l'axiome est vrai en politique, il est au moins discutable dans l'intérieur de la famille où le gouvernement de la femme et de la mère s'exerce modestement, discrètement, très habituellement par une autorité qui ressemble beaucoup à l'influence. L'autorité est là, toute prête à agir en cas de nécessité, elle repose suprêmement entre les mains du père de famille, du maître de la maison ; mais par qui est-elle ordinairement exercée, entre quelles mains repose le sceptre de la domination intérieure ? La plupart des femmes et des mères ne gagneraient pas grand'chose à soulever la question. Celles qui ont besoin de réclamer leurs droits n'ont pas su se servir des moyens d'action qui leur appartenaient en propre, elles n'ont pas su se faire une force des devoirs qu'elles devaient nécessairement et naturellement accomplir.

J'ai dit que la vertu d'un homme vertueux me paraissait supérieure à celle de sa femme ; je dois ajouter que je crois habituellement et en masse la valeur morale des femmes supérieure à celle des hommes, et leur vie dirigée par des principes plus élevés. La raison en est bien simple ; sans parler de l'influence que les principes et les sentiments religieux exercent sur l'âme et l'esprit des femmes, le dévouement est à la base et au fond de leur vie tout entière et il exerce sur toutes leurs actions sa salutaire influence : il élève et purifie leur activité, quelque modeste que soit la sphère où elle s'exerce ; mères, femmes, filles, sœurs, les femmes travaillent habituellement pour d'autres que pour elles-mêmes, et celles qui sont assez malheureuses pour être privées d'un but naturel pour leur dévouement le reportent souvent sur les pauvres. C'est le comble du dénûment pour une femme, et une souffrance que Dieu n'a infligée obligatoirement à aucune de ses créatures que l'absence de tout être auquel elle puisse se dévouer. Ce droit au dévouement est le premier trait d'une ressemblance générale et commune entre toutes les femmes que nous retrouvons dans la plus lointaine histoire ; les légendes du sacrifice féminin sont restées dans l'esprit des générations successives comme le type le plus élevé et le plus pur de l'humanité, avant que le christianisme eût replacé la femme, à côté de l'homme, dans la situation primitive voulue par Dieu au jour de la Création, lorsqu'il avait dit : « Il n'est pas bon que l'homme soit seul, je lui ferai une aide semblable à lui. » La faiblesse de la première femme en présence de la première tentation avait amené, avec le châtiment de sa chute, l'abus de la force et de l'égoïsme de l'homme; elle était tombée, sous bien des cieux et chez la plupart des peuples, à la condition de servante, presque d'esclave, mais elle avait conservé la faculté de se dévouer en attendant le jour du relèvement, lorsque la salutation angélique vint annoncer à la Vierge Marie la grâce suprême qui devait replacer toutes les femmes à leur rang de compagnes et d'amies des hommes dont Dieu leur confie le bonheur en ce monde et souvent le salut éternel.

L'ANTIQUITÉ

L'antiquité nous a conservé deux caractères féminins empreints par la poésie d'une élévation sublime, celui d'Alceste et celui d'Antigone. Le christianisme a vu des milliers de femmes, de filles, de sœurs aussi héroïquement dévouées que les deux Grecques; leur dévouement habituellement soutenu par l'espérance ferme du revoir éternel a eu même quelque chose de plus joyeux et de plus doux; mais le sentiment austère du sacrifice dû au devoir comme aux affections naturelles n'a peut-être jamais été plus élevé et plus noble que dans les peintures idéalisées qu'Euripide et Sophocle nous ont laissées du dévouement d'Alceste et d'Antigone.

ALCESTE

Alceste, femme d'Admète, roi de Phères, donna sa vie pour sauver son époux condamné à la mort par la sentence céleste,

Apollon ayant obtenu des Parques la promesse qu'Admète ne mourrait point si quelqu'un des siens consentait à descendre à sa place dans le royaume de Pluton.

Admète éprouva successivement tous ses amis, dit Euripide, et son père et sa vieille mère qui l'avaient enfanté, et il ne trouva que sa femme qui voulût mourir pour lui et renoncer à la lumière. Elle se sacrifie à une volonté impitoyable du Destin, devant un devoir qui lui semble plus inflexible encore. De ses mains languis-

MORT D'ALCESTE.
(Bas-relief d'un sarcophage de la ville Albani.)

santes, elle se pare pour mourir, adressant sa prière à Vesta, la déesse des chastes amours. « O déesse, dit-elle, je te supplie de veiller sur mes enfants orphelins, de donner à mon fils une noble épouse, et à ma fille un noble époux, que mes enfants ne meurent point avant le temps, ainsi que périt leur mère, mais qu'ils achèvent leur existence au sein de la joie et du bonheur sur le sol natal. — Elle s'est approchée, continue la suivante qui raconte cette fin sublime, de tous les autels qui sont dans le palais d'Admète, les a couronnés et a prié en effeuillant des branches de myrte, sans pleurer, sans gémir, sans que le mal inconnu qui la dévore altérât les grâces de son visage. Elle s'est jetée ensuite sur son lit, lui faisant ses adieux, comme aux lieux témoins du bonheur qu'elle quitte, et les larmes coulent enfin de ses yeux, arrosant les oreillers de sa couche. Cependant, suspendus à la robe de leur mère, ses enfants pleuraient. Alceste, les prenant dans ses bras, les embrassait l'un après l'autre, comme devant bientôt mourir. Dans le palais, tous les esclaves pleuraient aussi, plaignant le sort de leur maîtresse. Elle tendait la main à chacun et il n'en est pas de si misérable à qui elle n'ait parlé et dont elle n'ait reçu les adieux. Voilà le triste spectacle que présente la maison d'Admète. En mourant, il n'aurait perdu que la vie; en échappant à la mort, il ressent une douleur telle qu'il ne l'oubliera jamais. »

Le roi de Phères fait ici une triste figure, il accepte le dévouement de sa femme, avec des exclamations désolées, en lui promettant de ne contracter jamais d'autres liens et de servir de mère aux enfants orphelins. Mais quelques jours plus tard, avant la fin de la tragédie qui, n'étant pas, à la vérité, soumise à la règle des unités, embrasse un espace assez prolongé, il tend la main à la femme voilée que lui amène Hercule; il proteste contre la violence que lui fait le héros, mais il cède, et c'est un bonheur et un honneur qu'il ne mérite guère que de retrouver, sous le voile qui lui a caché ses traits, la fidèle épouse, Alceste elle-même, qu'Hercule a disputée et enlevée au génie de la mort. La conception du génie d'Euripide, basée sur la fable antique, est tout entière à la gloire de la femme et de son dévouement.

ANTIGONE

La piété filiale et fraternelle d'Antigone est peut-être plus touchante encore. Le malheureux Œdipe, type effrayant de l'infortuné poursuivi par la vengeance divine injustement armée contre le coupable, victime de la fatalité, nous apparaît au début de la tragédie de Sophocle appuyé sur le bras de sa fille chérie :

« Fille d'un vieillard aveugle, Antigone, dans quel lieu sommes-nous arrivés? Qui voudra en ce jour accueillir avec les dons de la pitié l'errant Œdipe, demandant peu, obtenant moins qu'il ne demande, et pourtant satisfait? Les souffrances, une longue vieillesse et mon courage m'ont appris à me résigner. Ceux de mes enfants qui auraient dû veiller sur mes jours restent dans leurs palais comme des vierges timides, et c'est toi qui, à leur place, partages les souffrances d'un père infortuné. Depuis que tu es sortie de l'enfance et que l'âge a fortifié ton corps, errant tristement avec moi, tu ne cesses de conduire ton vieux père, marchant souvent pieds nus, sans pain, à travers les forêts sauvages, souvent exposée à la pluie, aux ardeurs du soleil, et malgré ces souffrances, infortunée, tu préfères à la vie paisible de tes foyers le soin de nourrir ton père. »

Antigone avait, sans le savoir, conduit son père auprès du bois sacré voué aux Euménides ou furies vengeresses; aucun mortel ne pouvait approcher de leur sanctuaire, mais la protection de Thésée qui régnait sur l'Attique avait permis au monarque détrôné, fugitif et aveugle de se reposer non loin de Colonne. C'est là qu'il fut rejoint par sa fille Ismène, qui lui apprit les malheurs dont Thèbes était accablée sous le poids de la colère divine que n'avaient pas encore apaisée les malheurs d'Œdipe. Les deux fils de l'infortuné roi, Étéocle et Polynice, se disputaient le trône. Polynice vaincu et en fuite paraît devant son père et ses sœurs avant de marcher contre Thèbes à la tête des forces qu'il a rassemblées, et son père lance contre lui l'anathème qui condamne ses fils à périr l'un par l'autre. Œdipe meurt bientôt frappé par la foudre, sans que Thésée veuille permettre à ses filles d'approcher de son tombeau. Elles retournent à Thèbes, assiégée par Polynice avec les six chefs ses alliés.

Nous retrouvons ici les terreurs religieuses d'Eschyle. A chacun des six chefs attaquant une des portes de la ville, Étéocle oppose un général thébain; mais dès qu'il apprend que Polynice est à la septième porte, il marche contre son frère et succombe avec lui dans un combat singulier, écrasés tous les deux par la malédiction paternelle. Créon, leur oncle, devenu maître de Thèbes et toujours favorable aux prétentions d'Étéocle, fait relever sur le champ de bataille le corps du frère aîné, mais il ordonne que le malheureux Polynice ne reçoive point les honneurs de la sépulture.

C'était la croyance des Grecs, comme c'est encore celle des Chinois, que les âmes de ceux auxquels les rites funèbres étaient refusés erraient sur les rives du fleuve infernal, cherchant en vain à le franchir. Antigone apprend le nouveau malheur qui vient de fondre sur sa race infortunée, elle appelle sa sœur Ismène :

« Sais-tu un seul des maux réservés aux enfants d'Œdipe que Jupiter n'ait pas encore répandu sur nous? Douleurs, humiliations, opprobre, hélas! malgré notre innocence, nous avons l'une et l'autre tout éprouvé dans notre malheur. Et aujourd'hui, quel nouvel édit le roi vient-il de faire publier par toute la ville? En es-tu instruite? Ou bien ignores-tu qu'on menace nos amis de les traiter en ennemis?

ISMÈNE. — Antigone, aucune nouvelle agréable ou fâcheuse sur nos amis n'est parvenue jusqu'à moi, depuis la perte de nos deux frères, expirés en un jour, sous les coups l'un de l'autre; l'armée des Argiens a disparu cette nuit, et je ne vois plus rien qui doive ajouter à notre bonheur ou à nos maux.

ANTIGONE. — Je le sais; et je t'ai appelée hors du palais pour n'être entendue que de toi.

ISMÈNE. — Qu'y a-t-il? Tu parais agitée de quelque inquiétude.

ANTIGONE. — Eh quoi! Créon ne vient-il pas d'accorder la sépulture à l'un de nos frères et de la refuser indignement à l'autre? Il a, dit-on, par un arrêt équitable et légitime, enseveli Étéocle pour qu'il fût honoré dans les sombres lieux. Quant au malheureux Polynice, on assure que Créon a fait publier dans la ville la défense de l'ensevelir ou de le pleurer. Abandonné sans honneur, sans tombeau, son corps doit servir de pâture aux oiseaux dévorants. Voilà ce que le généreux Créon t'ordonne ainsi qu'à moi, et tu vas le voir paraître pour déclarer hautement ses volontés à ceux qui les ignorent. Il attache un grand prix à cette défense, car quiconque osera désobéir sera condamné à périr au milieu de la ville, lapidé par les mains du peuple. Voilà ce que j'avais à te dire, et bientôt tu feras voir si tu es digne de ta race, ou si tu démens le noble sang dont tu es issue.

ISMÈNE. — Hélas! infortunée, s'il en est ainsi, que peut servir ma soumission ou ma désobéissance?

ANTIGONE. — Vois si tu veux me seconder et agir avec moi?

ISMÈNE. — A quel danger veux-tu t'exposer? Quel est ton dessein?

ANTIGONE. — Tes mains m'aideront-elles à enlever le cadavre?

ISMÈNE. — Quoi! tu prétends l'ensevelir, malgré la défense publiée par la ville?

ANTIGONE. — Oui; j'ensevelirai celui qui est mon frère et le tien, quand bien même tu ne le voudrais pas. Jamais on ne m'accusera d'abandonner les miens.

ISMÈNE. — O malheureuse! et la défense de Créon?

ANTIGONE. — Il n'a pas le droit de me séparer de ma famille.

ISMÈNE. — Hélas! songe, ma sœur, que notre père mourut chargé de haine et d'opprobre, après s'être puni des crimes qu'il reconnaissait lui-même en s'arrachant les yeux de ses propres mains; sa mère, et son épouse en même temps que sa mère, termina ses jours en s'étranglant elle-même; nos deux frères en un seul jour s'égorgeant l'un l'autre ont péri sous leurs propres coups! Et nous, restées seules de notre famille, vois quelle mort plus affreuse encore nous est réservée, si, rebelles à la loi, nous bravons l'édit et la puissance de nos tyrans. Songe d'ailleurs que nous ne sommes que des femmes, incapables de combattre des hommes, et que, soumises à des maîtres plus puissants que nous, nous sommes bien obligées de supporter ces rigueurs et de plus cruelles encore. Quant à moi, priant les mânes de me pardonner si je cède à la violence, je me soumettrai à ceux qui sont armés du pouvoir. Car c'est le comble de la folie d'entreprendre ce qui est au-dessus de nos forces.

ANTIGONE. — Je ne te presse plus, et quand même tu voudrais t'unir à moi, je refuserais ton concours. Pour moi, je l'ensevelirai. Il sera glorieux de mourir après l'avoir fait, je reposerai avec un frère chéri, et j'aurai rempli mon devoir, car j'ai plus longtemps à plaire aux morts qu'aux vivants, puisque je dois reposer avec eux à jamais. Pour toi, si tu veux, méprise les lois les plus sacrées.

ISMÈNE. — Ce n'est point par mépris, ma sœur; mais braver la volonté d'une ville entière, je n'en ai pas le courage, je tremble pour toi.

ANTIGONE. — Ne crains rien pour ma vie, songe à la tienne. Je sais que je satisfais à ceux auxquels je dois plaire.

ISMÈNE. — Oui, si tu peux réussir; mais c'est vouloir une chose impossible.

ANTIGONE. — Eh bien! je m'arrêterai quand je ne pourrai plus agir.

ISMÈNE. — Eh bien! puisque tu le veux, pars, sœur imprudente et pourtant fidèle à ceux que tu aimes. »

Le gardien du champ de bataille paraît bientôt, haletant encore de la rapidité de sa course, pour annoncer à Créon qu'on est venu ensevelir le mort, que la poussière a été répandue sur son corps, et que les cérémonies funèbres ont été accomplies.

« CRÉON. — Que dis-tu? Quel homme a eu cette audace?

LE GARDIEN. — Je ne sais, la terre n'était ni entamée par la bêche, ni creusée par le hoyau; le sol ferme et sans blessure n'était pas sillonné par les roues d'un char, nul indice ne pouvait trahir le coupable! Lorsque le premier des gardiens de jour nous eut avertis, cet évènement nous parut un prodige funeste. Le corps était caché sans être enseveli. On l'avait seulement couvert d'un peu de poussière, comme pour éviter le crime d'impiété. On ne voyait aucune trace de bête féroce ni de chien qui fût venu le déchirer. Des paroles menaçantes circulent aussitôt parmi nous, un des gardiens en accuse un autre, on était près d'en venir aux mains, lorsqu'on résolut de venir auprès de toi te faire un récit fidèle, et c'est moi, malheureux, que le sort a chargé de ce triste message. Je suis ici contre mon gré et sans doute contre le tien, car on n'aime point celui qui vous apporte de fâcheuses nouvelles. »

La colère de Créon s'exhale en menaces violentes et le gardien épouvanté prend la fuite, pour revenir bientôt, amenant Antigone.

« Prince, dit-il, je m'étais promis de ne plus reparaître ici, tant tes menaces m'avaient effrayé ; mais, par un bonheur inespéré, je reviens en dépit de mes serments et j'amène cette jeune fille, qui a été surprise préparant une tombe au cadavre. Le sort cette fois n'a pas été consulté, c'est moi qui ai fait cette heureuse découverte, et moi seul. Maintenant qu'elle est entre tes mains, je mérite d'échapper au châtiment.

CRÉON. — Cette femme que tu amènes, comment, en quel lieu l'as-tu arrêtée ?

LE GARDIEN. — Elle ensevelissait le cadavre, voilà tout.

CRÉON. — Comment l'a-t-on aperçue ? Comment l'a-t-on prise sur le fait ?

LE GARDIEN. — Voici comment la chose s'est passée. A peine revenus à notre poste, effrayés de tes terribles menaces, nous écartons toute la poussière qui couvrait le corps, nous mettons à nu avec soin le cadavre à demi corrompu, nous nous asseyons ensuite sur une des hauteurs voisines, exposées à tous les vents, afin d'échapper ainsi à l'odeur infecte qu'il exhalait, et par des paroles piquantes nous nous excitons mutuellement à la plus grande vigilance. Nous sommes demeurés en cet état jusqu'au moment où le disque éclatant du soleil, parvenu au milieu de sa course, embrasait l'air de ses feux. Alors un vent impétueux soulève tout à coup un tourbillon qui obscurcit les cieux, il couvre toute la plaine et dépouille de leur feuillage les arbres dont elle est ombragée. Pour nous, les yeux fermés, nous supportons de notre mieux le fléau envoyé par le ciel. Lorsque enfin il est apaisé, nous apercevons cette jeune fille qui poussait des cris aigus et lamentables, comme un oiseau qui ne retrouve plus sa couvée dans son nid déserté. C'est ainsi qu'à l'aspect du cadavre dépouillé de sa poussière elle éclate en gémissements et prononce de terribles imprécations contre les auteurs de cet outrage, et ses mains aussitôt répandent sur le mort une poussière sèche qu'elle arrose par trois fois de libations épanchées du sein brillant d'un vase d'airain. A cette vue, nous courons à elle, nous la saisissons, sans qu'elle marque aucun effroi ; nous l'interrogeons sur ce qui s'est passé antérieurement et sur ce qu'elle vient de faire : elle ne nie rien, et son aveu m'est à la fois agréable et douloureux. Car échapper soi-même au tourment est un bonheur, mais y exposer ses amis est une tristesse. Cependant il est naturel que toute autre considération cède au soin de sa propre vie.

CRÉON. — Porte tes pas où tu voudras, tu es libre du soupçon qui pesait sur ta tête. Mais toi qui baisses le front vers la terre, déclares-tu avoir fait cette action ou la nies-tu?

ANTIGONE. — Je déclare l'avoir faite, je ne la nie point.

CRÉON. — Mais connaissais-tu la défense que j'avais faite?

ANTIGONE. — Je la connaissais. Pouvais-je l'ignorer? Elle était publique.

CRÉON. — Et pourtant tu as osé enfreindre cette loi?

ANTIGONE. — Ce n'est point Jupiter, ni la Justice, compagne des Dieux mânes, qui ont publié une telle défense ; non, ils n'ont pas dicté aux hommes de semblables lois. Je n'ai pas cru que tes ordres eussent assez de force pour faire fléchir les commandements non écrits mais impérissables des Dieux. Ce n'est pas d'aujourd'hui ni d'hier qu'elles existent, ces lois ; elles sont éternelles, et personne ne sait quand elles ont pris naissance. Je ne devais donc pas, effrayée de la vengeance d'un mortel, m'exposer à la colère des Dieux. Je savais avant ton décret que je devais mourir, puisque c'est une sentence inévitable ; mais si je meurs avant le temps, c'est un bonheur à mes yeux. Comment pourrais-je en effet, au milieu des maux sans nombre qui affligent ma vie, ne pas regarder la mort comme un bienfait? Mais si j'avais laissé sans sépulture le fils de ma mère, ma douleur en serait vive ; ce que j'ai fait et la mort qui m'attend ne m'en causent aucune. Si tu taxes ma conduite de folie, ton accusation pourrait bien être celle d'un insensé.

LE CHŒUR. — A ce caractère inflexible, on reconnaît la fille de l'inflexible Œdipe, elle ne sait point céder au malheur.

ANTIGONE. — Te faut-il plus que ma mort?

CRÉON. — Non, rien, elle me suffit.

ANTIGONE. — Que tardes-tu donc? Car rien ne me plaît de ta bouche et mes discours ne doivent pas t'être plus agréables. Quelle gloire plus belle pourrais-je obtenir, que d'avoir donné la sépulture à un frère? Tous ceux qui m'écoutent me combleraient eux-mêmes de louanges, si leur langue n'était enchaînée par la crainte. Mais un des avantages des rois, c'est de pouvoir dire et faire ce qui leur plaît.

CRÉON. — Tu es la seule des enfants de Cadmus à penser ainsi!

ANTIGONE. — Ils pensent comme moi, mais ta présence leur ferme la bouche.

CRÉON. — N'était-il pas aussi ton frère, celui qui périt en combattant contre Polynice?

ANTIGONE. — Il l'était et il naquit des mêmes parents.

CRÉON. — Et pourquoi donc l'outrager par les honneurs rendus à l'autre?

ANTIGONE. — Ce n'est pas le témoignage que j'attends de celui qui est dans la tombe!

CRÉON. — Un impie reçoit de toi les mêmes honneurs que lui.

ANTIGONE. — Ce n'était point un esclave, mais bien son frère.

CRÉON. — Il ravageait sa patrie, l'autre se battait pour elle.

ANTIGONE. — Cependant ce sont ces lois que Pluton impose.

CRÉON. — Le vice et la vertu ne doivent point avoir le même partage.

ANTIGONE. — Qui sait si dans les sombres lieux on approuve ces maximes?

CRÉON. — Jamais un ennemi, même après la mort, ne devient un ami.

ANTIGONE. — Je suis née pour partager l'amour et non la haine. »

Cette dernière parole est digne d'une chrétienne et, du reste, tout le caractère d'Antigone semble déjà éclairé par la lumière de l'Évangile. Les traditions qui nous rappellent des noms de femmes dans l'antiquité grecque ne sont pas toutes si nobles ni si pures.

LEÆNA

Ce n'était pas une chrétienne anticipée, bien qu'elle eût quelque chose du courage des martyrs, que cette Leæna qui, instruite de la conspiration d'Harmodius et d'Aristogiton contre les tyrans Hippias et Hipparque, se coupa la langue avec les dents pour échapper à la tentation de trahir par un seul mot ses complices. Chrétienne, elle eût attendu de la grâce divine la force de résister à la torture païenne ; elle mit du premier coup sa faiblesse à l'abri d'une impossibilité physique, que les Athéniens voulurent rappeler à tous les âges, en la représentant sous la figure d'une lionne sans langue.

FEMMES JUIVES
DANS L'ÉCRITURE SAINTE

Les Livres saints nous retracent plusieurs femmes de l'antiquité juive prenant une part glorieuse et modeste dans la vie nationale. A l'origine de l'histoire d'Israël, Marie, sœur de Moïse, reçoit le don de prophétie et célèbre par ses chants le passage de la mer Rouge. C'est encore une prophétesse et un poète que cette Déborah qui conduit les Israélites au combat après les avoir jugés longtemps sous son palmier ; mais Anne, mère de Samuel, est une simple mère de famille, dont le cantique d'actions de grâces rappelle presque textuellement le *Magnificat* de la Vierge Marie. C'était une simple femme que cette Abïgaïl de Carmel, dont la sagesse et la douceur apaisent les colères de David contre son mari Nabal.

LA MÈRE
DU LIVRE DES MACHABÉES

C'est une mère modestement absorbée par l'éducation de ses enfants que cette héroïne du second livre des *Machabées*, qui encourage ses fils à mourir plutôt que de transgresser la loi divine, méprisée par le roi Antiochus. — Plus admirable qu'on ne peut le dire, et digne d'une mémoire éternelle, voyant ses sept fils périr en un même jour, elle le supportait courageusement, à cause de l'espérance qu'elle avait en Dieu. Elle exhortait chacun d'eux par des paroles fortes et pleines de sagesse, alliant un courage mâle à la tendresse d'une femme, et leur disait :

« Je ne sais comment vous avez été formés dans mon sein, car ce n'est pas moi qui vous ai donné l'esprit et la vie, ni qui vous ai assemblé tous vos membres ; mais c'est le Créateur du monde qui a formé l'homme, et qui a donné naissance à toutes choses ; c'est lui aussi qui vous rendra de nouveau l'esprit et la vie par sa miséricorde, en récompense de ce que maintenant vous ne tenez nul compte de vous-mêmes à cause de ses lois. »

Et lorsque Antiochus, désespérant de vaincre le courage du plus jeune de ses enfants, appelle la mère au secours de ses séductions, parce qu'il croit avoir affaire à une femme orientale, elle se retourne vers lui, se moquant du cruel tyran qui la connaît si mal, et s'adressant à son dernier-né : « Mon fils, aie pitié de moi, qui t'ai porté neuf mois dans mon sein, qui t'ai allaité trois ans, et qui t'ai nourri et élevé jusqu'à l'âge où tu es. Je te conjure, mon enfant, de regarder le ciel et la terre, et toutes les choses qui y sont, et de considérer que Dieu a fait toutes ces choses de rien, de même que tous les hommes ; ne crains donc point ce cruel bourreau, mais reçois la mort en digne compagnon de tes frères, afin que dans la même miséricorde je vous retrouve tous un jour ! » Avec quelle joie en effet cette mère héroïque dut-elle tomber à son tour sous le couteau du persécuteur, et retrouver ses enfants auprès de Celui en qui elle avait cru !

LA FEMME FORTE
DU LIVRE DES PROVERBES

C'était une épouse et une mère, vivant paisiblement dans sa demeure, que cette femme forte dont la mère du roi Lamuel trace l'admirable portrait dans son dernier chapitre des *Proverbes*. Il le l'avait vue, elle la connaissait et ce n'était assurément pas l'œuvre de son imagination que cette « femme vertueuse dont le prix surpasse beaucoup celui des perles ». Chaque trait ajoute à la beauté grande et ferme du tableau : « Le cœur de son mari s'assure en elle, elle lui fait du bien tous les jours de sa vie et jamais de mal; elle fait de ses mains ce qu'elle veut; elle considère un champ et l'acquiert; elle plante une vigne du fruit de ses mains; elle ceint ses reins de force et elle fortifie ses bras; elle examine le train de sa maison et elle ne mange point le pain de paresse; elle met ses mains au fuseau et ses mains tiennent la quenouille. Elle ne craint point la neige pour sa famille, car toute sa famille est vêtue de vêtements doubles; elle tend sa main à l'affligé et avance sa main aux nécessiteux; elle ouvre sa bouche avec sagesse et la loi de bonté est sur sa langue; ses enfants se lèvent et la disent bienheureuse; son mari aussi, et il la loue : « Plusieurs filles se sont conduites vertueusement, mais tu les surpasses toutes. La grâce trompe et la beauté s'évanouit; mais la femme qui craint l'Éternel est celle qui sera louée. Donnez-lui les fruits de ses mains, et que ses œuvres la louent dans les portes! »

L'influence des nations orientales au milieu desquelles le peuple d'Israël vécut pendant la captivité put agir dans une certaine mesure sur la situation des femmes dans la nation juive, mais la conception primitive du mariage juif se ressentait encore du jour de la Création, la Femme forte était au moins « une aide semblable à lui » pour son mari.

MATRONES ROMAINES

CORNÉLIE, MÈRE DES GRACQUES. — ARRIA. — PAULINE.

Les matrones romaines prenaient rarement part à la vie publique, bien que leur situation fût de tout point supérieure à celle des femmes grecques; mais elles étaient honorées et puissantes dans l'intérieur. Nous repassons dans notre mémoire le souvenir de la vertu de Lucrèce, incapable de supporter la souillure; du dévouement filial d'Euphrasie, nourrissant de son propre lait son père emprisonné; de la fierté maternelle de la fille de Scipion, montrant ses deux fils à la dame campanienne qui lui demandait à voir ses bijoux : « Voilà mes ornements! » dit Cornélie, qui s'irritait de n'être pas encore appelée « la mère des Gracques », titre glorieusement douloureux que lui

LUCRÈCE, D'APRÈS RAPHAËL.

donna seule l'inscription placée au bas de sa statue; le courage quasi maternel d'Arria se frappant la première du coup mortel pour encourager son mari à supporter généreusement la mort: « Cela ne fait pas de mal, mon Pætus! »; Pauline s'ouvrant les veines pour mourir avec son époux Sénèque, que de figures nobles et douces passent sous nos yeux et devant notre esprit, dans ces temps héroïques de la Rome antique dont la déca-

CORNÉLIE.

dence ne détruit pas complètement la grandeur! C'est de cette semence d'héroïnes que sont nés les martyres, plus héroïques que les plus fières Romaines.

ÉPONINE

Ce n'était pas encore une chrétienne et une martyre que cette Éponine, femme de Sabinus, le jeune Gallo-romain prétendant

ÉPONINE ET SABINUS.

à la succession de Jules César et compromis dans la conspiration de Civilis contre l'empereur Vespasien. Les druides étaient sortis des retraites, annonçant que l'Empire Romain était fini et que les Gaules allaient recouvrer leur liberté. L'insurrection avait été vive, mais elle fut courte; l'habileté consommée et la discipline des Romains triomphèrent sans peine de la valeur inconsidérée des Gaulois révoltés. Civilis lui-même s'était soumis. Sabinus avait, disait-on, péri de sa propre main.

Ce bruit avait jeté sa jeune femme dans le plus profond désespoir, lorsqu'elle fut instruite, par l'un des esclaves de son mari, du lieu de sa retraite; il lui demandait en même temps de persister dans sa désolation et son deuil, pour confirmer le bruit déjà accrédité de sa mort. Elle joua bien, selon l'expression de Plutarque, la tragédie de son malheur. Elle alla d'abord voir son mari, dans son asile, pendant la nuit; elle revenait chez elle le jour, mais elle finit par ne plus sortir de la caverne où se cachait Sabinus. Au bout de sept mois, entendant vanter la douceur de Vespasien, elle alla à Rome, emmenant son mari déguisé en esclave et la tête rasée, dans un accoutrement qui le rendait méconnaissable. Les amis, très rares, qui étaient dans leur confidence, leur conseillèrent de ne pas recourir encore à la clémence impériale et de regagner leur asile. Ils y vécurent neuf ans, pendant lesquels, dit Plutarque, « ne plus ne moins que la lionne dans sa caverne », Éponine accoucha de deux jumeaux, qu'elle nourrit longtemps de son lait. Les deux époux furent enfin découverts et conduits à Rome devant Vespasien. « César, lui dit Éponine, en lui montrant ses enfants, je les ai nourris et allaités dans un tombeau, afin que nous fussions plusieurs à te supplier. » Mais Vespasien n'était clément que par prudence, non par nature ni par grandeur d'âme : il envoya Sabinus au supplice. Éponine demanda à mourir avec son mari. « Fais-moi cette grâce, César, dit-elle, car j'ai vécu sous la terre et dans les ténèbres plus heureuse que toi dans les splendeurs de ton empire. » Vespasien lui accorda ce qu'elle demandait, et l'envoya aussi au supplice. Plutarque, leur contemporain, exprimait sans doute le sentiment public de leur époque, quand il terminait son récit en disant :

« Il ne fut, dans tout le règne de cet empereur, nul acte si cruel et si pitoyable à voir, et il en a été depuis puni, car sa postérité a été en peu de temps complètement éteinte. »

SAINTE NATALIE

Sainte Natalie était une femme chrétienne et son dévouement conjugal fut plus héroïque encore que celui d'Éponine. Adrien, son mari, chrétien depuis peu, était officier dans les gardes de l'empereur Galère, et par conséquent investi de quelque pouvoir. Jeté en prison, il obtint de ses geôliers l'autorisation de sortir pendant quelques heures de la prison pour revoir sa femme. Le bruit arriva jusqu'à Natalie de sa sortie de prison avant qu'elle l'eût vu lui-même, et avec ce bruit le soupçon lui parvint qu'il avait renié le Sauveur, dont il connaissait à peine toutes les bontés; elle se jeta à terre dans un accès de désespoir et de prière fervente : « Oh! s'écria-t-elle à travers ses larmes, faudra-t-il que je sois regardée dans l'Église et par les frères comme la femme d'un apostat qui a renié son Maître par crainte du supplice? » Elle se désolait ainsi, lorsque la voix d'Adrien retentit à la porte, comme celle de saint Pierre délivré par l'ange : « Ne crains rien, courageuse femme, disait le jeune soldat, je rends grâce à Dieu de ce que je ne suis pas indigne de toi; ouvre la porte, afin que je puisse te voir une dernière fois. »

Ce ne fut pas la dernière fois, Natalie était là le lendemain lorsqu'il fut conduit au supplice; elle avait coupé ses beaux cheveux et revêtu un déguisement d'homme. Lorsqu'on ramena Adrien tout sanglant de l'arène où il avait souffert sans mourir encore, ce furent les bras de sa femme qui le reçurent à la porte de la prison. « Bienheureux es-tu, lumière de mes yeux, époux chéri de mon cœur, murmurait-elle, puisque tu as été trouvé digne de souffrir pour le nom de Jésus-Christ avant ta pauvre Natalie! »

Le jour suivant, Galère lui-même ordonna que les membres de son officier fussent abattus l'un après l'autre sur l'enclume d'un forgeron; il devait ensuite avoir la tête tranchée. Sa femme était encore-là, avec ses regards encourageants et son héroïque tendresse, sans que les yeux des persécuteurs eussent pénétré son déguisement. Lorsque la tête du martyr tomba enfin, le jeune assistant se baissa contre terre, ramassant et cachant dans son sein une des mains de la victime, puis la veuve, fuyant de ville en ville selon l'ordre du Maître, alla se réfugier à Byzance, où elle vécut encore de longues années dans les bonnes œuvres, accompagnée par le souvenir bien-aimé de celui qu'elle avait soutenu pendant son dernier combat, avec cette fidélité jusqu'à la mort qui dédaigne les choses visibles, qui ne sont que pour un temps, afin de s'attacher aux choses invisibles, qui sont éternelles.

SAINTE MONIQUE

Nous avons opposé l'amour et la fidélité de Natalie encourageant son mari à mourir pour Jésus-Christ à la fidélité simple et primitive d'Éponine nourrissant ses enfants dans l'asile souterrain de Sabinus; il nous faut également comparer à l'orgueilleuse mère des Gracques, passionnée pour cette gloire de ses fils qui les devait tous deux mener à la mort, avec la mère par excellence, celle qui par la grâce de Dieu enrôla son fils dans ce service de Dieu qui devait le mener à la vie éternelle, sainte Monique, la mère de saint Augustin.

Elle avait trois enfants, mais ce fut son fils aîné qui fut pour elle le sujet de ses profonds chagrins et de son indicible bonheur. Elle l'avait « conçu dans son sein pour la vie temporelle et dans son cœur pour la vie éternelle », dit saint Augustin lui-même; mais que de larmes elle versa d'abord lorsque les égarements de la jeunesse de son fils l'éloignèrent également de la pureté de la vie et de celle de la foi! Épouse mal mariée, et regagnant son mari à Dieu par sa vertu, par sa patience et son inépuisable courage, elle pouvait espérer de voir son fils la consoler des douleurs qu'elle avait subies pendant sa vie conjugale. Mais Augustin aggrava les chagrins de sa mère au lieu e les alléger. Elle en vint même à interdire l'entrée de sa maison à l'hérétique, renégat du Dieu qu'elle servait.

Tous les efforts de la mère allaient à éclairer l'intelligence puissante et subtile de son fils, et elle cherchait à l'entourer des discuteurs théologiques les plus habiles et les plus convaincus, lorsqu'un saint évêque, qu'elle suppliait un jour de prendre la peine de conférer avec lui pour combattre ses erreurs, lui répondit doucement : « Laissez-le, contentez-vous de bien prier pour lui, et vous verrez qu'il viendra à reconnaître de lui-même l'erreur et l'impiété par la lecture de leurs propres livres. »

Sainte Monique n'était pas encore convaincue ; elle tenait à ses idées propres et au système qu'elle avait adopté pour obtenir la conversion de son fils. Elle insistait auprès de l'évêque, fondant en larmes et le suppliant d'entretenir Augustin, lorsque le prélat, comme importuné de ses prières, lui répondit par un mouvement de l'esprit de Dieu : « Allez et continuez de faire ce que vous faites, car il est impossible qu'un fils pleuré de tant de larmes périsse jamais. » On sait quelle réponse obtinrent de Dieu les larmes et les prières de sainte Monique, et nul que ce même Dieu ne saura jamais combien de mères, pieuses et désolées comme elle, ont été consolées et fortifiées dans leur indomptable espérance par l'assurance du vieil évêque africain à la veuve de Tagaste.

Augustin était chrétien, il s'était donné au Dieu de sa mère avec une ardeur égale à la vivacité de sa résistance; il était avec elle à Ostie, car elle l'avait accompagné à Rome, comme elle était venue naguère le chercher à Milan lorsqu'il errait de lieu en lieu, dans l'inquiétude et l'angoisse de sa lutte intérieure. Tous deux se préparaient à s'embarquer pour retourner en Afrique, où le fils comptait consacrer sa vie à prêcher les vérités qu'il avait si longtemps méconnues. Ils étaient assis auprès d'une fenêtre, seuls et s'entretenant avec « une extrême consolation, oubliant tout le passé pour ne penser plus qu'aux biens à venir » et cherchant tous deux, en la présence de Dieu, à pénétrer au delà du voile qui recouvre encore aux yeux mortels les béatitudes éternelles.

« En parlant ainsi de cette vie heureuse et en la désirant avec ardeur, nous nous élevâmes jusqu'à la sentir et à la goûter en

quelque sorte par un vif désir de nos cœurs; puis, soupirant de n'en pouvoir jouir encore comme nous aurions voulu, il ne nous resta autre chose que d'y demeurer unis par cet esprit dont nous avions reçu les prémices, notre propre faiblesse nous faisant bientôt retourner aux paroles extérieures, à la suite desquelles ma mère me dit : « La seule chose qui me faisait un peu dési-
« rer de vivre était de vous voir chrétien avant ma mort. Dieu
« a plus fait, puisqu'il ne m'a pas seulement accordé une telle
« grâce, mais aussi celle de vous voir devenu entièrement son
« serviteur, par le mépris que vous faites pour l'amour de lui
« de tous les biens et de toutes les félicités de ce monde. Que
« fais-je donc ici davantage? »

Cinq jours plus tard, Monique, encore dans la force de l'âge, entrait dans ce repos et cette vie éternelle qu'elle avait si ardemment désirés et vivement entrevus. Elle avait conquis son fils à Dieu, que lui importaient désormais la terre et la vie?

Nous voici donc entrés dans une période nouvelle de la vie des femmes; nous sommes sortis de l'abaissement successif où le mariage était graduellement tombé depuis le jour de la chute. Les femmes avaient rudement expié la faute de leur mère commune; elles avaient porté un joug de plus en plus pesant sous la grossière et violente autorité du mari, sauf dans de rares exceptions, et lorsque la supériorité native de quelque femme rétablissait en sa faveur l'égalité modeste de cette aide semblable à lui que le Créateur avait donnée à l'homme au premier jour du monde.

La délivrance allait venir, car Jésus-Christ paraît, et ce qui était l'exception devient la règle; la place de la femme, la place qu'elle ne peut perdre que par sa faute, est désormais à côté de son mari, à la tête du royaume intérieur.

« A l'origine de toutes les religions et dans leur histoire, écrit M. Guizot dans ses *Méditations sur la religion chrétienne*, les femmes ont leur place et leur rôle. Tantôt elles sont l'aliment et l'ornement des mythologies licencieuses. Tantôt, au contraire, elles sont, pour les héros religieux, l'objet d'un pieux effroi et d'une austère rigueur; ils les considèrent comme des créatures pleines de mal et de péril, ils les écartent de leur vie comme on écarte la tentation et l'impureté. Des aventures et des images voluptueuses ou d'ardents élans de contemplation et de macération ascétique, c'est à l'un ou à l'autre de ces extrêmes contraires que s'adonnent le plus souvent les religions dans leur âge de jeunesse et de vigueur. Quelquefois, et c'est pour les femmes la meilleure chance, elles apparaissent, dans les récits religieux, telles qu'elles sont en réalité dans la vie humaine, charmantes et charmées, séduisantes et séduites, adorées et asservies, vouées d'abord aux entraînements, puis aux mécomptes et des passions qu'elles inspirent et de leurs propres passions. Asiatiques ou Européennes, grossières ou raffinées, toutes les religions, autres que la chrétienne, ont donné au rôle des femmes, dans leur histoire, l'un ou l'autre de ces caractères.

« Ni l'un ni l'autre, ni rien d'analogue, ne se rencontre dans les Évangiles et dans les rapports de Jésus-Christ avec les femmes.

« Elles s'empressent vers lui, leur cœur est ému, leur imagination est frappée de sa vie, de ses préceptes, de ses miracles, de son langage. Il leur inspire un respect tendre et une admiration confiante. La Cananéenne vient lui demander timidement la guérison de sa fille. La Samaritaine l'écoute avidement sans le connaître. Marie se tient assise à ses pieds, absorbée dans ses paroles, et Marthe se plaint franchement à lui de ce que sa sœur ne l'aide point et la laisse servir toute seule. La Pécheresse s'approche de lui en pleurant, verse sur ses pieds un parfum rare et les essuie avec ses cheveux. La femme adultère, amenée en sa présence par ceux qui veulent la lapider selon la loi de Moïse, reste immobile devant lui quand ses accusateurs se sont éloignés, et attend en silence ce qu'il va lui dire. Jésus accueille les hommages et les prières de ces femmes avec la gravité douce et désintéressée d'un être supérieur étranger aux passions de la terre. Pur et inflexible interprète de la loi divine, il connaît et comprend la nature humaine et la juge avec cette sévérité équitable à qui rien n'échappe, pas plus l'excuse que la faute. La foi, la sincérité, l'humilité, la douleur, le repentir, le touchent sans l'abuser, et il exprime le blâme ou le pardon avec la même autorité sereine, certain que ses regards ont vu le fond des cœurs, et que ses paroles y pénétreront. Il n'y a dans ses rapports avec les femmes qui l'approchent pas la moindre trace de l'homme, et nulle part le Dieu ne se manifeste avec plus de charme et de pureté.

« Et quand il ne s'agit plus de rapports ni d'entretiens personnels, quand Jésus-Christ n'a plus devant lui des suppliantes ou des pécheresses qui implorent sa puissance ou sa clémence, quand c'est de la situation et de la destinée des femmes en général qu'il s'occupe, il affirme et défend leur droit et leur dignité avec une sympathie clairvoyante et sévère. Il sait que le bonheur humain et aussi le sort moral des femmes résident essentiellement dans le mariage ; il fait de la sainteté du mariage une loi fondamentale de la religion et de la société chrétiennes, il poursuit l'adultère jusque dans le fond des pensées et des cœurs, il interdit le divorce. Éclatant témoignage de l'action progressive de Dieu sur le genre humain! Jésus-Christ rend à la loi divine sur le mariage la pureté et l'autorité que Moïse n'avait pas imposées aux Hébreux à cause de la dureté de leurs cœurs. »

SAINTE AGNÈS. — SAINTE BLANDINE

Avec la loi primitive et l'unité idéale du mariage, Notre-Seigneur rétablit en même temps la liberté de la femme et lui reconnaît le droit de se consacrer directement à lui. Jusqu'à la venue du Christ, la femme n'était rien sans un mari ; l'existence des vestales ou des druidesses était un fait isolé, intéressant un très petit nombre de femmes dans chaque génération, et ce fait même était rare dans l'histoire des innombrables religions par lesquelles l'homme avait fait Dieu à son image. La religion et la foi chrétiennes, bientôt couronnées par le martyre d'une foule de femmes, avaient replacé leur sexe à son rang de courage et de pureté; il ne devait pas tarder à se trouver aussi rendu à la liberté d'une consécration sainte. C'est, dans l'histoire des premiers martyrs, l'une des plus belles et des plus connues que celle de la jeune sainte Agnès, fille d'une maison patricienne, radieuse au milieu des tortures et des périls de tout genre infligés par les persécuteurs de l'empereur Dioclétien, et c'est la gloire de l'Église de Lyon d'avoir vu dès le deuxième siècle le triomphe de la faiblesse d'une femme victorieusement soutenue par la grâce divine dans le martyre de Blandine, la pauvre esclave dont l'exemple encourageait les plus vaillants des confesseurs. « Christ fit voir en elle que les personnes qui paraissent viles et méprisées des hommes sont précisément celles que Dieu tient en plus grand honneur, à cause de l'excellent amour qu'elles lui portent, dit la lettre de l'Église de Lyon aux fidèles d'Asie et de Phrygie. — Nous tous, et même la maîtresse de Blandine qui combattait vaillamment avec les autres martyrs, nous redoutions que cette pauvre esclave, faible de corps, ne fût pas en état de confesser librement sa foi; mais elle fut soutenue par une telle vigueur d'âme, que les bourreaux, qui du matin au soir lui firent subir toutes sortes de tortures, échouèrent dans leurs efforts et se déclarèrent vaincus, ne sachant quel supplice lui infliger et s'étonnant qu'elle vécût encore avec le corps transpercé et fracassé par tant de tourments, dont un seul eût suffi pour la tuer. Mais cette bienheureuse, à l'instar d'un vaillant athlète, reprenait force et courage en confessant sa foi; tout sentiment de ses douleurs disparaissait et elle retrouvait tout son calme en répétant : « Je suis chrétienne, et il ne se fait rien de mal parmi nous. »

« Suspendue à un poteau comme à une sorte de croix, elle fut le second jour livrée aux bêtes, invoquant Dieu avec une ferveur confiante, si bien que les frères qui assistaient à ce combat croyaient retrouver, dans la personne de leur sœur, Celui-là même qui avait été crucifié pour leur salut. Aucune bête ne l'ayant touchée, elle fut détachée du poteau et ramenée en prison pour reparaître seulement le dernier jour des spectacles en compagnie d'un adolescent appelé Ponticus. Ils avaient été amenés tous les jours précédents pour qu'ils vissent les tourments de leurs compagnons. Telle fut contre eux la fureur de la

SAINTE BLANDINE.

multitude, qu'elle n'eut aucune pitié ni pour l'âge de l'enfant, ni pour le sexe de la femme. On les accabla de tortures, on les promena à travers tous les genres de supplices, on n'obtint pas d'eux ce qu'on désirait. Soutenu par les exhortations de Blandine, que voyaient et entendaient les païens, Ponticus, après avoir tout enduré généreusement, rendit l'âme. Blandine alors, la dernière de tous, comme une noble mère qui a enflammé le courage de ses fils pour le combat et les a envoyés vainqueurs à leur roi, repassa par toutes les tortures qu'ils avaient souffertes, pressée d'aller les rejoindre et triomphante à chaque pas vers la mort. Enfin, après qu'elle eut subi les flammes, les griffes des bêtes, les aspersions poignantes, on l'enveloppa dans un filet et on la jeta devant un taureau qui la lança en l'air de ses cornes; elle ne sentait déjà plus ce qui lui arrivait et paraissait tout entière absorbée dans l'attente des biens que Christ lui réservait. On l'égorgea enfin comme une victime. Les Gentils eux-mêmes avouaient qu'ils n'avaient jamais vu une femme qui eût tant et si longuement souffert. »

Ce fut à ce prix d'héroïsme et de patient courage que les femmes chrétiennes conquirent dans l'Eglise naissante cette place qu'elles ne devaient jamais perdre. C'est ainsi qu'à la suite des persécutions, et lorsque, pour la première fois dans le monde, le soin des pauvres, des malades et des souffrants de tout genre devint le patrimoine chéri de la charité, c'est aux femmes que fut confié ce privilège à travers toutes les Églises nouvelles qui sortaient de terre à la voix des apôtres.

Au premier rang les veuves, sous le titre de diaconesses, et bientôt les vierges empressées de se consacrer au service de Dieu, en la personne de ses pauvres, revendiquèrent ce droit jusqu'alors inconnu pour leur sexe de servir Dieu d'une manière indépendante sans s'appuyer sur aucun secours terrestre, et cette sainte liberté fut l'un des plus importants éléments de la délivrance de tant d'esclaves soumises qui avaient gémi longtemps sous un joug conjugal, pesant et cruel. Pour les époux chrétiens, la femme redevint l'aide semblable à lui donnée par le Dieu qui les avait rachetés l'un et l'autre.

« Elles ont reçu comme vous la grâce de la vie, » écrivait saint Pierre dans son épître universelle, et cette parole résumait toute la situation nouvelle. Désormais les femmes étaient libres, car leur conscience relevait directement du Maître suprême, au lieu d'être rivée à la chaîne de leur mariage. Le droit supérieur était enregistré.

SAINTE GENEVIÈVE

Ce droit de vivre et de mourir pour Dieu, qu'avait revendiqué l'esclave Blandine comme les patriciennes Agnès ou Cécile, ne devait plus en effet cesser d'appartenir aux femmes de tous les rangs qui savaient le retenir. Nous trouvons dès le cinquième siècle dans notre histoire parisienne la bergère Geneviève au premier rang de l'héroïsme patriotique, comme Blandine avait été à Lyon au premier rang de l'héroïsme religieux, comme Jeanne d'Arc, la bonne Lorraine, devait glorieusement s'y placer dans les guerres du moyen âge. Les Gaules appartenaient alors presque entièrement aux Romains, et le christianisme avait, extérieurement du moins, pris possession de toutes les existences. La résistance n'existait plus qu'au fond de la Bretagne, dans les landes stériles voisines de l'Espagne, ou dans ces repaires inaccessibles des montagnes d'Auvergne où les savants prétendent que le paganisme s'est secrètement conservé jusqu'à notre époque. Déjà les Francs avaient tenté certaines incursions sur les bords du Rhin et la terreur des Barbares commençait à gagner les villages épars; on se croyait encore en sécurité dans les villes entourées de murailles, lorsque le bruit vint à se répandre que des hordes sauvages précédées par la renommée de leurs effroyables exploits, les Huns et leur roi Attila, s'approchaient de la capitale des Gaules. Paris, ou Lutèce comme on l'appelait autrefois, était plongé dans la terreur.

Non loin de la grande ville, à Nanterre, vivait alors une petite paysanne, dès l'enfance pénétrée d'une piété précoce qui avait attiré sur elle l'attention de l'évêque d'Auxerre, Germain, lorsqu'il avait traversé les environs de Paris pour se rendre en Angleterre, où il était chargé de combattre l'hérésie de Pélage; la petite fille avait reçu la bénédiction de l'évêque et elle se regardait comme consacrée au service de Dieu, qu'elle priait de tout son cœur en filant la laine des moutons qu'elle gardait non loin de la maison de son père. Elle avait perdu ses parents et elle se trouvait chez sa marraine, lorsque la terreur de l'invasion des Huns chassa d'avance les populations des campagnes comme un vol d'oiseaux timides fuit devant l'approche de l'orage. Geneviève ne permit pas aux habitants de Nanterre de se laisser aller à ces frayeurs insensées. Elle avait entendu parler des Huns et de leur chef, le fléau de Dieu, elle savait qu'ils étaient cruels, sauvages et d'un aspect épouvantable, car ils prenaient plaisir à se défigurer volontairement afin d'inspirer plus d'effroi à leurs ennemis; mais elle savait aussi que Dieu, le créateur du ciel et de la terre, était plus puissant que tous les barbares réunis ensemble, et elle répétait aux malheureux égarés par la peur, qui fuyaient avec tout ce qu'ils possédaient : « Repentez-vous, priez Dieu et défendez vos demeures si vous êtes attaqués; les Huns ne viendront pas à bout de vous. » Elle s'était établie sur l'unique pont par lequel les fugitifs pussent chercher un refuge dans Paris et personne ne pouvait passer sans entendre ses avertissements. Éperdus, furieux de se voir ainsi arrêtés dans leur fuite, plus d'un voulut jeter la courageuse fille à la rivière; on l'accusait déjà de magie, mais ce fut précisément à ce moment-là qu'un messager de l'évêque d'Auxerre arriva pour apporter à Geneviève des nouvelles de son vénérable ami qui ne l'avait jamais oubliée et qui lui envoyait un souvenir de son attachement. Les plus effrayés reconnurent que la jeune fille était tenue en grande estime par de saints personnages; ils commencèrent à reprendre courage et à attacher plus de prix à ses avertissements; ils rentrèrent dans leurs demeures et se préparèrent à se défendre. Mais Attila n'arriva pas jusqu'à Paris et les habitants de Nanterre et des environs n'eurent pas besoin de recourir à leurs armes. Le fléau de Dieu dévastait l'Orléanais, et le général romain

Aétius accourut d'Italie pour le combattre. Les Goths et les Francs n'étaient pas disposés à se laisser enlever par les Huns les conquêtes qu'ils avaient déjà faites dans les Gaules : ils unirent leurs forces à celles des Romains, et Attila, vaincu près de Châlons, fut forcé de se retirer, pour tourner ses pas vers l'Italie. Paris était délivré comme Geneviève l'avait promis.

La carrière de la jeune fille n'était pas à son terme, non plus que ses généreux efforts pour le salut de sa patrie. Les Gaules étaient en proie à des invasions périodiques de barbares, et l'empire romain, faible et impuissant dans sa décrépitude, n'était plus en état de protéger ceux qu'il avait naguère violemment asservis. Les Francs s'étaient enhardis ; ils ne se contentaient plus des campagnes au bord du Rhin, toutes riches et fertiles qu'elles fussent : ils avaient poussé leurs conquêtes jusqu'à l'intérieur de la France et étaient arrivés sous les murs de Paris. Les fortifications arrêtaient les assiégeants en dépit de leur audace : les Romains étaient de grands architectes et leurs remparts n'étaient pas susceptibles de céder aux sauvages efforts des Francs ; mais la faim commençait à se faire sentir entre les murailles de la ville, dans laquelle s'était renfermée Geneviève. Elle encourageait de son mieux les habitants, qui lui avaient depuis longtemps voué beaucoup d'estime et de respect ; mais lorsqu'elle vit les progrès de la famine et les Francs toujours entêtés à leur investissement, elle se laissa glisser un soir dans une petite barque sur la Seine et remonta intrépidement le fleuve jusqu'à Troyes, s'en allant de ville en ville quêter des ressources pour la capitale assiégée. L'histoire de Geneviève raconte qu'elle revint à Paris, suivie d'un convoi de onze bateaux chargés de provisions.

Tout le courage de Geneviève, toute la résolution des prêtres qui marchaient de concert avec elle dans la défense, ne pouvaient longtemps défendre la ville contre les attaques des Francs. On raconte, sans que l'authenticité historique du fait soit bien prouvée, que ce fut Chilpéric, le père de Clovis, qui pénétra dans Paris et s'empara de la place pendant une absence de Geneviève. Une terreur superstitieuse semblait s'être emparée des

PERSONNE NE POUVAIT PASSER SANS ENTENDRE SES AVERTISSEMENTS.

barbares à l'endroit de la femme courageuse qui leur avait disputé l'entrée de leur conquête : ordre avait été donné aux guerriers francs de ne pas laisser rentrer Geneviève dans Paris ; elle entra cependant, poussée par la nouvelle que plusieurs des principaux de la ville étaient entre les mains des barbares, qui menaçaient leurs vies. Le chef donnait un grand banquet et ses soldats étaient assis autour de lui à table, se désaltérant avec le vin des riches caves de la capitale, enivrés par leurs victoires autant que par les liqueurs fortes, qui coulaient à grands flots. Le moment était mauvais pour leur disputer leur proie ; mais Geneviève ne craignait rien : elle avait dès longtemps pris sa vie dans sa main au service du Dieu qui n'abandonne pas ses enfants. Elle pénétra jusqu'à la salle du festin, théâtre de la violence et de la débauche, elle parla au chef enflé de son triomphe et si violent, même alors, que ses compagnons se révoltaient souvent contre son autorité. Repoussée d'abord, elle persista, elle plaida la cause des prisonniers, celle des habitants de Paris effrayés et bouleversés. L'action que ses paroles exercèrent sur le barbare fut telle, qu'elle obtint tout ce qu'elle voulut. Désormais et de son vivant, Geneviève était la patronne de ce Paris qui lui dispute maintenant l'église appelée de son nom, comme si, parmi les grands hommes auxquels la patrie reconnaissante a voulu élever un Panthéon, il ne devait pas y avoir une place pour la bergère qui avait su défendre la ville de Paris contre ses farouches envahisseurs.

SAINTE CLOTILDE

Nous quittons les bergères pour ne plus trouver sur notre chemin que des reines, Clotilde et Radegonde, une mère et une religieuse, la première reine chrétienne des Francs, et la victime de leurs fureurs. Clovis avait quinze ou seize ans lorsqu'il devint roi des Francs saliens de Tournay. Cinq ans plus tard, vainqueur de Syagrius, patrice romain resté maître de Soissons après son père Ægidius, il étendait ses conquêtes entre l'Aisne et la Loire, et devenait rapidement le plus connu et le plus puissant de tous les chefs barbares. Avec ses guerriers francs comme avec ses ennemis goths et romains, Clovis avait les instincts tour à tour patients et brutaux du commandement, il savait attendre et exercer à propos sa vengeance.

« Tout en poursuivant dans la Belgique orientale, sur les rives de la Meuse, ses courses de guerre et de pillage, dit M. Guizot dans le premier volume de son *Histoire de France*, le désir vint à Clovis de se marier. Il avait entendu parler d'une jeune fille, comme lui de race germanique et royale, Clotilde, nièce de Gondebaud, alors roi des Bourguignons. On la disait belle, sage et bien instruite, mais sa situation était triste et périlleuse : les ambitions et les haines paternelles avaient ravagé sa famille ; son père Chilpéric et ses deux frères avaient été mis à mort par son oncle Gondebaud, qui avait fait jeter dans le Rhône sa mère Agrippine, une pierre au cou. Deux sœurs avaient seules survécu à ce massacre : l'aînée, Chrona, s'était faite religieuse ; la seconde, Clotilde, vivait à peu près exilée à Genève, adonnée aux œuvres de piété et de charité. » Frédégaire, continuateur du grand historien des Mérovingiens, Grégoire de Tours, raconte comment Clovis s'y prit pour obtenir l'épouse sur laquelle il avait jeté les yeux. « Comme il n'était pas permis de voir Clotilde, le roi chargea un certain Romain, nommé Aurélien, d'employer tout son esprit pour parvenir jusqu'à elle. Aurélien se rendit seul sur les lieux, vêtu de misérables habits et portant sa besace sur le dos comme un mendiant. Pour que Clotilde prît confiance en lui, il emporta l'anneau de Clovis. Arrivé à Genève, Clotilde le reçut charitablement comme un pèlerin, et pendant qu'elle lui lavait les pieds, Aurélien, se penchant vers elle, lui dit tout bas : « Madame, j'ai de grandes choses à t'annoncer si tu daignes me « donner la permission de te les dire en secret. » Elle, y consentant, lui dit : « Parle. — Le roi des Francs, Clovis, m'a envoyé vers toi : « si c'est la volonté de Dieu, il veut t'élever à son haut rang en « t'épousant, et pour que tu en sois sûre, il t'adresse cet anneau. » Elle reçut l'anneau avec grande joie et dit à Aurélien : « Prends « en récompense de ta peine ces cent sous d'or et cet anneau qui

« est le mien. Retourne promptement à ton seigneur ; s'il veut
« m'unir à lui par le mariage, qu'il envoie sans tarder des mes-
« sagers à mon oncle Gondebaud, et que ceux qui viendront me
« chercher m'emmènent en hâte, dès qu'ils auront obtenu la per-
« mission ; car s'ils ne se hâtent, je crains qu'un certain sage, Arri-
« dius, ne revienne de Constantinople, et s'il arrive auparavant,
« son conseil fera évanouir toute l'affaire. » Aurélien retourna
chez lui dans le même déguisement sous lequel il était venu. Il
raconta à Clovis ce que suggérait Clotilde, et le roi, content du succès et de l'idée de la jeune fille, envoya aussitôt vers Gondebaud
des députés pour lui demander sa nièce en mariage. Gondebaud,
n'osant refuser et espérant faire alliance avec Clovis, promit qu'il
la donnerait. Alors les députés, ayant offert le sou et le denier
selon l'usage des Francs, fiancèrent Clotilde au nom de Clovis et
demandèrent qu'elle leur fût remise pour le mariage. Sans aucun
retard, le conseil fut réuni à Châlons et la noce préparée. Arrivés
en toute hâte, les Francs reçurent Clotilde des mains de Gondebaud et la firent monter dans une voiture couverte, l'emmenant
à Clovis avec beaucoup de trésors. Clotilde, qui avait déjà appris
qu'Arridius était près de revenir de l'Empire, dit aux seigneurs
francs : « Si vous voulez me présenter à votre seigneur, faites-
« moi sortir de cette voiture, mettez-moi à cheval, et éloignez-
« vous d'ici aussi vite que vous le pourrez ; jamais, dans cette
« voiture, je n'arriverai en présence de votre seigneur. »

Arridius revint en effet très rapidement de Marseille, et en
le voyant Gondebaud lui dit : « Tu sais que nous avons fait
amitié avec les Francs, et que j'ai donné ma nièce pour femme
à Clovis.

— Ceci n'est pas un lien d'amitié, dit Arridius, mais bien
un commencement de querelles ; tu aurais dû te souvenir,
mon seigneur, que tu as égorgé le père de Clotilde, ton frère
Chilpéric, que tu as fait noyer sa mère avec une pierre au
cou ; qu'après avoir fait couper la tête à ses frères, tu les as
fait jeter dans un puits. Si Clotilde devient puissante, elle
vengera l'injure de ses parents. Envoie sur-le-champ une
troupe à sa poursuite et qu'on la ramène. Il te sera plus facile

de supporter le courrroux d'une personne que d'être perpétuellement en querelle, toi et les tiens, avec les Francs. » Gondebaud envoya, en effet, une forte troupe à la poursuite de Clotilde, afin qu'on la ramenât avec la voiture et tous les trésors; mais Clotilde en approchant de Villiers où l'attendait Clovis, sur le territoire de Troyes, et avant d'avoir dépassé la frontière bourguignonne, pressa ceux qui l'accompagnaient de se jeter à droite et à gauche, dans un espace de douze lieues, sur le pays dont elle sortait, pour y piller et incendier, et quand cela eut été fait, avec la permission de Clovis, Clotilde s'écria : « Je te rends grâce, ô Dieu tout-puissant, de ce que je vais commencer la vengeance de mes parents et de mes frères. »

Nous verrons plus tard Clotilde manifester plus violemment encore cette soif de vengeance peu chrétienne; mais elle prit dès l'abord sur son mari une influence qui justifie l'importance qu'on avait de part et d'autre attachée à ce mariage. « Clotilde eut un fils, dit encore M. Guizot dans son *Histoire de France*, elle avait à cœur qu'il fût baptisé et elle pressait Clovis d'y consentir. Il résistait. — « C'est par l'ordre de nos dieux que toutes choses « sont créées ou conduites, il est clair que votre Dieu n'y peut « rien; on ne prouve même pas qu'il soit de la race des dieux. » Clotilde l'emporta : elle fit baptiser son fils solennellement, espérant que l'éclat de la cérémonie porterait à la foi le père que ses paroles et ses prières n'avaient pu encore toucher. L'enfant mourut aussitôt. Clovis le reprocha vivement à la reine. « Si l'en-« fant avait été consacré à mes dieux, il vivrait; il a été baptisé « au nom de votre Dieu, il n'a pu vivre. » Clotilde défendait son Dieu et priait. Elle eut un second fils qui fut baptisé aussi et qui tomba malade. « Il n'en peut être autrement de celui-ci que « de son frère, disait Clovis : baptisé au nom de votre Christ, il « va mourir. » L'enfant guérit et vécut. »

Clovis s'apaisa et fut un peu moins incrédule à Christ. Un événement survint, qui le frappa plus encore que la maladie ou la guérison de ses enfants. En 496, les Allemands, confédération germanique comme les Francs, et qui depuis longtemps assaillaient aussi l'empire romain sur les rives du Rhin ou sur les frontières de la Suisse, passèrent le fleuve et envahirent les établissements des Francs sur la rive gauche. Clovis vint au secours de ses confédérés et attaqua les Allemands à Tolbiac, près de Cologne. Il avait avec lui Aurélien, son messager à Clotilde, qu'il avait fait duc de Melun, et qui commandait les milices de Sens. La bataille tournait mal, les Francs étaient ébranlés, Clovis était inquiet. Avant de partir, il avait, selon Frédégaire, promis à sa femme que, s'il était victorieux, il se ferait chrétien. D'autres chroniqueurs disent que ce fut son confident Aurélien qui, voyant la bataille compromise, dit à Clovis : « Mon seigneur roi, crois seulement au Seigneur du ciel que prêche la reine Clotilde, ma maîtresse. » Clovis, ému, s'écria : « Jésus-Christ, toi que ma reine Clotilde dit le fils du Dieu vivant, j'ai invoqué mes dieux et ils se sont retirés de moi ; je crois qu'ils n'ont pas de pouvoir, puisqu'ils ne secourent pas ceux qui les implorent. C'est toi, vrai Dieu et Seigneur, que j'invoque ; si tu me donnes la victoire sur mes ennemis, si je trouve en toi la puissance qu'annoncent de toi les peuples, je croirai en toi et je me ferai baptiser en ton nom. » La chance tourna, les Francs reprirent confiance et courage ; les Allemands, vaincus et voyant leur roi tué, se rendirent à Clovis, disant : « Cesse, de grâce, de faire périr plus de nos gens, nous sommes à toi. »

Quand Clovis fut de retour, Clotilde, craignant qu'il n'oubliât sa victoire et sa promesse, manda en secret saint Remi, archevêque de Reims, et le pria de faire pénétrer dans le cœur du roi la parole de salut. Saint Remi était un chrétien fervent et un évêque habile. « Je t'écouterai volontiers, très saint père, dit Clovis, mais il reste une difficulté : c'est que le peuple qui me suit ne veut pas abandonner ses dieux ; je vais le réunir, et je lui parlerai selon tes enseignements. » Le roi trouva le peuple plus docile ou mieux préparé qu'il ne le disait à l'évêque ; avant même qu'il eût parlé, la plupart des assistants s'écrièrent : « Nous abjurons les dieux mortels, nous sommes prêts à suivre le Dieu immortel que prêche Remi. » Environ trois mille guerriers francs persistèrent cependant à rester païens ; abandonnant Clovis, ils se retirèrent chez le roi franc de Cambrai, Ragnacaire, qui ne devait pas tarder à payer cher cette acquisition. Clovis fut baptisé avec ses guerriers ; comme il se rendait à l'église parée de ses plus splendides ornements, le roi demanda à l'évêque si c'était là le royaume qu'il lui avait promis. « Non, répondit le prélat ; mais c'est l'entrée de la route qui y conduit. » Au moment où le roi s'inclinait vers les fonts baptismaux : « Baisse la tête avec humilité, Sicambre, s'écria l'éloquent évêque. Adore ce que tu as brûlé, brûle ce que tu as adoré. » Les deux sœurs du roi, Alboflède et Lantéchilde, reçurent aussi le baptême, en même temps que trois mille hommes de l'armée des Francs et un grand nombre de femmes et d'enfants.

Clotilde avait triomphé et quelques crimes que dût encore commettre le roi franc, il resta toujours fidèle au titre de chrétien qu'il avait tant tardé à accepter. Lorsqu'il mourut, ses fils avaient conservé pour leur mère un respect et une soumission qui lui permit de réclamer d'eux la vengeance qu'elle désirait depuis longtemps contre son oncle Gondebaud ; celui-ci fut tué et son royaume momentanément réuni aux possessions des Francs. Mais Clotilde avait obtenu de son mari et de ses fils un christianisme plus apparent que réel et profond. Son fils Clodomir, roi d'Orléans, ayant été tué dans une guerre contre les Bourguignons, il laissait trois fils, héritiers naturels de son royaume ; la reine Clotilde les gardait auprès d'elle. Leur oncle Childebert, roi de Paris, se prit de jalousie contre ces enfants et il envoya dire à son frère Clotaire, roi de Soissons : « Notre mère retient auprès d'elle les fils de notre frère et veut leur donner le royaume paternel. Viens donc à Paris, afin que nous délibérions ensemble sur ce qu'il convient de faire d'eux. » Clotaire, comblé de joie, vint à Paris et les deux rois dirent à leur mère : « Envoie-nous les enfants pour que nous les élevions au trône. » Clotilde avait évidemment trop bonne opinion de ses fils ; enchantée de leur message et ignorant leur artifice, elle fit boire et manger les enfants et les fit partir en leur disant : « Je ne croirai plus avoir perdu mon fils, si je vous vois lui succéder dans son royaume. » Les jeunes princes furent arrêtés aussitôt, séparés les uns des autres, éloignés de leurs serviteurs et de leurs gouverneurs. Alors Childebert et Clotaire envoyèrent à la reine leur confident Arcadius, sénateur arverne, avec des ciseaux et une épée nue. Quand il fut près de Clotilde, il lui montra ce qu'il portait, disant : « Très glorieuse reine, tes fils, nos maîtres, désirent connaître ta volonté à l'égard des enfants : veux-tu qu'ils vivent avec les cheveux coupés ou qu'ils soient égorgés? » Clotilde, épouvantée par ce message, transportée d'indignation, et sachant bien que si les enfants avaient les cheveux coupés, ils renonçaient par cela même à la succession de leur père et aux privilèges de leur naissance puisque la race royale portait seule les cheveux longs, s'écria en voyant l'épée nue et les ciseaux, et sans savoir ce qu'elle disait : « J'aime mieux, s'ils ne sont pas élevés au trône, les savoir morts que tondus. » Là-dessus Arcadius, s'inquiétant peu de son désespoir et de ce qu'elle pourrait décider avec plus de réflexion par la suite, revint promptement dire aux deux rois : « Achevez votre ouvrage, car la reine, favorable à vos projets, veut que vous les accomplissiez. » Aussitôt Clotaire prend le plus âgé par le bras, le jette contre terre et le tue impitoyablement. Aux cris poussés par cet enfant, son frère se jette aux pieds de Childebert, et, pressant ses genoux, il lui crie en pleurant : « Secours-moi, mon bon père, que je ne périsse pas comme mon frère. » Childebert, le visage couvert de larmes, dit à Clotaire : « Mon cher frère, je te demande grâce pour sa vie ; je te donnerai tout ce que tu voudras, pour le prix de son âme ; je t'en conjure, ne le tue pas. » Alors Clotaire, furieux et menaçant : « Repousse-le, s'écrie-t-il, ou tu vas périr à sa place. Toi qui m'as appelé ici pour les faire mourir, es-tu donc si prompt à manquer de foi? »

A ces mots, Childebert rejeta l'enfant vers Clotaire, qui lui enfonça un couteau dans le côté comme à son frère et le tua. L'un des deux enfants avait dix ans, et l'autre sept. La reine Clotilde les fit enterrer en grande pompe. Le troisième, Clodoald, heureusement séparé de ses frères, fut sauvé par des hommes courageux ; mais la semence divine qui avait porté si peu de fruits chez ses oncles, avait germé dès lors en lui ; méprisant un royaume terrestre il se consacra au Seigneur, se coupa lui-même les cheveux et se fit prêtre. Le célèbre monastère de Saint-Cloud fut fondé par lui et porte encore son nom.

SAINTE RADEGONDE

Ce sentiment religieux qui n'avait pu détruire dans l'âme chrétienne de Clotilde la soif de la vengeance et qui n'avait pas même atteint l'esprit sauvage de ses fils, avait transformé la Thuringienne Radegonde en une sainte lettrée. Le roi Clotaire, au nombre des infractions à la loi chrétienne qu'il se permettait, pratiquait sans hésitation la polygamie. Il avait déjà plusieurs épouses lorsque, après une bataille contre les Thuringiens qu'il livra dans l'année 529 en compagnie de son frère Thierry, il reçut en partage le fils et la fille du roi vaincu, tué dans le combat, et les emmena avec lui dans son royaume. Radegonde n'avait que huit ans, mais sa beauté naissante séduisit le monarque franc, qui résolut de la faire élever avec soin, pour en faire plus tard sa femme.

Radegonde fut gardée étroitement dans la maison royale d'Athies, sur la Somme, dit M. Augustin Thierry dans ses *Récits mérovingiens*. Là, par une louable fantaisie de son seigneur et futur époux, elle reçut, non la simple éducation des filles de race germanique, qui n'apprenaient guère qu'à filer et à suivre la chasse, mais l'éducation raffinée des riches Gauloises. Aux travaux élégants d'une femme civilisée on lui fit joindre l'étude des lettres romaines, la lecture des poètes profanes et les écrivains ecclésiastiques. Soit que son intelligence fût naturellement ouverte à toutes les impressions délicates, soit que la ruine de son pays et de sa famille et les scènes de la vie barbare dont elle avait été témoin, l'eussent frappée de tristesse et de dégoût, elle se mit à aimer les livres, comme s'ils lui eussent ouvert un monde idéal, meilleur que celui qui l'entourait. En lisant l'Écriture sainte et les Vies des saints, elle pleurait et souhaitait le martyre. Probablement aussi des rêves de paix et de liberté accompagnaient ses autres lectures. Mais l'enthousiasme religieux qui absorbait alors tout ce qu'il y avait de noble et d'élevé dans les facultés humaines, domina bientôt tout en elle, et cette jeune barbare, en s'attachant aux idées et aux mœurs de la civilisation, les embrassa dans leur type le plus pur, la vie chrétienne.

Détournant de plus en plus sa pensée des hommes et des choses de ce siècle de violence et de brutalité, elle voyait approcher avec terreur l'âge où le roi dont elle était la captive la réclamerait pour sa femme. Lorsque vint l'ordre de l'envoyer à la résidence royale, saisie par un instinct de répugnance irrésistible, elle prit la fuite et ce fut de force qu'on la ramena à Soissons, où le roi Clotaire l'épousa contre son gré.

Pour se dérober, en partie du moins, à la vie qui lui était si insupportable, Radegonde consacrait tous ses loisirs à des œuvres de charité ou d'austérité chrétienne ; elle se dévouait personnellement au soin des pauvres et des malades. La maison royale d'Athies, où elle avait été élevée, lui avait été donnée par son époux comme présent de noces : elle en fit un hospice pour les femmes indigentes. L'un des plus grands plaisirs de la reine était d'y remplir l'office d'infirmière dans ses plus pénibles détails. Les fêtes de la cour de Neustrie, les banquets bruyants, les chasses périlleuses, les revues et les joutes guerrières, la société des vassaux à l'esprit inculte et à la voix rude, la fatiguaient et la rendaient triste ; mais s'il survenait quelque évêque ou quelque clerc, poli et lettré, un homme de paix et de conversation douce, elle abandonnait sur-le-champ toute autre compagnie pour la sienne, elle s'attachait à lui pendant de longues heures, et quand venait l'instant de son départ, elle le chargeait de cadeaux en signe de souvenir, lui disait adieu mille fois, et retombait dans sa tristesse.

L'heure des repas qu'elle devait prendre en commun avec son mari la trouvait toujours en retard, soit par oubli, soit à dessein, et absorbée dans ses lectures instructives ou ses exercices de piété. Il fallait qu'on l'avertît plusieurs fois, et le roi, ennuyé d'attendre, lui faisait de violentes querelles sans la rendre plus empressée ou plus exacte. Tant de signes de dégoût ne lassaient pas l'amour peu délicat du roi de Neustrie ; sa femme l'impatientait sans lui causer de véritables chagrins, et il se contentait de dire avec humeur : « C'est une nonne que j'ai là et non une reine. »

En effet, Radegonde avait trop souffert pour ne pas aspirer de tous ses vœux à la paisible vie du cloître. Les obstacles qui s'y opposaient étaient grands et six ans s'écoulèrent avant qu'elle eût osé les braver. Un dernier malheur lui donna ce courage. Son frère, qui avait grandi comme otage à la cour de Neustrie, fut mis à mort sur un soupçon du roi, et sa sœur résolut aussitôt de s'affranchir enfin du joug qu'elle portait depuis si longtemps à regret. Elle dissimula son projet et, feignant de vouloir chercher des consolations religieuses auprès de l'évêque de Noyon, Médard, elle partit sans opposition de la part de son mari, importuné par ses larmes.

Médard était fils d'un Franc et d'une Romaine; il avait dans toute la Gaule une grande réputation de sainteté. La reine le trouva officiant à l'autel, et à peine se vit-elle en sa présence, que les sentiments qui l'agitaient, contenus jusque-là avec tant de peine, éclatèrent de ses lèvres : « Très saint prêtre, je veux quitter le siècle et changer d'habit! Je t'en supplie, très saint prêtre, consacre-moi au Seigneur ! » Malgré l'intrépidité de sa foi, et l'ardeur de son esprit de prosélytisme, l'évêque, surpris de cette brusque requête, hésita et demanda le temps de réfléchir. Il s'agissait en effet d'une décision périlleuse et de rompre un mariage royal contracté d'après la loi salique, d'après les mœurs germaines, que l'Église, tout en les abhorrant, tolérait encore par crainte de s'aliéner l'esprit des barbares.

Bien plus, à cette lutte intérieure entre la prudence et le zèle se joignit bientôt, pour saint Médard, un combat d'un tout autre genre. Les seigneurs et les guerriers francs qui avaient suivi la reine l'entourèrent, en lui criant avec des gestes de menace : « Ne t'avise pas de donner le voile à une femme qui est unie au roi; garde-toi d'enlever au prince une reine épousée solennellement. » Les plus furieux, mettant la main sur lui, l'entraînèrent avec violence des degrés de l'autel jusque dans la nef, pendant que la reine effrayée cherchait avec ses femmes un refuge dans la sacristie. Mais là, recueillant ses esprits, au lieu de s'a-

JE T'EN SUPPLIE, TRÈS SAINT PRÊTRE, CONSACRE-MOI AU SEIGNEUR!

bandonner au désespoir, elle conçut un projet où l'adresse féminine avait autant de part que la force de volonté. Pour tenter de la manière la plus forte et mettre à la plus rude épreuve le zèle religieux de l'évêque, elle jeta sur ses vêtements royaux un habit de recluse et marcha ainsi travestie vers le sanctuaire, où saint Médard était assis, triste, pensif et irrésolu. « Si tu tardes à me consacrer, dit-elle d'une voix ferme, et que tu craignes les hommes plus que Dieu, tu auras à en rendre compte, et le pasteur te redemandera l'âme de sa brebis. » Ce spectacle imprévu et ces paroles mystiques frappèrent l'imagination du vieil évêque et ranimèrent tout à coup en lui la volonté défaillante. Élevant sa conscience de prêtre au-dessus des craintes humaines et des considérations politiques, il ne balança plus, et de son autorité propre il rompit le mariage de Radegonde en la consacrant diaconesse par l'imposition des mains. Les seigneurs et les vassaux francs eurent aussi leur part d'entraînement : ils n'osèrent ramener de force à la résidence royale celle qui avait désormais pour eux le double caractère de reine et de femme consacrée à Dieu.

. La première pensée de la nouvelle *convertie*, — c'est le mot qu'on employait alors pour exprimer le renoncement au monde, — fut de se dépouiller de tout ce qu'elle portait sur elle de bijoux et d'objets précieux. Elle couvrit l'autel de ses ornements de tête, de ses bracelets, de ses agrafes de pierreries, de ses franges de robe tissues d'or et de pourpre ; elle brisa de sa propre main sa ceinture d'or massif en disant : « Je la donne aux pauvres ; » puis elle songea à se mettre à l'abri de tout danger par une prompte fuite. Libre de choisir sa route, elle se dirigea vers le Midi, s'éloignant du centre de la domination franque par l'instinct de sa sûreté, et peut-être aussi par un instinct plus délicat qui l'attirait vers les parties de la Gaule où la barbarie avait fait le moins de ravages ; elle gagna la ville d'Orléans et s'y embarqua sur la Loire, qu'elle descendit jusqu'à Tours. Là elle fit halte pour attendre, sous la sauvegarde des nombreux asiles ouverts autour du tombeau de Saint-Martin, ce que déciderait à son égard l'époux qu'elle avait abandonné. Elle mena ainsi quelque temps la vie inquiète des proscrits réfugiés à l'ombre des basiliques, tremblant d'être surprise si elle faisait un pas en dehors de l'enceinte protectrice, envoyant au roi des requêtes tantôt fières, tantôt suppliantes, négociant avec lui par l'entremise des évêques pour qu'il se résignât à ne la plus revoir et à lui permettre d'accomplir ses vœux monastiques.

Clotaire se montra d'abord sourd aux prières et aux sommations; il revendiquait ses droits d'époux en attestant la loi de ses ancêtres et menaçait d'aller lui-même saisir de force et ramener la fugitive. Frappée de terreur quand le bruit public ou les lettres de ses amis lui apportaient de pareilles nouvelles, Radegonde se livrait alors à un redoublement d'austérités, dans l'espoir tout à la fois d'obtenir l'assistance d'en haut et de perdre ce qu'elle avait de charme pour l'homme qui la poursuivait de son amour. Afin d'augmenter la distance qui la séparait de lui, elle passa de Tours à Poitiers et de l'asile de Saint-Martin dans l'asile non moins vénéré de Saint-Hilaire. Le roi pourtant ne se découragea pas, et il vint même une fois à Tours sous un faux prétexte de dévotion; mais les remontrances énergiques de saint Germain, l'illustre évêque de Paris, l'empêchèrent d'aller plus loin. Enlacé contre son gré, et tout barbare qu'il était, par cette puissance morale contre laquelle venait se briser la volonté fougueuse des rois francs, il finit, de guerre lasse, par consentir à ce que la fille des monarques thuringiens fondât à Poitiers un monastère de femmes, d'après l'exemple qu'avait donné à Arles une matrone gallo-romaine, sœur de l'évêque saint Césaire.

Tout ce que Radegonde avait reçu en présent de son mari fut consacré par elle à l'établissement de la congrégation qui devait lui rendre une famille de choix à la place de celle qu'elle avait perdue par les désastres de la guerre et la tyrannie soupçonneuse des vainqueurs de son pays. Plusieurs années s'écoulèrent avant que les constructions fussent terminées, mais le jour où tout fut enfin prêt et où la reine entra dans ce refuge d'où ses vœux lui prescrivaient de ne plus sortir que morte, la population de Poitiers tout entière fut en fête. Les places et les rues de la ville qu'elle devait parcourir étaient remplies d'une foule immense; les toits des maisons se couvraient de spectateurs avides de la voir passer avant que les portes du monastère se refermassent sur elle. Elle fit le trajet à pied, entourée d'un grand nombre de jeunes filles qui devaient partager sa reclusion. La plupart étaient Gauloises et filles de sénateurs; c'étaient celles qui, par leurs habitudes de retenue et de tranquillité domestique, devaient le mieux répondre aux soins maternels et aux pieuses intentions de leur directrice, car les femmes de la race franque portaient jusque dans le cloître quelques-uns des vices de la barbarie. Leur zèle était fougueux, mais de peu de durée, et, incapables de garder ni règle ni mesure, elles passaient brusquement d'une rigidité intraitable à l'oubli le plus complet de tout devoir et de toute subordination.

Ce fut vers l'année 550 que commença pour Radegonde cette existence de retraite et de paix qu'elle avait si longtemps désirée. Cette vie selon ses rêves était une sorte de compromis entre l'austérité monastique et les habitudes mollement élégantes de la société civilisée. L'étude des lettres était au premier rang des occupations imposées à toute la communauté, on devait y consacrer deux heures par jour, le reste du temps était donné aux exercices religieux, à la lecture des Livres saints et à des ouvrages de femme. Une des sœurs lisait à haute voix durant le travail fait en commun, et les plus intelligentes, au lieu de filer, de coudre ou de broder, s'occupaient dans une autre salle à transcrire des livres pour en multiplier les copies. L'abstinence était soigneusement observée pour la table, mais certains des plaisirs de la vie mondaine n'étaient pas interdits aux religieuses ; l'usage fréquent du bain dans de vastes piscines d'eau chaude, des amusements de toutes sortes, le jeu de dés, les représentations théâtrales étaient autorisés. La reine ne s'était pas interdit de recevoir ses amis.

Tel fut l'ordre qu'établit Radegonde dans son monastère de Poitiers, mêlant ses penchants personnels aux traditions conservées depuis plus d'un demi-siècle dans le célèbre monastère d'Arles. Après avoir ainsi tracé la voie et donné l'impulsion, elle abdiqua, soit par humilité chrétienne, soit par un coup d'adresse politique, toute suprématie officielle, fit élire par la congrégation une abbesse qu'elle eut soin de désigner et se mit avec les autres sœurs sous son autorité absolue. Elle choisit, pour l'élever à cette dignité, une femme beaucoup plus jeune qu'elle et qui lui était dévouée, Agnès, fille de race gauloise, qu'elle avait prise en affection dès son enfance. Volontairement descendue au rang de simple religieuse, Radegonde faisait sa semaine de cuisine, balayait à son tour la maison, portait l'eau et le bois, comme les autres; mais, malgré cette apparence d'égalité, elle était reine au couvent par le prestige de sa naissance royale, par son titre de fondatrice, par l'ascendant de l'esprit, du savoir et de la bonté. C'était elle qui maintenait la règle, ou la modifiait à son gré; elle qui raffermissait par ses exhortations les âmes chancelantes; elle qui expliquait ou commentait pour ses compagnes le texte de l'Écriture sainte; elle n'avait abdiqué que le nom et les charges de la souveraineté pour en retenir l'esprit et l'essence, car ce n'est pas chose facile que de descendre volontairement du trône, et la grâce de Dieu seule peut créer dans le cœur cette humilité qui oublie véritablement les grandeurs du passé.

Ce fut dans ce monastère élégant et lettré, au milieu de cette vie monotone et douce, que vint apparaître un poète italien, Venantius Fortunatus, qui visitait alors les Gaules et qui fut admis au couvent de Poitiers, qu'il désirait voir par curiosité. La reine prit du plaisir à son entretien, comme il en prit lui-même à celui de la reine; l'abbesse se plaisait aussi dans ce trio intelligent et cultivé. Lorsque l'hôte honoré et choyé fit mine de vouloir partir, on le retint, et il finit par se trouver chargé des affaires extérieures de la communauté, très riche et puissante, mais par cela même souvent en désaccord et en difficulté avec le monde extérieur. Toutes les poésies de Fortunat furent dès lors consacrées à Radegonde et à sa maison, parfois empreintes d'une puérilité excessive, mais atteignant aussi à des accents plus élevés et plus poignants lorsque la reine exilée, séparée de son pays et de sa race, empruntait pour ainsi dire son talent et sa voix pour exhaler les constantes douleurs de son âme. Le temps n'avait pas effacé dans l'esprit et le cœur de Radegonde les souffrances et les angoisses de sa première jeunesse, et il lui arrivait souvent de dire : « Je suis une pauvre femme enlevée. » C'était le souvenir de ses malheurs et de ses affections brisées qui inspirait Fortunat lorsqu'il disait : « J'ai vu les femmes traînées en esclavage, les mains liées et les cheveux épars; l'une

TOMBEAU DE SAINTE RADEGONDE A POITIERS.

marchait nu-pieds dans le sang de son mari; l'autre passait sur le cadavre de son frère; chacune a son sujet de larmes, et moi j'ai pleuré pour tous. J'ai pleuré mes parents morts; et il faut que je pleure encore ceux qui sont restés en vie. Quand mes larmes cessent de couler, quand mes soupirs se taisent, mon chagrin ne se tait pas. Lorsque le vent murmure, j'écoute s'il m'apporte quelque nouvelle, mais l'ombre d'aucun de mes proches ne se présente à moi. Tout un monde me sépare de ceux que j'aime le plus. En quels lieux sont-ils? Je le demande au vent qui siffle, je le demande aux vents qui passent, je voudrais que quelque oiseau vînt me donner de leurs nouvelles. Ah! si je n'étais retenue par la clôture sacrée de ce monastère, ils me verraient arriver près d'eux au moment où ils s'y attendraient le moins. Je m'embarquerais par le gros temps, je voyagerais avec joie dans la tempête; les marins pourraient trembler, mais moi je n'aurais pas la moindre peur. Si le vaisseau se brisait, je m'attacherais à quelque planche et je continuerais ma route. Si je ne pouvais saisir aucun débris, j'irais jusqu'à eux en nageant. »

Radegonde mourut avant soixante-dix ans, ayant rempli sa vaste demeure de plus de deux cents religieuses, dont elle avait développé l'esprit et protégé la vie contre le débordement de la barbarie et de la corruption qui régnaient alors dans la Gaule entière. Elle étendit même plus d'une fois son égide sur des princesses mérovingiennes que les retours de la politique voulaient arracher au cloître où elles avaient cherché un asile; mais dans cette retraite où elle avait trouvé le repos, sinon le bonheur, elle n'oublia jamais le palais de bois de ses ancêtres ni les bruyères en fleurs de la Thuringe : elle ne devint jamais une femme franque; le sentiment chrétien seul était pour elle de tous les pays. Agnès comme Fortunat, la Gauloise et l'Italien, avaient plus de part à son intimité que le mari à côté duquel elle avait vécu six ans, que les femmes franques qui avaient élevé son enfance. La princesse thuringienne ne s'était attachée à son pays d'exil que par l'exercice de la charité.

LE MOYEN AGE

C'est naturellement un des embarras que nous éprouvons pour suivre le rôle des femmes dans la vie des hommes qui leur étaient chers que nous ne savons guère les noms que des grandes dames ou des religieuses enfermées dans des couvents dont elles ont rendu l'histoire célèbre par les efforts de leur charité. Il faut arriver aux temps modernes, à l'époque de la publicité, de la liberté démocratique de la presse, pour se trouver instruit des miracles de courage et de dévouement accomplis souvent, avec de faibles ressources, dans une condition inférieure, par des femmes inconnues et dont l'histoire mondaine ne sait pas le nom. Au dix-neuvième siècle nous trouverons les noms des fondatrices, humbles servantes ou ouvrières : Jeanne Jugan, la première quêteuse des Petites Sœurs des Pauvres, celui de Sarah Martyn à côté de celui de Mistress Fry; mais au moyen âge nous ne savons pas l'histoire des fondatrices d'ordres, quelque sublimes que durent être leur vie et les miracles de leur charité; elles ont rendu à l'humanité des services éminents au nom du Dieu qu'elles servaient, mais leur nom n'était lié à celui d'aucun homme connu et célèbre : il n'est plus inscrit que dans les cieux. Comme dans le temps de Clotilde et de Radegonde, nous retrouvons les reines au premier rang de celles qui ont secondé les hommes de leur famille, fils ou époux, dans l'accomplissement de leur tâche, et c'est à côté de Louis IX, le plus illustre des saints de l'histoire de France, que nous chercherons d'abord deux femmes dignes de lui, Blanche de Castille et Marguerite de Provence.

BLANCHE DE CASTILLE

La mère de Louis IX devait exercer sur le royaume de son fils un pouvoir longtemps prépondérant, renouvelé pendant l'absence qu'entraîna la pieuse entreprise de la croisade, mais elle ne façonna pas complètement de ses mains et à son gré l'âme si noble et si pure, l'esprit si élevé et la conscience si délicate de son fils. Elle n'était pas aussi vertueuse que lui, contre l'habitude des fils et des mères. Elle l'avait élevé pieusement, sévèrement, comme celui qui devait gouverner un grand royaume et qu'elle aimait plus que ses autres enfants; et elle avait imprimé dans son âme cette crainte de Dieu qui fut essentiellement le commencement de la sagesse dans le cœur de saint Louis. « Madame disait de moi, répétait-il souvent dans les entretiens intimes de sa vie d'homme, que si j'étais malade jusqu'à la mort et que je ne pusse être guéri qu'en faisant telle chose que je péchasse mortellement, elle me laisserait mourir plutôt que de vouloir que je courrouçasse damnablement mon Créateur. »

La reine Blanche ne s'était pas bornée à élever le roi son fils, elle avait défendu son royaume, affermi sur sa tête la couronne. Elle était ambitieuse, orgueilleuse et impérieuse. Puissante sur l'esprit peu étendu du roi Louis VIII son mari, elle l'avait naguère excité à accepter la couronne d'Angleterre que lui offraient les barons anglais en lutte avec leur roi Jean sans Terre, au sujet de la grande charte. Philippe-Auguste se refusant, par prudence, à soutenir ouvertement son fils dans cette hasardeuse entreprise, la princesse Blanche se mit à la tête d'un recrutement chevaleresque en France, et elle présida elle-même au rassemblement et au départ des renforts qu'elle envoyait par delà la Manche au prince son mari. L'entreprise échoua en Angleterre, et le prince Louis devint bientôt le roi Louis VIII. « Lorsqu'il mourut, à la fleur de l'âge, sa femme était belle encore, élégante, attrayante, instruite, élevée dans toutes les élégances de la Castille [1]. Elle devint régente, et pendant dix ans, jusqu'à la majorité précoce du roi son fils, elle se trouva aux prises avec les intrigues, les complots, les insurrections, les guerres décla-

SAINT LOUIS ET BLANCHE DE CASTILLE.
(D'après un ivoire du XIIIe siècle. — Musée de Cluny.)

rées, et ce qui peut-être était pour elle pis encore, en butte aux calomnies et aux insultes des grands vassaux de la couronne, ardents à ressaisir, sous le gouvernement d'une femme, l'indé-

1. Guizot, *Vies de quatre grands chrétiens français : saint Louis.*

pendance et la puissance que leur avait effectivement contestées celui de Philippe-Auguste. Blanche résista à leur entreprise, tantôt ouvertement et avec une énergie persévérante, tantôt adroitement avec les ménagements et les adresses d'une femme, poursuivant, envers et contre tous, l'extension des domaines et des pouvoirs de la royauté. Croyante et honnête, mère sage et dévouée, elle était pourtant avant tout de la race des politiques, essentiellement préoccupée de son pouvoir, des intérêts de sa situation et de son succès temporel. Je ne découvre en elle aucune trace d'enthousiasme, de sympathie, ni de scrupule, c'est-à-dire des grands élans moraux qui caractérisent la piété chrétienne et qui dominaient dans l'âme de saint Louis. Devenu roi et grand roi, il eut pour elle un profond respect, une grande confiance dans son savoir-faire politique, une vive reconnaissance pour son dévouement maternel et son efficace activité. On put même parfois le trouver peu indépendant et trop faible dans ses rapports avec sa mère. Mais par leur nature originaire et instinctive les deux personnes étaient trop différentes pour qu'il y eût jamais entre elles cette intimité spontanée et facile qui unit vraiment les âmes et qui à la plus sacrée des affections ajoute le charme de l'harmonie.

« Ce fut donc dans sa tâche royale, dans l'œuvre extérieure de sa vie que la reine Blanche seconda surtout le roi son fils. Elle avait jeté dans son âme les semences qui devaient porter des fruits admirables dont elle n'avait pas prévu le développement, et les assises qu'elle avait plantées, les principes qu'elle avait inspirés furent couronnés d'un édifice qu'elle n'aurait pu construire de ses propres mains; mais il lui dut — et c'était beaucoup — le triomphe soutenu que, pendant la régence, soit par les armes, soit par les négociations, elle remporta sur les grands vassaux et la prépondérance qu'au milieu des luttes du régime féodal, elle assura à la royauté. Elle avait un instinct propre des forces et des alliances qui pouvaient servir le pouvoir royal contre ses rivaux. Quand, trois semaines seulement après la mort du roi Louis VIII, le 29 novembre 1226, elle fit sacrer son fils à Reims, elle convoqua à cette cérémonie non seulement les

SACRE DE LOUIS IX.
(Bibliothèque nationale, *Recueil de Gaignières*.)

prélats et les grands du royaume, mais les habitants des communes environnantes : elle voulait montrer au peuple l'enfant royal. Deux ans après, en 1228, au milieu de l'insurrection des barons assemblés à Corbeil et qui méditaient de se saisir de la personne du jeune roi, arrêté à Montlhéry dans sa marche vers Paris, la reine régente appela auprès d'elle les chevaliers fidèles du pays, les bourgeois de Paris et des environs, qui répondirent vivement à son appel. Ils sortirent tous en armes, dit Le Nain de Tillemont dans son *Histoire de saint Louis*, ils prirent le chemin de Montlhéry, où, ayant trouvé le roi, ils l'emmenèrent à Paris, tous serrés et rangés en bataille. Depuis Montlhéry jusqu'à Paris le chemin était plein et serré de gens d'armes et autres qui priaient à haute voix Notre-Seigneur de donner au jeune roi bonne vie et prospérité, et de le vouloir garder contre tous ses ennemis. Dès qu'ils partirent de Paris, les seigneurs en ayant appris la nouvelle et ne se trouvant pas en état de combattre un si grand peuple, se retirèrent chacun chez soi, et par l'ordre de Dieu qui dispose, comme il lui plaît, du temps et des actions des hommes, ils n'osèrent rien entreprendre contre le roi durant tout le reste de cette année.

« Huit ans plus tard, en 1236, Louis IX était majeur, et sa mère lui remettait un pouvoir respecté, redouté, entouré de vassaux toujours turbulents, souvent encore agressifs, mais désunis, affaiblis, intimidés, ou décriés, et toujours déjoués depuis dix ans dans leurs complots. »

MARGUERITE DE PROVENCE

La reine Blanche avait assuré la situation politique de son fils, et elle venait de le marier. Elle était de ceux qui aspirent à jouer, pour les objets de leur affection, le rôle de la Providence, et à tout préparer, tout régler dans leur destinée. Elle cherchait une épouse pour son fils. Elle l'eût voulue soumise et modestement courbée sous son impérieuse suprématie; elle eut le tort pardonnable de s'adresser à la princesse qu'on disait la plus noble, la plus belle et la mieux élevée qui fût alors en Europe, Marguerite de Provence, fille du comte Raymond Bérenger. Le roi Louis IX la demanda en mariage. On raconte que son père, n'étant pas riche, se préoccupait de la grosse dot qu'il lui faudrait donner à sa fille, s'il la mariait en si grande maison. Son conseiller intime, Romée de Villeneuve, le rassura gaiement : « Laissez-moi faire, comte, dit-il, et que cette grande dépense ne vous cause point de peine. Si vous mariez hautement votre aînée,

SCEAU DE MARGUERITE
DE PROVENCE.
(Archives nationales, n° 154.)

la seule considération de l'alliance peut marier les autres et à moins de frais. » Romée de Villeneuve ne se trompait pas. Le comte Raymond avait quatre filles : lorsque Marguerite fut reine de France, sa sœur Éléonore devint reine d'Angleterre, Sancie comtesse de Cornouailles, puis reine des Romains, et Béatrice comtesse d'Anjou et de Provence, bientôt reine de Sicile. Le mariage de Louis IX avec la princesse Marguerite fut célébré le 27 mai 1234.

La reine Blanche s'était volontairement donné une rivale dans le cœur de son fils. Elle le reconnut avec une amertume hautaine. Comme mère et comme reine, elle était jalouse de Marguerite de Provence. Les habitudes de soumission du jeune roi à l'égard de sa mère ne lui permettaient pas de résister ouvertement à ses injustes exigences. Les duretés que la reine Blanche fit à la reine Marguerite furent telles, dit Joinville, que la reine Blanche ne voulait pas souffrir, autant qu'elle le pouvait, que son fils fût en compagnie de sa femme, si ce n'est le soir quand il rentrait chez elle. Les logis où il plaisait au roi et à la reine de demeurer, c'était à Pontoise, parce que la chambre du roi était au-dessus et la chambre de la reine au-dessous. Ils avaient si bien arrangé leurs affaires, qu'ils tenaient leur parlement dans un escalier tournant qui descendait d'une chambre dans l'autre. Quand les huissiers voyaient venir la reine mère dans la chambre du roi son fils, ils frappaient la porte de leurs verges, et le roi s'en venait courant dans sa chambre pour que sa mère l'y trouvât, et ainsi faisaient à leur tour les huissiers de la chambre de la reine Marguerite, quand la reine Blanche y venait pour qu'elle y trouvât la reine Marguerite. Une fois le roi était près de la reine sa femme, et elle était en très grand danger de mort, parce qu'elle était blessée d'un enfant qu'elle avait eu; la reine Blanche vint là et prit son fils par la main, lui disant : « Venez-vous-en, vous ne faites rien ici. » Quand la reine Marguerite vit que la mère emmenait le roi, elle s'écria : « Hélas! vous ne me laisserez voir mon seigneur ni morte ni vive ! » Alors elle se pâma, et l'on crut qu'elle était morte; le roi revint, croyant qu'elle se mourait et à grand'peine la remit-on en état.

Louis consolait sa femme et supportait sa mère. Entre les plus nobles âmes et dans les plus heureuses vies, il y a des plaies qu'on ne peut pas guérir et des tristesses qu'il faut accepter silencieusement.

Le temps venait où le roi lui-même allait trancher le nœud de la situation et simplifier l'existence de la reine Marguerite, non par impatience conjugale ni par révolte filiale, mais par le simple fait d'un devoir qu'il crut supérieur à tout autre, même à celui qu'il devait au royaume que Dieu lui avait confié et dont le bonheur, comme la puissance, dépendaient en grande partie de lui. S'il se trompait, comme nous le pensons, comme la reine Blanche le pensait elle-même, son erreur fut celle des plus nobles âmes et souvent celle des plus fermes esprits de son temps [1].

Le pouvoir royal était plus solidement établi que jamais en France et le roi de France était regardé en Europe comme le plus ferme appui du droit et de la justice. On commençait à le choisir pour arbitre dans les causes douteuses, et sa victoire contre le roi d'Angleterre Henri III, allié du comte de la Marche, avait

---

1. Guizot, *Vies de quatre grands chrétiens français : saint Louis*.

imposé le respect à toutes les puissances étrangères, au milieu des troubles de l'Europe et de la lutte renouvelée du saint-siège avec l'empire ; mais Louis IX avait conçu d'autres pensées. Il était malade, presque mourant à Pontoise, tout le royaume était dans le deuil et dans l'angoisse. Sa mère et tous les siens passaient leur vie en prières, afin d'obtenir de Dieu la guérison d'un malade si cher. Un moment on le crut mort, il restait sans mouvement et sans souffle. « L'une des dames qui le gardaient, dit Joinville, voulait lui tirer le drap sur le visage, disant qu'il était mort; mais l'autre dame, qui était de l'autre côté du lit, ne le souffrit pas, disant qu'il avait encore l'âme au corps. Comme le roi entendit les débats de ces deux dames, Notre-Seigneur opéra en lui; il commença de soupirer, étendit les bras et les jambes et dit d'une voix creuse comme s'il fût ressuscité du sépulcre : « Il m'a visité par la grâce de Dieu, Celui qui vient d'en haut, et il m'a rappelé d'entre les morts. » A peine avait-il repris ainsi ses sens et la parole qu'il fit appeler Guillaume d'Auvergne, évêque de Paris, et Pierre de Cuisy, évêque de Meaux, et leur demanda de lui mettre sur l'épaule la croix du voyage d'outre-mer. » Les deux évêques essayèrent de le détourner de cette idée. La reine Blanche s'unit à eux, la reine Marguerite, qui ne prévoyait pas encore sa délivrance, le conjurait d'attendre au moins qu'il fût guéri pour avoir de semblables pensées; mais il persista et, en réponse à toutes les instances, déclara qu'il ne prendrait aucune nourriture avant d'avoir reçu la croix. L'évêque de Paris céda enfin devant ce pieux entêtement, et lui donna la croix, « qu'il reçut avec transport, dit Joinville, la baisant et la mettant sur sa poitrine bien doucement. Quant à la reine sa mère, elle montrait un aussi grand deuil que si elle l'eût vu mort. »

Le roi semblait avoir oublié cette fantaisie de malade et trois ans s'écoulèrent sans qu'il parlât d'accomplir son vœu, lorsqu'un jour l'évêque de Paris voulut entreprendre de le sevrer tout à fait d'un espoir qui restait à l'horizon de la reine Blanche comme une permanente menace. « Mon seigneur roi, lui dit un jour le prélat, vous rappelez-vous que lorsque vous avez reçu la croix, lorsque vous avez fait soudainement et sans réflexion ce vœu redoutable, vous étiez faible et d'un esprit troublé, ce qui ôtait à vos paroles le poids de la vérité et de l'autorité? Maintenant serait venu le moment de vous délivrer de cette obligation. Le seigneur pape, qui connaît toutes les nécessités de votre royaume, vous en donnerait volontiers la dispense. Voilà, nous avons à redouter la puissance du schisma-

SAINT LOUIS MALADE PRENANT LA CROIX.
(Bibliothèque nationale. Ms. fr. n° 5716.)

tique Frédéric, les pièges du riche roi des Anglais, les trahisons naguère réprimées des Poitevins, les querelles subtiles des Albigeois; l'Allemagne est agitée, l'Italie n'a point de repos, l'accès de la Terre Sainte est difficile, à peine pourriez-vous y être reçu. Derrière vous resteraient les haines implacables du pape et de Frédéric. A qui nous laisseriez-vous, faibles et désolés? »

La reine Blanche était là, anxieuse et pressante, appuyant de son autorité de mère et de reine les paroles de l'évêque. « Vous savez, dit-elle, que Dieu prend plaisir à l'obéissance d'un fils envers sa mère, et jamais mère ne donna à son enfant de meilleurs avis que je ne vous en ai donné ; vous n'avez d'ailleurs pas à vous inquiéter du salut de la Terre Sainte : vous restant dans votre royaume qui en aura grande aise et prospérité, nous serons en état d'y envoyer plus de gens d'armes et plus d'argent que nous ne pourrions faire si votre pays se trouvait amoindri et affaibli par votre absence. » Le roi écoutait, pensif et silencieux. « Vous dites, répondit-il enfin à l'évêque, que je n'étais pas en possession de mon esprit quand je pris la croix. Eh bien, puisque vous le désirez, je la dépose, je vous la rends. » Et, portant la main sur son épaule, il détacha sa croix et la mit dans la main tendue de l'évêque. Les assistants se regardaient, étonnés et ravis de leur facile victoire. Mais le seigneur roi changeant tout à coup de visage et de ton : « Mes amis, maintenant à coup sûr, je ne manque ni de sens ni de raison, je ne suis ni faible ni troublé dans mon esprit ; je demande qu'on me rende ma croix ; Celui qui sait toutes choses sait qu'aucun aliment n'entrera dans ma bouche jusqu'à ce qu'elle soit replacée sur mon épaule. »

C'était évidemment là l'arme favorite de l'entêtement de Louis ; personne n'osa plus lui résister ; on déclara que c'était la volonté de Dieu, et le vieux cri des croisades s'éleva de tous les cœurs, sinon de toutes les bouches. La reine Blanche elle-même crut que Dieu le voulait ; mais lorsque son fils prit congé d'elle, lui remettant tous les pouvoirs de la régence la plus étendue, elle se pâma par deux fois. Au dernier instant de la séparation suprême : « Beau très doux fils, disait-elle, beau tendre fils, jamais plus je ne vous verrai, le cœur me le dit bien. » Son pressentiment maternel ne la trompait pas.

La reine Marguerite, au contraire, était heureuse et triomphante ; elle avait obtenu à grand'peine du roi son mari l'autorisation de l'accompagner dans le voyage d'outre-mer : ce n'était pas un fait nouveau, plus d'une princesse avait pris la croix avec son mari. Tous leurs enfants restaient auprès de la reine Blanche. Tout pouvait lui être confié, le royaume et la famille, à l'exception du bonheur conjugal de son fils ; la reine Marguerite se chargeait de ce soin-là. La croisade de saint

Louis, désastreuse dans ses effets sur l'armée chevaleresque et chrétienne qui l'accompagnait, déplorable aussi par l'abandon où elle laissait le royaume de France et l'amoindrissement du pouvoir de la France en Europe qu'entraîne nécessairement l'absence du souverain, devait exercer sur le mari et sur la femme une action morale grande et bienfaisante : c'était là

DÉPART DE SAINT LOUIS POUR LA CROISADE.
(Bibliothèque nationale, Ms. fr., n° 5716.)

que le roi devait devenir un héros et un saint, là aussi que la reine Marguerite devait déployer des vertus héroïques qui n'eussent point trouvé leur place dans la vie monotone d'un palais français; elle avait suivi son mari par tendresse conjugale et peut-être par impatience d'un sort contrarié; elle contribua puissamment par son courage et sa fermeté royale à délivrer le roi et ses guerriers du joug pesant de l'esclavage auquel les forces de Louis IX n'auraient assurément pas résisté longtemps.

Après la prise de Damiette, accomplie presque sans résistance, et lorsque toute l'armée du roi ne l'avait pas encore rejoint, la reine Marguerite, grosse et sur le point d'accoucher, s'établit dans la ville pendant que le roi son mari s'en allait à la recherche de Babylone (nom que les croisés semblent avoir donné au Caire); elle affrontait courageusement la solitude et les inquiétudes poignantes qui en devaient découler; elle ne prévoyait

PRISE DE DAMIETTE.
(Bibliothèque nationale, Ms. fr., n° 13568.)

pas, elle ne pouvait pas prévoir à quelles extrémités de souffrance elle se trouverait réduite avant de revoir son cher seigneur.

La bataille de Mansourah gagnée et portant les fruits funestes d'une défaite, la seconde bataille plus périlleuse encore, bien que le roi et ses gens eussent repoussé l'attaque de l'ennemi, la maladie se mettant dans les rangs de l'armée et décimant bientôt les rangs des chrétiens, le chemin de Damiette fermé par les Turcs et la ville elle-même bloquée, en un mot l'expédition manquée et le roi, mourant, prisonnier des païens avec tous ses barons, telles furent les nouvelles qui parvinrent par bribes à la reine Marguerite malade à Damiette et attendant de jour en jour la naissance de son petit enfant, de Jean *Tristan*, comme elle l'appela en souvenir des angoisses qui avaient précédé sa venue dans ce monde. La reine avait fait pendre les premiers messagers qui lui avaient apporté les bruits funestes : elle les tenait pour des

SAINT LOUIS EN PRISON.
(Bibliothèque nationale, Ms. fr., n° 5716.)

traîtres et des menteurs. Il fallait bien maintenant se rendre à l'évidence, la terreur et le désespoir la saisirent. « Toutes les fois qu'elle s'endormait dans son lit, dit Joinville, il lui semblait que toute sa chambre fût pleine de Sarrasins, elle s'écriait : « A l'aide! « à l'aide! » Aussi, de peur que l'enfant qu'elle portait ne vînt à périr, elle faisait coucher devant son lit un vieux chevalier de l'âge de quatre-vingts ans qui la tenait par la main; toutes les fois que la reine criait, il disait : « Madame, n'ayez point de peur, je suis « ici. » Avant qu'elle fût accouchée, elle fit sortir de sa chambre tout le monde, excepté ce chevalier, et s'agenouilla devant lui, lui demandant une grâce. Le chevalier la lui octroya par serment. Alors elle dit : « Je vous demande, par la foi que vous m'avez « engagée, que si les Sarrasins prennent la ville, vous me coupiez

SAINT LOUIS ARMÉ EN GUERRE.
(D'après les vitraux de la cathédrale de Chartres.)

« la tête avant qu'ils me prennent. » Et le chevalier répondit :
« Soyez certaine que je le ferais volontiers, car j'avais déjà pensé
« que je vous occirais avant qu'ils nous eussent pris. »

Le roi Louis n'avait qu'une espérance de délivrance, c'était de rendre pour sa rançon la ville de Damiette. « Je ne suis pas personne à racheter avec de l'argent, » avait-il dit fièrement en fixant la rançon de ses chevaliers ; et il fit savoir au soudan qu'il manderait à la reine de payer cette somme pour

STATUETTE EN BOIS REPRÉSENTANT SAINT LOUIS.
(Musée de Cluny.)

la délivrance de ses serviteurs. « Comment ne voulez-vous pas dire positivement que vous ferez ces choses ? » demanda l'émir étonné de la déférence du Franc pour sa dame. Mais le bon roi repartit. « Je ne sais ce que la reine voudra faire. Elle est la maîtresse. »

La pauvre reine courait cependant grand risque de n'être pas la maîtresse de délivrer le roi son mari. « Le jour même qu'elle fut accouchée, dit Joinville, on vint lui dire que ceux de Pise et de Gênes et les autres communes voulaient s'enfuir. Le lendemain elle les fit venir devant son lit, si bien que la chambre en fut toute pleine. « Seigneurs, leur dit-elle, « ne laissez pas cette ville, car vous voyez que monseigneur le « roi serait perdu avec tous ceux qui sont pris si la ville était « perdue. » Les Turcs en effet étaient tout autour de Damiette, qui y seraient aussitôt rentrés si ses défenseurs l'avaient abandonnée. « S'il ne vous plaît, ajouta-t-elle, du moins que pitié « vous prenne de cette chétive créature qui est ici gisante et « attendez pour le moins que je sois relevée. » Ils répondirent : « Madame, que ferons-nous? car nous mourons de faim en cette « ville. » Elle leur dit qu'ils ne s'en iraient point par famine,... « car je vous ferai acheter tous les vivres qui sont dans « cette ville et je vous retiens tous dès à présent aux dépens « du roi. » Ils se consultèrent et revinrent à elle et convinrent qu'ils resteraient volontiers : alors la reine, que Dieu absolve ! fit acheter tous les vivres de la ville, qui coûtèrent trois cent mille francs et plus. Elle dut se relever avant son terme, parce qu'il fallait rendre la cité aux Sarrasins. »

La reine s'en vint à Acre pour attendre le roi.

Elle y résida longtemps pendant que le roi poursuivait dans toutes les villes encore aux mains des chrétiens dans la Terre Sainte son œuvre modeste de réparation et de conservation des forteresses. Ce fut à Sidon que le roi apprit la nouvelle de la mort de sa mère la reine Blanche. Le légat du pape, l'archevêque de Tyr et son confesseur, Geoffroy de Beaulieu, lui apprirent ce malheur avec toutes les précautions d'une pieuse tendresse ; mais le coup fut cependant si douloureux, que de deux jours on ne put lui parler. « Après cela, dit Joinville, il m'envoya chercher par un valet. Quand je vins devant lui en sa chambre où nous étions seuls et qu'il

me vit, il étendit les bras en me disant : « Sénéchal, j'ai perdu
« ma mère! » Le sénéchal n'aimait pas beaucoup la reine mère.
« Sire, dit-il, je ne m'en étonne pas, car elle devait mourir;
« mais je m'étonne que vous qui êtes un homme sage, ayez
« montré si grand deuil, car vous savez que le sage dit que

CHEF DE SAINT LOUIS SERVANT DE RELIQUAIRE.
(Conservé autrefois à la Sainte Chapelle.)

« quelque chagrin que l'homme ait au cœur, rien ne doit lui
« paraître au visage, car celui qui le fait rend ses ennemis
« joyeux et attriste ses amis. »

« Madame Marie de Vertus, très bonne et sainte femme, vint
me dire que la reine Marguerite qui avait depuis peu rejoint le
roi montrait un très grand deuil et me pria d'aller chez elle
pour la réconforter. Quand je vins là, je vis qu'elle pleurait et

je lui dis qu'il disait vrai celui qui pense qu'on ne devait pas croire les femmes; « car c'était la personne au monde que vous « haïssiez le plus et vous en montrez un tel deuil. » Elle dit que ce n'était pas pour la reine qu'elle pleurait, mais pour la peine que le roi avait, le deuil qu'il montrait et aussi pour sa fille qui fut depuis reine de Navarre et qui se trouvait demeurée à la garde des hommes. » La perte était grande[1] cependant pour le fils et pour le roi. Blanche était, disent les contemporains, même ceux qui lui sont le moins favorables, la plus prudente femme de son temps, d'un esprit singulièrement adroit et pénétrant, mêlant un cœur d'homme à son sexe et à ses pensées de femme; personne magnanime, d'une énergie indomptable, souveraine maîtresse de toutes les affaires du siècle, gardienne et tutrice de la France, justement comparable à Sémiramis, la plus éminente de son sexe. Depuis le départ de saint Louis pour la croisade, comme pendant sa minorité, elle lui avait constamment donné les marques d'un dévouement aussi habile que passionné et aussi utile que dominateur. Plusieurs chroniqueurs affirment que de 1248 à 1252, pendant l'absence de son fils, les inquiétudes qu'elle ressentait et les travaux auxquels elle se livrait pour lui contribuèrent à abréger sa vie. Elle mourut âgée de soixante-cinq ans, et cinq à six jours avant sa mort, elle dit au monde un complet adieu, prit le voile et fit ses vœux comme religieuse dans l'abbaye de Maubuisson, qu'elle avait fondée dix ans auparavant et où elle fut ensevelie.

Dès que la main habile et ferme de la régente ne se fit plus sentir dans le gouvernement de la France, les lettres devinrent plus pressantes pour rappeler le roi à la tête de ses États; les chrétiens de Syrie l'engagèrent eux-mêmes à se borner aux secours qu'il pouvait leur adresser d'Europe, et le 24 avril 1254 le roi s'embarqua avec sa femme et ses petits enfants, tous trois nés en Orient. La mer était mauvaise, et aux approches de l'île de Chypre le navire vint donner contre un

---

1. Guizot, *Saint Louis*.

banc de sable. Les nourrices s'approchèrent de la reine, il faisait nuit. « Madame, dirent-elles, que ferons-nous des enfants? Les éveillerons-nous et les lèverons-nous[1]? » La reine, désespérant de la vie corporelle des enfants et de la sienne propre, répondit : « Vous ne les éveillerez ni les lèverez, mais vous les laisserez aller à Dieu dormant. » On pressait le roi de passer sur un autre navire ; il fit appeler les nautoniers. « Au cas que le vaisseau fût vôtre, et qu'il fût chargé de marchandises à vous, je vous demande sur votre honneur si vous en descendriez, » leur dit-il. Ils répondirent tous ensemble que non, parce qu'ils aimeraient mieux mettre leur personne en aventure que d'acheter un vaisseau quatre mille livres et plus. « Et pourquoi me conseillez-vous de descendre? demanda le roi. — Parce que, firent-ils, le jeu n'est pas égal, car ni or, ni argent ne peuvent valoir le prix de votre personne, de votre femme et de vos enfants qui sont céans, et pour cela nous ne vous conseillons pas de vous mettre ni vous, ni eux en aventure. » Le roi dit alors : « Seigneurs, j'ai ouï votre avis et l'avis de mes gens ; je vous dirai à mon tour le mien. Si je descends du vaisseau, il y a céans cinq cents personnes qui demeureront dans l'île de Chypre, par peur du péril de leur corps, car il n'y en a pas un qui n'aime sa vie autant que moi la mienne, et qui par aventure ne rentreront jamais dans leur pays. C'est pourquoi j'aime mieux mettre en la main de Dieu ma personne, ma femme et mes enfants que de causer tel dommage à un si grand nombre de gens qu'il y a céans. »

« Avant que nous vinssions à terre, dit Joinville, qui était avec le roi dans son navire, une autre aventure nous advint encore, qui fut celle-ci. Une des femmes de la reine, quand elle l'eut couchée, ne prit pas garde à ce qu'elle faisait et jeta l'étoffe dont elle lui avait entortillé la tête auprès de la poêle de fer dans laquelle brûlait la chandelle, et quand elle fut allée se coucher à son tour au-dessous de la chambre de la

---

1. Guizot, *Saint Louis*.

reine où dormaient les femmes, la chandelle brûla si bien que le feu prit à l'étoffe, et l'étoffe aux draps dont le lit de la reine était couvert. Quand la reine s'éveilla, elle vit la chambre tout embrasée de feu, et sautant du lit toute nue, elle prit l'étoffe et la jeta à la mer, puis elle prit les toiles et les éteignit. Ceux qui étaient dans la chaloupe crièrent à demi-voix : « Le feu ! le feu ! » Je levai la tête et je vis que l'étoffe brûlait encore, flambant tout clair sur la mer, qui était très calme, Je revêtis ma cotte au plus tôt que je pus, et j'allai m'asseoir parmi les mariniers. Tandis que j'étais là, mon écuyer, qui couchait devant moi, vint me dire que le roi était éveillé et qu'il demandait où j'étais, car le sénéchal couchait dans la chambre du roi. Je lui ai répondu que vous étiez dans les chambres, et le roi me dit : « Tu mens. » Pendant que nous parlions ainsi, maître Geoffroy, le clerc de la reine, vint me trouver qui me dit : « Ne vous effrayez pas : voilà ce qui est advenu. » Sur quoi je lui dis : « Maître Geoffroy, allez dire à la reine que « le roi est éveillé et qu'elle aille vers lui pour l'apaiser. »

La reine Marguerite avait donné de grandes preuves de courage et de résolution pendant qu'elle accompagnait le roi Louis dans sa périlleuse expédition ; elle lui était tendrement attachée, et il ne semble pas qu'elle fût dépourvue d'une intelligence vive et prompte ; mais elle avait porté ses visées trop haut lorsqu'elle prétendait remplacer et imiter sa belle-mère. Le roi ne se méprenait pas sur ses dispositions ambitieuses, qu'il ne jugeait pas justifiées par son mérite[1]. Lorsqu'il partit pour la seconde croisade, déjà si malade que personne n'espérait de le voir revenir du voyage qu'il se croyait absolument obligé d'entreprendre, non seulement il ne confia pas à sa femme la régence du royaume, mais il prit soin de régler ses dépenses et de contenir ses goûts d'autorité ; il lui interdit de recevoir aucun présent pour elle ni pour ses enfants, de rien commander aux officiers de justice, et de ne choisir personne pour son service ou celui de ses enfants sans le consentement

---

1. Guizot, *Saint Louis.*

du conseil de régence. Il avait raison d'agir ainsi, car vers cette même époque la reine Marguerite, jalouse de tenir dans l'État la même place qu'avait occupée la reine Blanche, se préoccupait de sa situation après la mort de son mari, et engageait son fils Philippe, héritier de la couronne et alors âgé de seize ans, à lui promettre avec serment de demeurer sous sa tutelle jusqu'à l'âge de trente ans, de ne prendre aucun conseiller qu'elle n'approuvât, de lui révéler tous les desseins qu'on formerait contre elle, de ne faire aucun traité avec Charles d'Anjou son oncle et de tenir secret le serment qu'elle lui faisait prêter. Louis fut sans doute instruit de cette étrange promesse par son jeune fils Philippe lui-même, qui s'en fit relever par le pape Urbain IV; le roi pressentait les penchants de la reine Marguerite et prenait des précautions pour en défendre la couronne et l'État.

Lorsqu'il fut mort devant Tunis, laissant à l'Europe entière le sentiment d'une grande lumière disparue, la reine Marguerite semble avoir absolument renoncé aux velléités d'ambition qui avaient traversé son esprit, peut-être par un certain instinct d'imitation et d'envie secrète à l'égard de sa belle-mère. Elle vécut encore longtemps dans le couvent des cordelières de Sainte-Claire, qu'elle avait fondé au faubourg Saint-Marcel, et avant de mourir, le 31 décembre 1295, elle eut la joie d'entendre proclamer par le pape Boniface VIII le décret qui mettait au nombre des saints reconnus par l'Église l'époux qu'elle avait aimé fidèlement et constamment servi sa vie durant. La voix publique n'avait pas attendu l'acte officiel du saint-siège pour appeler Louis IX « le saint roi ».

ÉLÉONORE DE CASTILLE

C'est encore d'une princesse alliée de près au roi saint Louis que nous rappellerons ici l'héroïsme conjugal.

Le prince Édouard d'Angleterre, bientôt le roi Édouard Ier, venait de quitter Tunis après le départ de Charles d'Anjou et de la triste procession qu'emmenait le jeune roi de France Philippe le Hardi, rapportant en France le corps de son père, le roi saint Louis, celui de son frère Jean Tristan, mort à la fin de la seconde croisade de son père comme il était né au début de la première, et bientôt Philippe devait joindre à son douloureux cortège le cercueil de sa jeune femme, la reine Isabelle, comme celui de son beau-frère le roi de Navarre.

Le prince anglais avait compté accompagner dans son expédition pieuse son oncle le roi de France, et il persévéra dans son intention lorsqu'il se trouva seul à la tête d'une poignée de croisés. « J'irais, dit-il à ceux qui lui reprochaient son imprudence, quand je serais seul avec Fowen mon valet. »

Comme la reine Marguerite de Provence, Élisabeth de Castille avait voulu accompagner son mari. « Rien ne doit séparer ceux que Dieu a unis, » dit-elle lorsqu'on lui représenta à quels dangers elle allait exposer une santé naturellement très délicate. « D'ailleurs, le ciel est aussi près de la Syrie que de l'Angleterre ou de ma chère Espagne. »

Le printemps était déjà arrivé lorsque le prince Édouard s'embarqua pour Acre, avec 300 chevaliers, et son premier exploit fut la prise de Nazareth, dont il passa au fil de l'épée tous les habitants. Ses forces ne lui permettaient pas de tenter une marche sur Jérusalem, et il était obligé de se contenter de fortifier de nouveau la ville d'Acre, jadis rétablie par saint Louis, lorsqu'il courut le risque de succomber, comme tant d'autres personnages illustres, aux périls de la croisade. Il était souffrant, fatigué par l'extrême chaleur et il se reposait dans sa tente, lorsqu'un messager se présenta, venant au nom de l'émir de Joppé. Le prince était absorbé par la lecture des lettres que lui avait remises le voyageur, lorsqu'il releva par hasard les yeux au moment où le perfide envoyé tirait de son sein un poignard dont il allait le frapper. Une seconde plus tard et l'arme fatale s'enfonçait dans son sein ; mais le mouvement du prince fut si rapide, qu'il arrêta à temps le meurtrier et reçut le coup sur le bras. Une seconde tentative dirigée vers la tête n'eut pas plus de succès : l'assassin tomba le crâne brisé par le tabouret de bois que le prince avait saisi comme une arme défensive. Les gardes étaient déjà accourus, redoublant leurs coups sur le cadavre, lorsque le prince arrêta leur zèle tardif. « A quoi sert-il de frapper un mort? » demanda-t-il.

Avant les gardes, la princesse Éléonore s'était précipitée dans la tente de son époux, elle ne le quittait jamais qu'à regret, et lui avait prodigué ses soins depuis qu'il était malade, en dépit de l'état chancelant de sa propre santé. Les serviteurs s'empressaient à d'inutiles efforts de vengeance; elle courut à son mari, et comprenant d'un seul regard l'attentat et le danger, elle saisit le bras de son mari. Le manteau léger dont Édouard était couvert se trouvait rejeté en arrière, la blessure était en vue, sanglante et béante. La princesse ne fit aucune question, elle ne prononça pas une parole, ses yeux ne se baignèrent pas encore des larmes qui bientôt devaient les inonder. Elle appuya ses lèvres sur la plaie, aspirant fortement le poison dont pouvait se trouver imprégné le poignard de l'assassin. Une fois, deux fois, trois fois, Éléonore avait renouvelé ses généreux efforts avant que son mari, ému jusqu'au fond de l'âme, inquiet pour elle et pour son enfant qu'elle portait dans son sein, eût trouvé le courage et la présence d'esprit de la repousser doucement.

Elle était encore prosternée devant lui, lorsque le grand maître du Temple, averti par les bruits du camp, entra sous la tente, accompagné d'un chirurgien qui se chargeait de sauver le prince, pourvu qu'il lui fût permis de faire une incision assez profonde pour extraire tout le venin. L'usage des poignards empoisonnés n'était pas rare en Palestine et la rude chirurgie du temps avait accoutumé de traiter ainsi les blessés. Édouard tendit le bras sans hésiter : « Faites ce que vous voudrez, » dit-il.

Mais la princesse Éléonore ne possédait que l'héroïsme primitif et spontané qui court au secours de celui qu'on aime ; elle ne put contenir ses cris et ses pleurs à la vue du bourreau qui allait exercer son art sur les membres du prince. Edouard se retourna vers son frère Edmond, qui l'avait accompagné en Palestine : « Emmène-la, dit-il, et le prince, rude jusque dans son affection et son estime, entraîna hors de la tente sa belle-sœur éplorée en disant vivement : « Il vaut mieux que vous criiez et que vous pleuriez aujourd'hui que si l'Angleterre tout entière avait cause de regrets et de lamentations. »

Les lèvres d'Éléonore avaient bien fait leur office, le couteau des chirurgiens compléta l'œuvre; quinze jours plus tard le prince Édouard était de nouveau à cheval, au moment même où la princesse donnait le jour à une fille, qu'elle appela Jeanne d'Acre.

La petite armée anglaise était décimée par la maladie; le prince n'attendait plus que le rétablissement de sa femme pour reprendre le chemin de l'Europe; il espérait revenir en Palestine avec des forces plus considérables, il en avait fait vœu. Le cri des croisades : « Rappelez-vous du saint Sépulcre ! » retentissait dans son cœur comme à ses oreilles. Il ne revint cependant pas, non plus que n'avait fait Richard Cœur de Lion auquel Walter Scott a attribué l'aventure qui fait le sujet de notre récit dans son charmant roman du *Talisman*. Le roi saint Louis et le prince Édouard devaient être les derniers parmi les croisés royaux, les plus dignes peut-être, depuis Godefroy de Bouillon, de l'entreprise pieuse qu'ils se croyaient obligés de tenter en dépit des obstacles sans nombre et des dangers intérieurs et extérieurs qu'entraînait leur absence.

Lorsque le prince Édouard revint en Angleterre, il était roi depuis plusieurs mois déjà, et le pays entier soupirait après le retour de la main puissante du prince, qui s'était révélée à lui tout jeune encore dans les guerres civiles qui avaient cruellement déchiré l'Angleterre.

GERTRUDE VON DER WART

Ce n'est plus une princesse ni une reine qui va nous donner l'exemple d'une fidélité et d'un héroïsme conjugal plus complet que celui d'Éléonore de Castille suçant de ses lèvres le poison de la plaie de son mari; Gertrude von der Wart devait soutenir le sien par son courage au sein de la plus horrible agonie.

C'était en l'année 1308, dans une conspiration de Jean de Habsbourg, contre son parent l'empereur Albert Ier, fils du grand fondateur de la race, Rodolphe de Habsbourg. L'empereur Albert détenait injustement l'héritage de son jeune neveu, qui résolut imprudemment de chercher à le lui arracher par la force. Les Suisses venaient de se soulever contre la tyrannie des délégués de l'empereur, et ils avaient pris les armes contre lui. Albert partit pour les châtier, emmenant à sa suite son neveu Jean, qui continuait à le fatiguer de ses réclamations. L'empereur finit par lui tendre une branche fleurie qu'il avait cueillie sur le bord de la route. « Tiens, dit-il dédaigneusement au jeune prince, voilà ce qui convient à ton âge mieux que les soins pénibles du gouvernement. » Jean fondit en larmes, foulant aux pieds la branche fleurie et nourrissant dans sa pensée de sombres desseins : « Je lui ferai bien voir à quoi je suis bon ! » se répétait-il.

La troupe de l'empereur se trouvait arrêtée au bord de la Reuss ; il n'y avait point de pont, et une seule barque se présentait pour traverser la rivière. Albert passa le premier, accompagné par son neveu et par quatre chevaliers, tous secrètement enrôlés parmi les partisans de Jean. L'empereur prit le chemin du château de Habsbourg, si longtemps la résidence du modeste baron dont les vertus intellectuelles et morales avaient fondé la grandeur de sa race. Comme il chevauchait en avant, son neveu pressa soudain son cheval. « Veux-tu me rendre mon héritage ? » demanda-t-il d'une voix menaçante. L'empereur haussa les épaules sans répondre. Au même moment son neveu lui porta au cou un coup furieux. Les conjurés tombèrent au même instant sur le malheureux prince, à l'exception de Rodolphe von der Wart, qui n'avait pas prévu à quelles extrémités se porterait le prince Jean et qui prit la fuite avec horreur, pendant que l'empereur mourant gisait sur la terre, abandonné aussitôt par ses meurtriers, qui s'enfuyaient vers les montagnes, en vue du prince Léopold, fils du malheureux Albert, qui ne pouvait porter secours à son père. Lorsque les rameurs épouvantés eurent chargé de nouveau la barque, ramenant à l'autre rive le prince désolé, l'empereur venait d'expirer, la tête soutenue sur les genoux d'une pauvre paysanne, sortie de sa cabane au secours de l'agonisant.

Les assassins s'étaient réfugiés dans les repaires inaccessibles des montagnes, mais les Suisses révoltés avaient le cœur trop bien placé pour leur prêter secours. Quelques-uns se cachèrent longtemps dans la campagne, exilés de leur patrie et de leur rang par leur crime. Le prince Jean lui-même, dégoûté de cet héritage qu'il avait coupablement réclamé, fit pénitence auprès du pape, qui le reçut dans un couvent. Les criminels tombèrent les uns après les autres entre les mains des enfants de l'empereur, qui avaient déjà exercé leur vengeance sur les familles et les vassaux de ceux qu'ils ne tenaient pas encore personnellement.

La violence barbare du moyen âge était redoublée lorsque la fidélité du devoir filial semblait commander la vengeance. Le prince Léopold avait été témoin de la mort cruelle de son père dans un lâche guet-apens. L'ardeur de colère qui l'animait contre les meurtriers était plus excusable que celle de sa sœur Agnès, reine de Hongrie, dont la sauvagerie dépassait la violence de ses deux frères. Elle s'était jetée sur le fils tout enfant de l'un des conjurés, et elle allait l'étrangler de ses propres mains, lorsqu'il lui fut arraché par les serviteurs qui la suivaient. « Je me baigne dans la rosée du matin, répétait-elle, en voyant couler le sang innocent de soixante-trois vassaux d'un autre meurtrier. Sa cruauté ne devait cependant pas rester sans reproches et sans avertissements. Elle promettait un couvent à un ermite célèbre, le dotant d'avance des confiscations opérées sur les familles des condamnés. Le vieillard se redressa : « Femme, dit-il, Dieu ne veut pas être servi par l'effusion du sang innocent, et il ne lui plaît point qu'on bâtisse des couvents en dépouillant les familles. Ce qu'il demande, c'est la compassion et le pardon des injures ! »

La voix de l'ermite resta sans réponse, les supplices continuèrent. Rodolphe von der Wart avait été facilement arrêté ; il n'avait pas pris part au meurtre, s'il avait trempé dans la conspiration : il fut cependant condamné à mourir sur la roue, car de faux témoignages avaient été invoqués contre lui, et il était accusé d'avoir crié en frappant l'empereur : « Combien de temps cette charogne restera-t-elle à cheval? » L'horrible sen-

RUINES DU CHATEAU DE HABSBOURG.

tence avait été aggravée par ordre de la reine Agnès. Attaché sur une roue, il avait déjà reçu les coups de masse qui avaient rompu tous ses os, lorsqu'il fut détaché de l'instrument de son supplice pour se voir lié sur une autre roue suspendue à une longue perche, sur laquelle il devait expirer lentement à force de souffrances. Il était là, seul, avec des gardes inhumains, spectateurs insensibles de ses tortures, haletant et dévoré par une soif intolérable. La nuit était venue, lorsqu'une voix douce et tendre le fit tressaillir. Tous ses membres brisés frémissaient dans leur angoisse, il ne pouvait pas soulever la tête : « Gertrude! » murmura-t-il.

C'était bien sa femme, jeune comme lui, et passionnément dévouée, qui l'avait accompagné dans sa prison et soutenu pendant les heures terribles de son procès. Elle avait été violemment séparée du condamné et enfermée dans le château de Kyburg; mais elle avait réussi à s'échapper, et, guidée par un instinct sublime, ou par quelques paroles échappées à ses geôliers, elle avait suivi la trace du malheureux Rodolphe, qu'elle venait consoler et soutenir par sa fidèle tendresse. On a prétendu qu'elle avait elle-même raconté dans une lettre à une amie la nuit d'agonie qu'elle avait traversée à côté de la roue de son mari; la lettre ne paraît pas authentique, mais elle dépeint d'une manière poignante le sentiment et le courage de la malheureuse femme. Elle avait entassé l'un sur l'autre des blocs de bois qu'elle avait trouvés près de la roue; car les gardes avaient fui à son approche, épouvantés, malgré eux, par la douleur peinte sur son visage, et maintenant elle se trouvait au niveau du visage de l'infortuné, lui prodiguant ses baisers, essuyant la sueur froide qui coulait de son front, repoussant ses cheveux épars. Ses larmes ne coulaient pas, elle priait tout haut; mais Rodolphe l'interrompait sans cesse. « Va-t'en, répétait-il; on saura que tu es ici, la reine te fera saisir, tu mourras aussi dans les supplices comme moi; tu me fais sentir que mes souffrances peuvent devenir plus cruelles encore, si tu dois les partager! — Je mourrai avec toi, reprenait la voix caressante et tendre; c'est pour cela que je suis venue. Nulle puissance humaine ne m'arrachera de ton côté, jusqu'à ce que Dieu ait mis un terme à tes souffrances! Jusques à quand, Seigneur?... »

Et elle conjurait la miséricorde divine, qui pouvait envoyer la mort à celui qu'elle aimait!

L'aube du jour commençait à paraître, et avec elle les gardes revinrent, poussés par la crainte que leur absence ne fût découverte. Gertrude n'était plus à côté de son mari, elle avait dispersé les morceaux de bois qui lui avaient permis de se soutenir toute la nuit; elle était à genoux au pied de la roue et elle priait, levant quelquefois la tête pour regarder son mari, mais ne voyant pas la foule curieuse qui s'empressait au lieu du supplice, attirée par l'odieux spectacle d'un homme et d'une femme également à l'agonie. Tout à coup cependant, parmi les regards compatissants qu'elle sentait sans les suivre, Gertrude reconnut les yeux pleins de larmes de la femme d'un serviteur intime de la reine Agnès. Elle se releva aussitôt de sa prière, car une pensée l'avait saisie : Ne serait-il pas possible d'obtenir de la miséricorde royale un coup de la barre de fer, un seul coup qui mettrait fin aux souffrances du supplicié? Sa vie ne semblait plus tenir qu'à un fil, et cependant que de peine il avait à mourir! Gertrude implorait en vain, elle le sentait avant d'avoir parlé; mais la pitié de la multitude à son égard commençait à se manifester activement. Que lui importait qu'on eût compassion d'elle! Ce n'était pas elle qui agonisait sur cette roue! A ses côtés, des mains pieuses avaient déposé du vin, des fruits; elle ne les regardait seulement pas. Le prêtre arrivait et la foule s'entr'ouvrit pour le laisser passer. Il n'avait pas vu la jeune femme : il ne pensait, lui aussi, qu'au condamné dont il voulait arracher l'âme à l'enfer, car il croyait Rodolphe coupable, et la confession de son crime pourrait seule apaiser la colère divine. Il parlait à voix basse, s'étant fait hisser auprès du mourant; Gertrude ne l'entendait pas. « Il encourage mon bien-aimé, pensait-elle, et elle joignit ses prières à celles du prêtre, lorsqu'une voix qu'elle saisissait toujours, quelque faibles et entrecoupés qu'en pussent être les accents, vint frapper son oreille. Rodolphe disait. « Non, mon père, sur la foi d'un homme qui s'en va mourir, je n'ai pas porté la main sur l'empereur, je n'ai pas prononcé ces odieuses paroles. » Et comme le prêtre semblait insister, promettant sans doute le coup de grâce comme prix d'un aveu : « Non, non ! répétait le mourant, je ne puis pas expirer un mensonge sur les lèvres, même pour en finir avec cette intolérable souffrance ! » Le prêtre se tut. Redescendant lentement de son poste, les larmes mouillaient ses yeux. Il avait fait le signe de la croix sur le front de Rodolphe qui semblait sur le point d'expirer, et maintenant ses lèvres s'agitaient dans une dernière prière pour le malheureux.

Gertrude se releva à son approche ; il la regardait avec étonnement et d'un air interrogateur. Mais vingt voix murmurèrent à son oreille : « C'est Mme Von der Wart, la femme de celui qui va mourir. » Le prêtre se pencha vers la jeune femme, l'expression d'une pitié infinie se peignit sur son visage fatigué. « Sois fidèle jusqu'à la mort, murmura-t-il, et Dieu te donnera la couronne de vie. » Gertrude ne pouvait pas parler : il lui semblait que la couronne tardait beaucoup pour le mourant. Le prêtre avait étendu les mains au-dessus de sa tête courbée, il la bénissait et elle sentait que la bénédiction ne lui était pas destinée à elle seule, lorsqu'un grand bruit de pas et de chevaux se fit entendre. La reine passait, revêtue d'une armure légère comme un chevalier, en compagnie de son jeune frère, le prince Léopold, et d'une troupe de courtisans. Elle demanda d'une voix rude ce que signifiait ce concours de peuple. Elle était belle, savante et spirituelle ; mais tous les assistants de ce jour-là ne virent sur son beau visage que l'expression d'une cruauté diabolique lorsqu'ils l'entendirent ordonner qu'on emmenât cette femme qui n'avait que faire en ce lieu. Deux gardes s'avancèrent pour exécuter ses ordres, et Gertrude, arrachée à sa douloureuse contemplation, allait être entraînée loin de son mari expirant. Elle avait résisté en vain ; les riches vêtements qu'elle n'avait pas changés depuis qu'elle avait quitté son château paisible pour suivre son Rodolphe prisonnier, étaient déjà déchirés et couverts de boue, lorsqu'un jeune chevalier, fort avant dans les bonnes grâces de la reine, se détacha du groupe de ses courtisans. « Laissez-la ici, madame, supplia-t-il ;

il est heureux qu'il y ait quelque part en ce monde des femmes fidèles que n'effrayent ni le crime ni le supplice! »

Agnès rougit, et elle fit un signe de tête hautain, comme pour dire qu'elle permettait à la malheureuse femme de rester au pied de l'instrument du supplice sur lequel elle tenait ses yeux attachés depuis qu'elle était arrivée. Le jeune gentilhomme allait demander plus encore : ses lèvres s'entr'ouvraient pour réclamer le coup de grâce, mais il lut tout à coup dans les yeux de la reine une telle férocité, qu'il laissa retomber sa main déjà levée et reprit sa place derrière elle. Gertrude était revenue à son poste, comme un oiseau effrayé revient au nid, dès que les rudes mains des gardes avaient lâché ses vêtements sur l'ordre de la reine; elle avait recommencé ses prières, qu'elle articulait à voix haute, dans l'espoir que quelques paroles arriveraient aux oreilles déjà engourdies par les approches de la mort. Personne ne bougeait dans la foule, pas un mot ne venait troubler la malheureuse femme dans l'angoisse de ses supplications. La nuit revenait et la multitude commençait à diminuer; les femmes emmenaient leurs enfants, les maris revenaient au logis avec leurs épouses; on rentrait dans les maisons pauvres ou aisées où régnait la paix ou le repos, même au sein des misères inhérentes à la nature humaine. Gertrude resta seule avec son désespoir.

Elle ne sentait pour lors qu'un seul besoin, le désir de tenir bon jusqu'au bout; les facultés de son âme étaient concentrées tout entières dans les supplications qu'elle faisait monter vers le trône de grâce pour obtenir la délivrance. Elle avait de nouveau réuni les morceaux de bois et elle avait repris son poste de la nuit précédente. Rodolphe ne parlait plus; il semblait sur le point de rendre l'âme. Elle ne sentait pas le froid qui glaçait ses membres, sous les coups de l'orage subitement élevé dans la plaine; elle ne s'aperçut de la pluie qu'en voyant les gouttes couler sur le front pâle de son mari. Un des gardes lui avait jeté sur les épaules un grossier manteau : elle s'en dépouilla pour envelopper les membres rigides du mourant. Une parole errait sur les lèvres pâles; la parole que Notre-

Seigneur avait prononcée sur la croix : « J'ai soif ! » disait-il. Gertrude n'avait point de vase pour chercher de l'eau, elle ne connaissait pas le pays et ne se rendait pas compte de l'endroit où pouvait se trouver une source. Elle descendit cependant dans la nuit sombre, détachant un de ses petits souliers, — l'autre avait été déchiré pendant sa résistance aux soldats qui l'entraînaient loin de son mari. Elle prêta un instant l'oreille, le bruit argentin d'un petit cours d'eau coulant sur les cailloux se fit entendre; dans cette heure d'angoisse suprême, la jeune femme pensa : « Je suis comme Agar dans le désert! » Le Dieu vivant qui avait vu Agar à côté de son enfant mourant de soif était le même Dieu qui la voyait à cet instant. Elle courut au ruisseau, et, remontant à côté du mourant, elle humecta ses lèvres desséchées de quelques gouttes de l'eau bienfaisante. Il reprit la faculté de prononcer quelques paroles au contact de l'eau. « Je ne te prie plus de me quitter, murmura-t-il; ton amour et ton courage rendent même cette mort supportable. Prie Dieu que je puisse endurer jusqu'à la fin. » Elle priait tout haut et elle lisait dans les yeux éteints la consolation suprême et comme la perception naissante des joies à venir.

Le jour était revenu, la foule revenait aussi; mais cette fois Gertrude ne quitta pas son poste : chaque seconde en s'écoulant emportait quelque chose de la vie et des forces du malheureux supplicié, et sa femme ne savait plus rien que ce qu'elle voyait sur son visage. Enfin, comme le jour commençait à baisser, il rouvrit ses yeux depuis longtemps fermés, et faisant un effort suprême pour retourner la tête de son côté : « Fidèle jusqu'à la mort! » répéta-t-il, et il expira, en souriant. Elle s'était agenouillée, il n'y avait de place dans son âme que pour un sentiment de profonde reconnaissance; il était libre enfin et elle avait reçu d'en haut la force de le soutenir jusqu'au bout. Lorsqu'elle descendit à terre, ses yeux étaient encore tout secs, comme ils l'avaient été pendant ces quarante heures d'angoisse inexprimable; ce fut seulement dans le couvent de Bâle, où elle se réfugia, qu'elle put enfin pleurer. Elle ne pleura pas longtemps, et Dieu la reçut jeune encore dans son repos éternel, auprès de celui qu'elle avait aimé du plus fidèle amour.

PHILIPPA DE HAINAUT

L'héroïsme conjugal de Gertrude Von de Wart est, grâce à Dieu, une exception, même au moyen âge ; dans ces temps violents et rudes qui faisaient peu de cas de la vie et des souffrances humaines, les femmes avaient souvent lieu d'obtenir de leur mari quelque grâce charitable, et c'était sur leur honneur et leurs devoirs de chrétiens qu'elles veillaient scrupuleusement. La bonne reine Philippa de Hainaut, femme du roi d'Angleterre Édouard III, faisait de ce soin une de ses plus chères occupations. Son mari était vaillant et victorieux, mais il avait le cœur dur, et nul n'avait action sur lui dans sa colère. Il n'emmenait pas toujours avec lui la reine sa femme, bien que dans les premières années de leur mariage elle l'accompagnât dans ses voyages en Flandre, pays voisin de sa terre natale, pour s'établir en quelque ville, pendant qu'il voyageait par les provinces, cherchant à gagner à sa cause les riches marchands et les turbulents bourgeois flamands. C'est ainsi qu'elle était en demeure à Gand avant le combat de l'Écluse, quand les dames anglaises l'y vinrent visiter sur des vaisseaux que le roi Édouard eut grand soin de faire garder pendant toute la bataille.

Maintenant que son mari était campé devant la forte ville de Calais, qui le retint à son siège un an et plus, la bonne reine ne pouvait y prendre avec lui complète résidence, car le roi d'Écosse et ses barons s'étaient avisés qu'ils feraient guerre aux Anglais et se vengeraient des grands maux qu'ils leur avaient faits, dit Froissart, le pays étant maintenant vide de gens d'armes, parce que le roi en tenait grand foison devant Calais, en Bretagne, en Poitou et en Gascogne. Le mandement des Écossais fut fait le plus secrètement qu'il se put, afin de mieux vexer les ennemis, et ils devaient être au moins cinquante mille combattants.

Cependant le roi d'Écosse ne se put si tranquillement appareiller, que la reine Philippa, qui se tenait au nord sur les frontières d'York, n'en fût bientôt informée et qu'elle ne se hâtât d'y pourvoir de remède et de conseil. En effet, dès que la bonne dame le sut, elle écrivit et pria tous ceux qui tenaient le roi d'Angleterre pour leur seigneur, appelant auprès d'elle les grands barons qui étaient demeurés au pays pour la garder et qui vinrent la retrouver à Newcastle. Les prélats et les barons d'Angleterre répondirent au défi des Écossais, disant qu'ils aventureraient volontiers leurs vies pour l'héritage de leur seigneur le roi d'Angleterre. Ils se rangèrent donc un jour dans les champs en un lieu sur la terre du sire de Neville. Et là était la bonne reine d'Angleterre parmi eux, qui les priait et admonestait de bien faire leur besogne et de garder l'honneur du roi son seigneur et du royaume d'Angleterre, et que pour Dieu chacun se tînt prêt à être bon combattant ; ce que tous lui promirent avant que la bonne dame retournât à Newcastle-sur-Tyne.

Ce fut là qu'elle apprit, le soir du mardi avant le jour Saint-Michel 1346, le succès des armes anglaises et la prise du roi David d'Écosse. Lorsqu'elle sut que la journée était à elle et à ses gens, elle en fut grandement réjouie, et en eut bien raison. Elle monta aussitôt sur son palefroi et s'en vint le plus vite qu'elle put au lieu où la bataille avait eu lieu. Les prélats et les barons qui avaient été chefs et ordonnateurs de la bataille la reçurent avec joie et lui racontèrent comment Dieu les avait visités et regardés, puisque avec une poignée de gens qu'ils étaient, ils avaient déconfit le roi d'Écosse et toute sa puissance. Alors la reine demanda où était le roi David. On lui répondit qu'un écuyer d'Angleterre qui s'appelait Jean de Copeland l'avait pris et emmené avec lui, mais on ne savait dire en quel lieu. La reine écrivit audit écuyer, et lui manda vivement de lui amener son prisonnier le roi d'Écosse, car il n'avait pas bien agi à son égard en l'emmenant aussi loin des siens et l'éloignant de tous.

Or c'était l'intention de Jean de Copeland de ne remettre son prisonnier ni à homme ni à femme, sauf à son seigneur le roi d'Angleterre ; il le manda ainsi à la reine, en disant qu'on fût

LE ROI D'ANGLETERRE RECEVANT JEAN DE COPELAND.

bien assuré de lui, car il le garderait si bien qu'il en rendrait bon compte. Madame d'Angleterre, pour cette fois, n'en put rien avoir de plus. Elle ne se tint pourtant pas pour bien contente de l'écuyer et elle fit tantôt écrire et sceller des lettres qu'elle envoya à son cher seigneur le roi d'Angleterre, lequel ordonna aussitôt qu'on allât quérir Jean de Copeland, parce qu'il voulait lui parler devant Calais. Quand Jean de Copeland se vit mander par son seigneur le roi d'Angleterre, il en fut bien réjoui et obéit, ayant mis son prisonnier d'abord sous bonne et sûre garde dans un fort château sur les marches du Northumberland et du pays de Galles.

Quand le roi d'Angleterre vit l'écuyer et qu'il sut que c'était Jean de Copeland, il lui fit grand accueil, et le prenant par la main, il lui dit : « Bienvenu soit mon écuyer qui par sa vaillance a pris notre adversaire le roi d'Écosse. — Monseigneur, dit Jean qui avait mis un genou à terre devant le roi, si Dieu m'a voulu envoyer une si grande grâce, qu'il ait envoyé entre mes mains le roi d'Écosse, et que je l'aie conquis dans la bataille et par fait d'armes, on doit n'en avoir pour moi ni envie ni rancune, car Dieu peut aussi bien envoyer sa grâce et sa fortune à un pauvre écuyer qu'à un grand seigneur. Et sire, ne m'en sachez pas mauvais gré si je ne l'ai pas rendu tout de suite à madame la reine, car c'est de vous que je tiens, et mon serment est à vous et non à elle. » Le roi répondit. « Non, Jean, non, Jean, le bon service que vous m'avez rendu et votre courage valent bien que vous soyez excusé de tout le reste, et honnis soient ceux qui vous porteraient envie. Mais je vous dirai ce que vous ferez : vous retournerez dans votre maison et vous prendrez votre prisonnier, que vous ramènerez à ma femme. A titre de récompense, je vous donne et vous assigne le plus près de votre château qu'on le pourra trouver et aviser cinq cents livres sterling de revenu, et je vous retiens pour écuyer de mon corps et de mon hôtel. »

Jean fut grandement réjoui de ce don, et l'en remercia, comme des honneurs que lui firent pendant deux jours le roi et les barons, ainsi qu'on doit faire à un vaillant homme. Et au troisième jour il retourna en Angleterre, s'en allant tout droit dans son logis, où il rassembla ses amis et ses voisins pour prendre le roi d'Écosse, qui le menèrent jusqu'à la ville d'York, où se tenait madame la reine. Elle avait été d'abord fort courroucée contre Jean, mais la paix fut faite quand elle vit le roi d'Écosse son prisonnier, et d'ailleurs Jean s'excusa si sagement, que la reine s'en tint pour bien satisfaite, et elle logea le roi David dans le château de Londres, avec le comte de Murray et les autres barons qui avaient été pris à la bataille. Ensuite la bonne reine veilla à bien ordonner ses affaires, car elle voulut passer la mer pour venir à Calais, afin de voir le roi son mari et le prince son fils, comme elle le désirait. Elle se hâta donc tant qu'elle put, et passa la mer à Douvres, ayant bon vent, Dieu merci, et fut reçue à grande joie, comme on peut bien le croire, trois jours avant la Toussaint. Pour l'amour de la reine, le roi tint cour ouverte le jour de la Toussaint, et donna à dîner à tous les seigneurs qui étaient là, et surtout à toutes les dames, car la reine en avait amené d'Angleterre un grand nombre avec elle, tant pour l'accompagner que pour voir leurs maris, pères, frères et amis qui se tenaien au siège devant Calais.

La ville résistait vaillamment, et la reine Philippa retourna bientôt en Angleterre, pour revenir trouver le roi son mari en l'année suivante, peu après le temps de Pentecôte. Le roi Philippe de France avait cherché à délivrer ses gens qui tenaient si courageusement pour lui sa bonne ville ; mais son adversaire d'Angleterre avait soigneusement fait fortifier les passages, qui étaient si bien défendus qu'il ne put trouver chemin pour arriver devant Calais, afin de combattre le roi Édouard. Il fut donc obligé de se retirer, car le roi d'Angleterre refusa de se déloger pour donner bataille.

Or jugez de la tristesse de ceux de la ville quand ils virent le départ de leurs gens. Il n'y a au monde cœur si dur qui, les voyant se démener et se lamenter, n'eût été pris de pitié. Ils voyaient bien que le secours auquel ils avaient eu confiance leur manquait sans retour, et ils étaient en si grande détresse de famine, que les plus forts d'entre eux se traînaient à peine. Ils se résolurent donc de se mettre à la volonté du roi d'Angleterre, s'ils pouvaient en obtenir plus grand merci, car plusieurs pouvaient perdre leur corps et leur âme par rage de faim. Ils prièrent donc messire Jean de Vienne de traiter, et il monta aux créneaux de la ville, faisant signe à ceux du dehors qu'il voulait leur parler.

Quand le roi d'Angleterre entendit ces nouvelles, il envoya là tantôt monseigneur Gautier de Mauny et le seigneur de Basset.

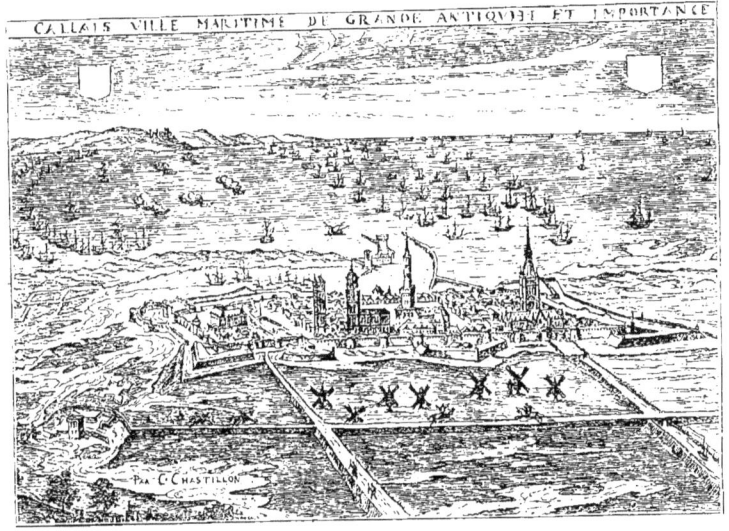

VUE ANCIENNE DE CALAIS.

Messire Jean de Vienne leur dit : « Chers seigneurs, vous êtes de vaillants chevaliers, ayant l'usage des armes, et vous savez que le roi de France notre seigneur nous a envoyés céans, pour lui garder cette ville et ce château, ce que nous avons fait selon notre pouvoir. Aujourd'hui notre secours nous manque et vous nous avez tellement resserrés, que nous n'avons plus de quoi vivre, en sorte qu'il nous faudra tous mourir ou enrager par famine, à moins que le gentil roi votre sire n'ait pitié de nous. Veuillez le prier qu'il nous laisse aller ainsi que nous sommes, et qu'il prenne la ville et le château avec les biens qui y sont, il en trouvera assez. »

Messire Gautier de Mauny secoua la tête et dit : « Messire Jean, messire Jean, nous savons en partie l'intention du roi notre seigneur, car il nous l'a dite. Sa volonté est que vous vous mettiez tous à sa merci, pour rançonner ou faire mourir qui il lui plaît, car les gens de Calais lui ont causé tant de contrariétés et de maux, tant fait dépenser du sien et mourir de ses gens, qu'il lui en pèse lourd, et ce n'est pas merveille.

— Alors, répondit messire Jean de Vienne, ce serait une trop dure chose pour nous si nous consentions à ce que vous dites. Nous sommes ici un petit nombre de chevaliers et écuyers qui avons enduré de grandes souffrances; mais nous endurerions encore telle souffrance que jamais gens n'en souffrirent de pareille, plutôt que de consentir à ce que le plus petit garçon de la ville fût plus mal traité que le plus grand d'entre nous. Nous vous prions donc d'aller vers le roi d'Angleterre et de le prier d'avoir pitié de nous. » Ce que fit bien volontiers messire Gautier.

Lorsque les barons eurent rendu compte au roi de ce qu'avait fait messire Jean de Vienne, celui-ci leur dit : « Vous savez en ce cas la plus grande partie de notre intention; que leur avez-vous répondu? — Au nom de Dieu, monseigneur, repartit Gautier, que vous n'en feriez rien, à moins qu'on ne se rendît simplement à votre volonté pour vivre ou pour mourir. » A quoi le roi répondit : « Messire Gautier, je n'ai désir ni volonté de faire autre chose. » Alors le gentil sire de Mauny s'approcha plus près du roi et lui parla bien sagement, disant pour aider ceux de Calais : « Monseigneur, vous pourriez bien avoir tort, et vous donnez un mauvais exemple. Si vous voulez nous envoyer dans une de vos forteresses, nous n'irons pas si volontiers si vous faites mettre à mort tous ces gens-là comme vous le dites; car on en ferait autant de nous en pareil cas. »

Cet exemple adoucit grandement la colère du roi d'Angleterre, car la plupart des barons qui étaient là aidèrent à le soutenir. Le roi dit donc : « Seigneurs, je ne veux pas être tout seul contre vous tous. Gautier, vous vous en irez vers ceux de Calais, et vous direz au capitaine messire Jean de Vienne que vous avez tant travaillé pour eux et aussi tous mes barons que j'ai consenti à grand'peine à la plus grande grâce qu'ils puissent jamais obtenir de moi : c'est qu'il parte de Calais six des plus notables bourgeois, nu-tête et les pieds nus, la corde au cou, et les clefs de la ville et du château dans leurs mains. Je ferai de ceux-là à mon bon plaisir et je prendrai le reste à merci. — Monseigneur, dit messire Gautier, je le ferai volontiers.

Sur ce, le gentil seigneur s'en alla retrouver le capitaine, qui l'attendait sur les murailles de la ville et lui dit ce qu'il avait pu obtenir. « Messire Gautier, dit Jean de Vienne, je vous crois bien ; je vous prie de demeurer ici jusqu'à ce que j'aie remontré tout ceci au peuple de la ville, qui m'a envoyé ici, c'est à eux de répondre, » et le sire de Mauny dit qu'il attendrait.

Messire Jean de Vienne quitta donc les créneaux et s'en vint au marché, où il fit sonner la cloche, à laquelle vinrent tous, hommes et femmes, car ils désiraient fort d'avoir des nouvelles, comme des gens si pressés de la famine qu'ils n'en pouvaient plus. Quand ils furent tous assemblés sur la place, messire Jean de Vienne rapporta doucement toutes les paroles du roi, disant bien qu'il n'en pouvait être autrement, et qu'ils eussent à s'entendre là-dessus pour répondre au plus tôt. Quand ils ouïrent ce rapport, ils commencèrent tous à crier et à pleurer, tellement et si amèrement, qu'il ne fut jamais au monde cœur assez dur pour n'avoir pas eu pitié d'eux en les voyant et entendant se lamenter. Et au premier moment ils ne pouvaient répondre ni parler. Messire Jean de Vienne pleurait aussi avec eux.

Un peu après, se leva le plus riche bourgeois de la ville, qu'on appelait messire Eustache de Saint-Pierre, et il dit devant tous : « Seigneur, ce serait une grande pitié et un grand malheur de laisser mourir un grand peuple qu'il y a ici, par famine ou autrement, quand on y peut trouver remède. Et ce serait une grande aumône et une grande grâce à Notre-Seigneur que de les pouvoir garder d'un tel malheur. J'ai, pour ma part, si grande espérance d'avoir grâce et pardon de Notre-Seigneur, si je meurs pour sauver ce peuple, que je veux être le premier. Je me mettrai volontiers en chemise, nu-tête et nu-pieds, la corde au cou, en la merci du gentil roi d'Angleterre. »

Quand sire Eustache de Saint-Pierre eut dit cette parole, chacun alla l'adorer de pitié, et plusieurs, hommes et femmes, se jetaient à ses pieds, pleurant si tendrement que c'était grande pitié d'être là pour les entendre et regarder. Secondement, un autre très honnête bourgeois et de grande fortune, qui avait deux belles demoiselles pour filles, se leva et dit aussi qu'il ferait compagnie à son compère sire Eustache de Saint-Pierre, et celui-là s'appelait sire Jean d'Aire.

Après se leva le troisième, qui s'appelait sire Jacques de Wissant, qui était riche en meubles et en héritages, et dit qu'il ferait compagnie à ses deux cousins. Ainsi fit messire Pierre de Wissant son frère et puis le cinquième et le sixième. Alors les six bourgeois se devêtirent, tous nus, sauf leurs braies et leur chemise, en la halle de Calais, et ils mirent des cordes à leur cou, ainsi que le portait l'ordonnance. Et ils prirent les clefs de la ville et du château dans leurs mains; chacun en tenait une poignée.

Quand ils furent ainsi appareillés, messire Jean de Vienne se mit devant, monté sur une petite haquenée, car à grand'peine pouvait-il marcher, et ils prirent le chemin de la porte. Qui eût vu alors les hommes, leurs femmes et leurs enfants pleurer et tordre leurs mains et crier à haute voix si tendrement, n'aurait pu avoir le cœur assez dur pour n'en prendre point pitié. Ainsi ils vinrent à la porte, accompagnés par les cris et les pleurs, et messire Jean de Vienne les délivra à messire Gautier qui attendait toujours, priant en même temps que messire Gautier intercédât pour eux auprès du roi. « Je ne sais ce que messire le roi voudra faire, repartit Gautier de Mauny, mais je vous promets que je ferai mon devoir. » Ainsi furent conduits les six bourgeois dans le palais du roi d'Angleterre.

Lorsque le roi entendit dire que ceux de Calais arrivaient de la manière qu'il avait voulue et ordonnée, il sortit et s'en vint en la place devant son hôtel et tous les seigneurs avec lui et grande foison qui survinrent, pour voir ce qu'il ferait. Et même la reine d'Angleterre, qui était récemment arrivée devant la ville, et qui était enceinte, suivit le roi son seigneur. Messire Gautier amena les bourgeois au roi, en disant : « Monseigneur, voilà les

LES BOURGEOIS DE CALAIS.

représentants de Calais, selon votre ordonnance. » Le roi ne disait mot et les regardait durement, car il haïssait fort les habitants de Calais, à cause des grands maux et dommages qu'ils lui avaient faits par mer, du temps passé.

Les six bourgeois se mirent aussitôt à genoux devant le roi, et dirent en joignant leurs mains : « Gentil sire et noble roi, voyez-nous six qui sommes par naissance bourgeois de Calais et grands marchands. Nous vous apportons les clefs de la ville et du château de Calais et nous vous les rendons à votre bon plaisir, nous étant mis en tel point pour sauver le reste du peuple de Calais. Veuillez donc avoir merci de nous par votre très haute noblesse. »

Certes, il n'y eut alors dans la place ni seigneur, ni chevalier ou vaillant homme qui se pût abstenir de pleurer de pitié, ni qui pût parler pendant un moment. Le roi les regarda avec grande colère, car il avait le cœur si dur et saisi de si grand courroux, qu'il ne pouvait non plus parler; mais quand il retrouva la parole, il commanda qu'on leur tranchât aussitôt la tête. Tous les barons et chevaliers qui étaient là pleuraient et priaient le roi autant qu'ils pouvaient de vouloir avoir merci, mais il n'en voulait rien entendre.

Alors messire Gautier de Mauny dit : « Ah ! gentil sire, veuillez réprimer votre colère; vous avez le nom et renom d'une souveraine gentillesse et noblesse. Ne faites rien pour qu'elle en soit amoindrie, et qu'on puisse dire de vous quelque chose de mauvais. Si vous n'avez pitié de ces gens, tous les autres diront que c'est grande cruauté de faire mourir ces honnêtes bourgeois, qui, de leur propre volonté, se sont mis à votre merci pour sauver leur peuple. » Alors le roi grinça des dents et dit : « Messire Gautier, taisez-vous, il n'en sera pas autrement; mais qu'on fasse venir le coupe-tête. Ceux de Calais ont fait mourir tant de mes hommes qu'il me faut faire mourir ceux-ci. »

Alors la noble reine d'Angleterre, qui était enceinte, et pleurait si tendrement de pitié qu'elle ne se pouvait soutenir, fit une grande bonté, car elle se jeta à genoux devant le roi son seigneur, et dit : « Ah ! gentil sire, depuis que je passai la mer par-deçà en grand péril, je ne vous ai rien requis ni demandé aucun don. Or, je vous prie humblement et requiers en propre don que, pour le fils de sainte Marie et l'amour de moi, vous vouliez avoir de ces six hommes merci. »

Le roi tarda un peu à parler et regardait la bonne dame sa femme, qui se tenait toujours à genoux devant lui, pleurant tendrement. Cela lui attendrit le cœur, car il eût eu de la peine à la courroucer au point où elle en était, et il dit : « Dame, j'aimerais mieux que vous fussiez tout autre part qu'ici. Vous me priez si fort, que je n'ose vous refuser, et bien que je le fasse à regret, je vous les donne. Faites-en votre bon plaisir. » La bonne dame dit : « Monseigneur, très grand merci! » Alors se relevant de terre, elle fit lever les six bourgeois, qu'elle emmena dans sa chambre où elle les fit vêtir et dîner tout à leur aise, puis elle les envoya hors de l'armée, les faisant reconduire en sûreté jusqu'à Calais, où on les vit revenir à grande joie, comme vous pouvez le penser, et ce n'était pas merveille.

La bonne reine, comme on l'appela constamment en Angleterre, avait sauvé le nom de son mari d'une tache plus profondément sentie dans son temps que nous ne sommes portés à le croire lorsque nous contemplons de loin la violence et la rudesse des rapports des hommes entre eux; nous oublions en effet trop souvent que le sentiment de l'honneur comme celui de la pitié chrétienne existait puissamment dans ces âmes que la civilisation n'avait pas encore policées, mais qui avaient subi l'influence de la charité chrétienne, la première et la plus efficace de toutes les civilisations. Ce qu'ils ignoraient surtout, c'était les raffinements de la pensée; la reine Philippa était préoccupée de la réputation de pitié et de *gentillesse* de son mari; elle ne comprenait pas la délicatesse qui aurait pu lui faire refuser la maison d'Eustache de Saint-Pierre lorsque le roi la lui offrit en don après la naissance de sa fille Marguerite, née à Calais quelques jours après la prise de possession de la ville, comme son frère Lionel, duc de Clarence, était né à Anvers et Jean à Gand, car les reines et les princesses semaient alors les berceaux de leurs enfants à la suite des expéditions militaires de leurs maris. La reine Philippa était restée tendrement attachée à son pays natal bien qu'elle n'y retournât guère, et elle avait rendu à l'Angleterre le service d'y importer la fabrication des étoffes de laine, fort répandue dans tous les Pays-Bas. Les tisserands du Hainaut trouvaient auprès d'elle un appui empressé, qui en amena plus d'un à s'établir en Angleterre. Jusqu'à ce moment, dit Fuller, « les Anglais ne savaient pas plus se servir de leur laine que les moutons qui la portaient. »

JEANNE DE MONFORT

La reine Philippa gouvernait sagement l'Angleterre en l'absence du roi son mari, et elle encourageait au besoin ses serviteurs lorsqu'il fallait combattre; ce n'était pas, ce ne fut jamais une guerrière comme la comtesse de Monfort, Jeanne de Flandre. Le mari de celle-ci n'était que le frère de mère du duc de Bretagne, qui mourut sans enfants, laissant une nièce mariée au comte Charles de Blois, neveu du roi Philippe de France. Le comte de Montfort n'avait pas une goutte de sang dans les veines qui appartînt à la maison ducale de Bretagne, mais il était ambitieux et hardi, soutenu d'ailleurs par le courage hautain d'une femme qui avait bien « cœur d'homme et de lion », comme le dit Froissart. Il se présenta aux bourgeois des villes comme le successeur naturel de son frère et ils l'acclamèrent sans résistance, contents de jouir des faveurs que prodiguait le comte, grâce aux trésors du duc son frère sur lesquels il avait su mettre la main. Les barons de la Bretagne ne furent pas aussi empressés à répondre à son appel; lors d'une grande fête que le comte donna dans la ville de Nantes, un seul seigneur parut, messire Hervé de Léon, et peu après Jean de Monfort fut appelé à comparaître devant les pairs du royaume à Paris, pour justifier sa conduite; il ne s'y rendit qu'après avoir passé en Angleterre, où il fit hommage du duché de Bretagne au roi Edouard.

Lorsqu'il arriva à Paris, le roi Philippe l'attendant avec les douze pairs. « Sire, dit le comte en entrant, je suis venu ici, à votre mandement et à votre plaisir. » Le roi répondit : « Je vous en sais bon gré, comte de Monfort; mais je m'émerveille fort comment vous avez osé entreprendre de votre volonté le duché de Bretagne, car il y a plus proche que vous qui doit hériter. Et pour vous aider, vous êtes allé trouver mon adversaire le roi d'Angleterre. » Le comte dit : « Ah ! sire, ne le croyez pas, car vraiment vous êtes mal informé. Mais quant à la proximité dont vous me parlez, m'est avis, sire, sauf votre grâce, que vous vous en méprenez, car je ne sais nul si proche que moi au duc de Bretagne, mon frère récemment décédé. Et s'il était jugé et déclaré par droit que d'autres y fussent plus proches que moi, je ne serais point honteux ni rebelle à me désister. » Quand le roi entendit ceci, il dit : « Sire comte, vous en dites assez, mais je vous commande que vous ne partiez de Paris d'ici à quinze jours, afin que les barons et les pairs jugent de cette proximité. Vous saurez alors quel droit vous y avez. — Sire, dit le comte, à votre volonté. »

Quand il rentra à son hôtel, le comte commença à penser que s'il attendait le jugement des pairs et des barons de France, il pourrait bien tourner contre lui, et il voyait bien que s'il y avait jugement pour le comte Charles de Blois, le roi le ferait arrêter, jusqu'à ce qu'il eût tout rendu, châteaux, villes et cités dont il avait pris possession, et avec tout cela le grand trésor qu'il avait saisi et dépensé. Il lui fut donc avis, au moins mauvais, qu'il lui valait mieux courroucer le roi et s'en retourner en Bretagne que de demeurer à Paris dans cette situation périlleuse. Ainsi qu'il pensa, il fut fait : il monta sur un cheval, si paisiblement et secrètement, et partit avec si peu de compagnie, qu'il était de retour en Bretagne avant que le roi ou aucun autre se doutât de son départ, car on le croyait malade en son hôtel. Il retrouva sa femme à Nantes et, par son conseil, établit partout de bons capitaines avec grande foison de soldats à pied et à cheval et firent tous leurs préparatifs pour résister au comte de Blois en faveur duquel le jugement des pairs avait été rendu, en sorte qu'il se présentait pour réclamer, les armes à la main, l'héritage de Bretagne.

La première chose que fit monseigneur Charles avec les

chevaliers français venus en sa compagnie, ce fut de mettre le siège devant la ville de Nantes, en sorte que les bourgeois, qui voyaient détruire leurs biens dans la cité et au dehors et qui per-

LE COMTE DE MONTFORT DEVANT LE ROI PHILIPPE.
(Bibliothèque nationale, Ms. fr., n° 79.)

daient leurs enfants, leurs amis et leurs héritiers faits prisonniers par les forces des Français, s'avisèrent et parlementèrent avec les seigneurs de France, afin d'obtenir la paix et de ravoir les captifs. Ils traitèrent si paisiblement et si secrètement, qu'en une matinée les seigneurs et ceux qui étaient avec eux entrèrent dans la cité de Nantes, par l'accord des bourgeois et allèrent droit au château. Ils en brisèrent les portes et prirent le comte de Montfort, qui fut emprisonné en la tour du Louvre, où il demeura longtemps, et finalement y mourut, ainsi que je l'ai ouï raconter.

PORTE DU CHATEAU D'HENNEBONT.

La comtesse de Montfort avait bien courage « d'homme et de lion ». Elle était à Rennes quand le comte son mari fut pris à Nantes, et bien qu'elle eût grand deuil au cœur, elle ne se comporta pas comme une femme déconfortée, mais au contraire comme un homme fier et hardi, en encourageant vaillamment ses amis et ses soldats. Elle leur montrait un petit fils qu'elle avait, et qu'on appelait Jean, comme son père; et elle disait : « Ah ! messeigneurs, ne vous découragez pas ni ne vous troublez pour mon seigneur que vous avez perdu, car ce n'était qu'un seul homme. Voici mon petit enfant qui sera, s'il plaît à Dieu, son vengeur, et qui vous fera du bien assez. Je vous fournirai de tels chefs et capitaines, que vous serez tous réconfortés. »

PRISE DE RENNES.
(Bibliothèque nationale, Ms. fr., n° 2643.)

La comtesse était elle-même un bon chef et capitaine, et elle s'établit pour l'hiver dans le fort château et dans la ville imprenable d'Hennebont, faisant en même temps demander au roi Édouard d'Angleterre de lui envoyer du secours.

La ville de Rennes était cependant rudement pressée par les seigneurs de France, en sorte que les bourgeois auraient bien voulu faire comme ceux de Nantes et rendre leur ville à ceux qui l'assiégeaient; mais messire Guillaume de Cadoudal, qui y commandait pour la comtesse, ne voulait nullement s'y accorder. Enfin, lorsque le peuple de la ville eut assez souffert, ils prirent tout simplement le dit messire Guillaume et le mirent en prison; après quoi ils ouvrirent les portes de la ville à messire Charles de Blois, qui y entra bien joyeux, laissant les gens de la comtesse de Montfort aller où ils voulurent, ainsi que la chose avait été convenue avec les bourgeois. Les forces de l'armée des Français se rendirent alors devant le château d'Hennebont; car, pensaient-ils, puisque le seigneur était en prison, s'ils pouvaient prendre le château et la comtesse, ils auraient bientôt mis fin à la guerre. Mais on ne prenait pas si facilement Hennebont ni la comtesse Jeanne.

La comtesse était cependant bien inquiète du secours d'Angleterre qu'elle attendait depuis si longtemps, et elle craignait qu'il ne leur fût arrivé quelque malheur, soit par fortune de la mer, soit par rencontre d'ennemis. Elle était cependant armée de corps comme un chevalier et montée sur un bon coursier; elle chevauchait de rue en rue par la ville, exhortant ses gens à se bien défendre. Elle faisait défaire les chaussées par les femmes de la ville, dames et autres, afin de porter les pierres aux créneaux pour lancer aux ennemis. Elle faisait aussi apporter des bombardes et des pots pleins de chaux vive qu'on jetait sur les assaillants.

La comtesse de Montfort fit encore une entreprise très hardie, qui n'est pas à oublier et qu'on doit bien raconter comme un courageux fait d'armes. Elle était montée dans une tour pour mieux voir comment ses gens combattaient. Elle regarda et vit que ceux de l'armée, seigneurs et autres, avaient laissé leurs logis et étaient presque tous allés voir l'assaut. Elle s'avisa d'un grand fait et remonta sur son coursier armée comme elle l'était. Elle fit en même temps monter environ trois cents hommes à cheval avec elle qui gardaient une autre porte où l'on n'assaillait point. Toute la compagnie sortit par cette porte, et se lança très hardiment sur les tentes et les logis des seigneurs de France qui furent bientôt brûlés. Les tentes et les logis n'étaient gardés que par des valets et des garçons, qui s'enfuirent dès qu'ils virent la comtesse et ses gens. Quand les seigneurs de France virent brûler leurs logis et entendirent les cris qui en venaient, ils furent tout ébahis et coururent à leur camp criant : « Trahis ! trahis ! » et personne ne demeura à l'assaut.

LE CHATEAU DE BREST.

Quand la comtesse vit l'armée s'émouvoir et accourir de toutes parts, elle rassembla ses gens. Voyant qu'elle ne pouvait rentrer dans la ville sans grande perte, elle s'en alla donc tout droit vers la ville et le château de Brest, qui est à trois lieues de là. Quand messire Louis d'Espagne, qui était maréchal de toute l'armée, vit les logis qui brûlaient, et la comtesse avec ses gens qui s'en allaient tant qu'ils pouvaient, il se mit à les poursuivre pour les rejoindre avec grande foison de gens d'armes. Il les poursuivit et les chassa tant qu'il en atteignit quelques-uns qui étaient mal montés et qui ne pouvaient suivre les autres. Toutefois la comtesse chevaucha tant et si bien, qu'elle et la plus grande partie de ses gens arrivèrent au bon château de Brest, où elle fut reçue et fêtée à grande joie par ceux de la ville. Quand messire Louis d'Espagne sut par les prisonniers qu'il avait faits, que c'était la comtesse qui avait accompli ce fait d'armes et qui s'était échappée, il retourna à l'armée et conta son aventure aux seigneurs, qui s'en émerveillèrent grandement. Ceux qui étaient dans Hennebont s'étonnaient et ne pouvaient penser ni imaginer comment leur dame avait osé entreprendre ce qu'elle avait fait. Mais toute la nuit ils furent en grand souci de ce que ladite dame ni aucun de ses compagnons ne revenaient et ne savaient qu'en penser ni aviser ; ce qui n'est pas merveille.

Au lendemain, les seigneurs de France, qui avaient perdu leurs tentes et pavillons, décidèrent qu'ils feraient des logis d'arbres et de feuilles, plus près de la ville, et qu'ils se garderaient plus sagement. Ils allèrent donc se loger au plus près de la ville qu'ils purent et ils disaient souvent à ceux de dedans : « Allez, seigneurs, allez chercher votre comtesse; certes, elle est perdue, vous n'en trouverez pièce. » Quand ceux de la ville, gens d'armes et autres, ouïrent de telles paroles, ils furent ébahis et avaient peur qu'il ne fût arrivé malheur à leur dame; car ils ne savaient qu'en croire, ne la voyant pas revenir et n'en ayant pas de nouvelles. Ils demeurèrent ainsi en cette crainte pendant cinq jours. Mais la comtesse, qui pensait bien que ses gens étaient inquiets d'elle et en grand trouble, se démena si bien qu'elle réunit cinq cents compagnons bien armés et bien montés ; puis elle partit de Brest et s'en vint, juste au moment où le soleil levait, chevauchant sur l'un des côtés de l'armée, et se fit ouvrir la porte, entrant dans Hennebont à grande joie et à grand son de trompettes et cymbales, de quoi l'armée des Français fut rudement troublée. Tous se firent armer et coururent vers la ville pour l'assaillir, et ceux de dedans aux fenêtres pour se défendre. Là commença un assaut grand et fort, qui dura jusqu'au milieu du jour. Et plus y perdirent les assaillants que les défendants.

Les seigneurs de France divisèrent alors leurs forces. Le comte Charles de Blois alla attaquer le château d'Auray, tandis que messire Louis d'Espagne, le maréchal de l'armée, resta devant

Hennebont, se fortifiant de douze grands engins qu'il envoya querir à Rennes et qui battaient si fort les murailles de la ville, que les habitants commençaient à s'effrayer et à avoir envie de traiter.

Ils y étaient encouragés par l'évêque Guy de Léon qui se tenait dans le château et qui avait parlementé avec son neveu Hervé de Léon, jadis le seul parmi les barons de Bretagne qui marchât avec le comte de Montfort, mais qui, se trouvant offensé par lui, s'était retourné vers monseigneur Charles. L'évêque fut chargé de parler aux chefs et capitaines, afin que la ville d'Hennebont fût rendue. La comtesse se douta bientôt de quelques mauvais desseins lorsque l'évêque fut rentré dans la place, et elle pria les seigneurs de Bretagne, pour l'amour de Dieu, de ne lui pas faire défaut, car elle avait grande espérance en Notre-Seigneur qu'elle aurait avant trois jours le secours d'Angleterre. Mais l'évêque parlait toujours et donna tant de raisons aux seigneurs de Bretagne, qu'il les mit en grand trouble cette nuit-là. Il recommença le lendemain et ils étaient bien près de s'entendre avec lui. Monseigneur Hervé était déjà tout contre la ville pour la recevoir de leurs mains, lorsque la comtesse, qui regardait vers la mer par une fenêtre du château, commença à crier et faire grande joie, disant tant qu'elle pouvait : « Je vois venir le secours que j'ai tant désiré! » Elle le cria deux fois. Chacun de la ville courut aussitôt aux fenêtres et aux escaliers des murailles pour voir ce que c'était. Ils virent alors grande foison de navires grands et petits, garnis de renforts qui venaient d'Hennebont. Ce dont chacun fut réconforté, car on pensait bien que c'était messire Amaury de Clisson qui amenait d'Angleterre le secours qui si longtemps avait été retenu par les vents contraires sur la mer.

Quand les seigneurs de Bretagne qui se trouvaient dans le château virent venir le secours, ils dirent à l'évêque qu'il pouvait bien contremander le parlement qu'il avait en idée, car ils n'étaient point d'avis de faire comme il les exhortait. Alors l'évêque, durement courroucé, leur dit : « Alors, mes seigneurs, nous cesserons notre compagnie, car vous demeurerez ici avec votre dame et moi, je m'en irai par-delà vers celui qui a plus grand droit à ce qu'il me semble. » Ainsi partit d'Hennebont le dit évêque, défiant la dame et tous ses partisans, et il s'enfuit vers messire Hervé de Léon, qui le conduisit au maréchal de l'armée, messire Louis d'Espagne, dont il fut accueilli très joyeusement.

Cependant la comtesse faisait gaiement préparer les salles, chambres et hôtels pour héberger à leur aise les seigneurs d'Angleterre qui arrivaient, et elle alla à leur rencontre elle-même avec grandes révérences. Et si elle leur fit fête et les remercia grandement, il n'y a pas à en douter, car elle avait bien besoin de leur secours, comme vous avez ouï. Et elle les emmena tous, chevaliers et écuyers, dans son château pour les y héberger, jusqu'à ce qu'ils pussent être logés dans la ville, et elle leur donna à dîner le lendemain, bien grandement.

Quand ce vint après dîner, messire Gautier de Mauny, qui était capitaine et souverain des sceaux d'Angleterre, appela à part monseigneur Yves de Tingry, qui était des seigneurs de Bretagne, et le questionna sur l'état de la ville et sur leur situation et aussi sur l'état de l'armée. Puis il dit qu'il avait grande envie d'aller abattre ce grand engin qui était là assis et qui leur faisait tant de mal, si on le voulait aider. Messire Yves de Tingry dit qu'il ne lui ferait pas défaut à cette première entreprise; ainsi dirent les autres. Tous allèrent donc s'armer et, faisant ouvrir la porte, coururent sus au grand engin; les archers tuèrent et firent fuir tous ceux qui le gardaient, si bien qu'il ne tarda guère avant que l'engin fût abattu et mis en pièces. L'armée commençait à s'émouvoir et à se retirer bellement et doucement, lorsque messire Gautier de Mauny s'écria : « Que je ne sois jamais salué de ma chère amie, si je rentre au château ou forteresse jusqu'à ce que j'aie renversé l'un de ces venants, ou que je sois renversé. » Ainsi dirent les seigneurs de Bretagne et ils piquèrent des éperons contre les premiers venants. Ils en renversèrent plusieurs les jambes en l'air, et il y en eut aussi quelques-uns des leurs renversés. Cependant messire Gautier de Mauny ramenait sagement les siens dans leurs fossés, tenant défense jusqu'à ce que tous fussent rentrés. Alors qui eût vu la comtesse descendre du château à grand appareil et baiser monseigneur

ÉPISODE DU SIÈGE D'HENNEBONT.

Gautier de Mauny et ses compagnons, deux ou trois fois, eût bien pu dire que c'était une vaillante dame.

La guerre de Bretagne devait continuer longtemps, et devenir la guerre des trois dames, lorsque le comte Charles de Blois eut été pris dedans le château et la ville de la Roche-Derrien, qu'il assiégeait, et mené en Angleterre, tandis que messire Olivier de Clisson, qui tenait son parti, était accusé de trahison par le roi Philippe, qui lui fit trancher la tête en la cour du Louvre, avec quelques autres seigneurs de Bretagne. Sa dame se retira aussitôt au château d'Hennebont avec un fils de douze ans qu'elle avait et qui s'appelait Olivier, comme tous ses pères, et fit désormais combattre tous ses vassaux avec les gens de la comtesse de Monfort, dont elle avait recherché la compagnie. Cependant la dame Jeanne de Clisson, ni Jeanne de Penthièvre, comtesse de Blois, ne furent jamais si vaillantes dames, sages, prudentes et courageuses de leur corps comme l'était Jeanne de Flandre, comtesse de Montfort, qui aussi conduisit si bien les affaires de son fils, qu'elle lui fit épouser la fille du roi d'Angleterre. Elle eut enfin la joie de le voir duc de Bretagne, lorsque monseigneur Charles de Blois eut été tué à la bataille d'Auray, en grande réputation de vaillance comme de sainteté.

JEANNE D'ARC

Nous arrivons à l'héroïne dont la renommée se rapproche le plus de celle des hommes et des guerriers, en restant absolument et éminemment la gloire d'une femme. Je dirai plus tard les actes de courage et de dévouement des religieuses qui n'ont été ni femmes ni mères et qui ont cependant tenu une grande place au service de l'humanité. Je ne passerai donc pas sous silence le nom de la femme qui a tenu le plus glorieusement sa place dans l'histoire de France, celui de Jeanne d'Arc. Elle avait à peine neuf ans, lorsqu'une troupe d'Anglais, pénétrant dans son village de Domrémy, y porta les ravages de la guerre. Elle pleurait en voyant les garçons de son pays revenir sanglants de la bataille, et son cœur s'émouvait à chaque récit des progrès de l'étranger dans la France envahie et resserrée chaque jour plus étroitement par l'ennemi. En 1425, lorsqu'elle n'avait pas encore quinze ans, elle était dans le petit jardin de son père et elle entendit une voix qui l'appelait à droite du côté de l'église ; une grande clarté lui apparut en même temps au même lieu. La première fois elle eut peur ; mais elle se rassura, trouvant que la voix était digne. Au second appel elle reconnut que c'était la voix des anges. « Je les ai vus des yeux de mon corps, aussi bien que je vous vois, » disait-elle six ans plus tard à Rouen à ses juges. Quand ils s'en allaient de moi, je pleurais, et j'aurais bien voulu qu'ils me prissent avec eux. » Elle finit par tout dire à son père, qui se mit en colère et chercha ensuite à la distraire par des pensées de mariage. Jeanne ne voulait point se marier, mais elle entendait toujours ses mêmes voix. Elle alla chez un de ses oncles pour soigner sa femme malade. « N'est-il pas écrit qu'une femme perdra la France et qu'une femme la relèvera ? » répétait-elle sans cesse, confondant les dictons populaires avec les paroles prophétiques dans sa naïve croyance, suppliant qu'on la menât à Vaucouleurs parler à messire Robert de Baudricourt, le capitaine du bailliage. Son oncle se laissa persuader et l'amena le 13 mai 1428 à Vaucouleurs. Le capitaine la tint pour folle dès les premières paroles, recommandant à son oncle de la ramener chez ses parents, « bien soufflctée », comme remède de la folie qui la possédait. Jeanne revint chez ses parents, mais son idée ne la quittait pas. Orléans était assiégé par les Anglais ; le bruit s'en répandit jusqu'aux frontières de la Lorraine : « J'irai, dit-elle, quand je devrais user mes jambes jusqu'aux genoux. » Elle retourna à Vaucouleurs. L'état de la France devenait chaque jour plus critique, et ce qui restait de capitaines fidèles à Charles VII se sentait plus impuissant à lutter contre l'ennemi qui avait pris possession du royaume presque entier. Robert de Baudricourt ne se laissa pas convaincre, mais il fut cependant frappé par l'entêtement sérieux et doux de la jeune fille, qui s'était logée chez un charron du village, attendant que son plaisir fût de l'écouter. Un chevalier attaché au sire de Baudricourt eut la curiosité d'aller la voir. « Que dites-vous de l'état où nous sommes, ma mie? lui demanda-t-il comme à une prophétesse de village. Le roi sera-t-il chassé du royaume et deviendrons-nous Anglais? — Je suis venue ici, dit Jeanne, pour parler à messire Robert, mais il ne prend souci ni de moi ni de mes paroles. Pourtant il faut que je sois devers le roi avant le milieu du carême, car nul au monde, ni roi ni duc, ni fille du roi d'Écosse, ne peut recouvrer le royaume de France; il n'y a point de secours qu'en moi. Certes, j'aimerais bien mieux filer auprès de ma pauvre mère, car ce n'est pas mon état; mais il faut que j'aille et que je le fasse, parce que mon Seigneur le veut. — Qui est votre Seigneur? demanda le chevalier Jean de Metz. — C'est Dieu. — Par ma foi, dit le chevalier, je vous mènerai au roi, Dieu aidant. Quand voulez-vous partir? — Plutôt maintenant que demain; plutôt demain qu'après. »

Le chevalier parla de Jeanne; un second chevalier, Bertrand de Poulengy, s'offrit à l'accompagner comme Jean de Metz. Le duc de Lorraine voulut la voir et lui donna quatre écus d'or. On se cotisa dans Vaucouleurs pour lui fournir l'équipage d'un homme d'armes; elle ne pouvait pas voyager à cheval sous ses pauvres habits de paysanne. Onze jours plus tard elle arrivait à Chinon, où résidait le roi Charles VII, renfermé par les Anglais au centre de son État. Elle lui fit dire qu'elle avait fait cent cinquante lieues pour lui dire des choses qui lui seraient très utiles. Le roi hésita, croyant, comme Robert de Baudricourt, qu'il avait affaire à une folle. On lui conseilla de ne pas la repousser, et le 6 mars 1429 elle arriva dans la résidence royale. Déjà le bruit de sa venue s'était répandu jusqu'à Orléans, et Dunois la faisait demander, afin de remonter le courage des assiégés.

Le 9 mars, elle fut enfin introduite auprès du roi, « comme une pauvre petite bergerette », allant, cependant droit à lui, et n'hésitant pas à le reconnaître au milieu des seigneurs de la cour. « Gentil dauphin, dit-elle au roi, car elle ne lui donna jamais le titre royal avant qu'il fût sacré, j'ai nom Jeanne la Pucelle; le roi des cieux vous mande par moi que vous serez sacré et couronné en la ville de Reims, et vous serez lieutenant du roi des cieux, qui est roi de France. Baillez-moi des gens pour que je fasse lever le siège d'Orléans et que je vous mène sacrer à Reims. C'est le plaisir de Dieu que vos ennemis les Anglais s'en aillent dans leur pays ; s'ils ne s'en allaient, il leur arriverait malheur, car le royaume doit vous demeurer. »

LA PUCELLE AMENÉE AU ROI.
(Bibliothèque nationale, Ms. fr., n° 5054.)

Le roi fut frappé de ces paroles, mais il conservait cependant des doutes sur la mission divine que réclamait Jeanne. Elle ne s'y méprenait pas. « Gentil dauphin, lui dit-elle un jour, pourquoi ne me croyez-vous pas ? Je vous dis que Dieu a eu compassion de vous et de votre peuple. Saint Louis et Charlemagne sont à genoux devant lui, faisant prière pour vous et je vous dirai, s'il vous plaît, telle chose qui vous donnera bien à connaître que vous me devez croire. »

« Ce qu'elle a dit nul ne le sait, écrivait Chartier bien peu de temps après, mais il est bien manifeste que le roi en a été tout rayonnant comme d'une révélation de l'Esprit-Saint. « Je te dis

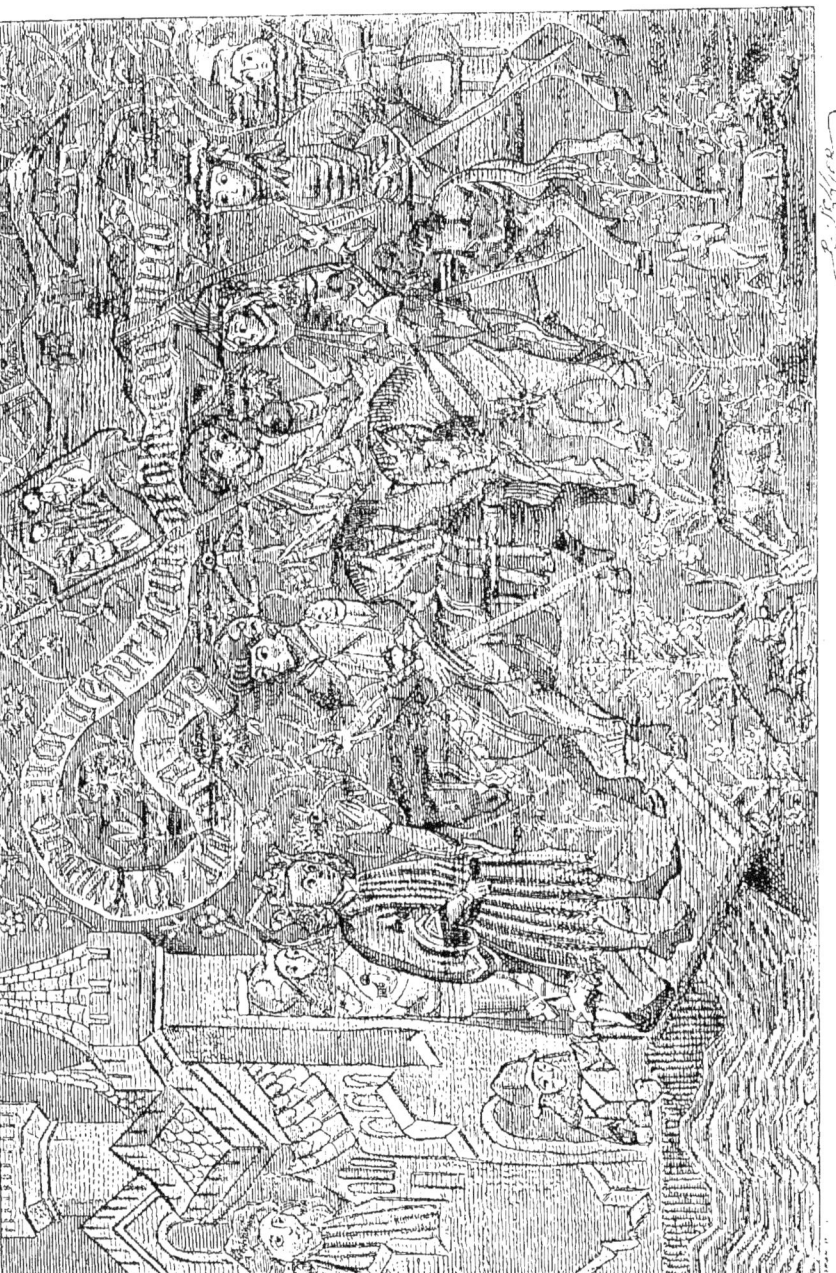

ARRIVÉE DE JEANNE D'ARC AUPRÈS DU ROI CHARLES VII.
(D'après la tapisserie conservée au musée d'Orléans.)

de la part de Messire, avait-elle dit, que tu es vrai héritier de France et fils du Roi. »

Charles avait convoqué à Poitiers des docteurs qui devaient éprouver la mission de la jeune fille. Les gens d'Orléans trouvaient qu'on les faisait bien attendre, mais il fallait s'assurer qu'on ne courait pas le danger d'être entraîné à la suite d'une imposture. Jeanne fut donc mise en face d'une docte assemblée qui l'effrayait un peu d'avance.

« Je sais que j'aurai bien à faire, dit-elle, mais Messire m'aidera. » Toute la science des doctes personnages allait à prouver à la pauvre enfant qu'on ne pouvait la croire.

« Jeanne, lui dit Guillaume Aimery, professeur de théologie, vous demandez des gens d'armes et vous dites que c'est le bon plaisir de Dieu que les Anglais s'en aillent dans leur pays et laissent le royaume. Si cela est, il n'est point nécessaire de gens d'armes, car le seul plaisir de Dieu peut les déconfire et les forcer de retourner chez eux. — En nom de Dieu, dit Jeanne, les gens d'armes batailleront et Dieu leur donnera la victoire. »

« Je ne sais ni *a* ni *b*, dit-elle ensuite à maître Pierre de Versailles, qui fut plus tard évêque de Meaux, mais il y a dans le livre de Notre-Seigneur plus que dans les vôtres. Je viens de la part du Roi des cieux pour faire lever le siège d'Orléans et mener le roi à Reims, afin qu'il y soit couronné et sacré. »

L'examen se prolongea quinze jours. Jeanne commençait à perdre patience; elle avait écrit au duc de Bedford, régent de France pour le roi d'Angleterre, afin de lui annoncer la volonté de Dieu. « La Pucelle vient de par le Roi du ciel, corps pour corps, pour vous bouter hors de France, écrivait-elle, et elle promet et vous certifie qu'elle y fera si grand bruit que de mille ans en France on n'en fît de si grand. »

Les docteurs s'accordaient enfin pour reconnaître la sagesse des réponses de Jeanne, plusieurs étaient convaincus de la divinité de sa mission; les dames qui avaient été chargées de l'interroger sur les matières féminines rendaient hommage à sa douceur, à sa vertu, à sa simplicité. Le roi n'hésita plus et la traita comme un chef de guerre, ainsi qu'elle avait demandé; mais le secours tardait encore à partir pour Orléans : les ennemis de la cour ne manquaient ni pour Jeanne, ni pour Dunois, qui la réclamait à son siège ; il fallut plus d'un mois pour mettre en marche la petite expédition de ravitaillement et de délivrance. Lorsqu'elle partit enfin, Jeanne était conduite par le maréchal de Boussac, par Xaintrailles et par La Hire ; elle avait demandé que tous ses compagnons fussent confessés et en bon état de leur conscience ; un prêtre marchait en tête du corps d'armée.

LA HIRE ET XAINTRAILLES.
(Bibliothèque nationale, Ms. fr., n° 5054.)

« L'étonnement était grand parmi les gens de guerre, dit M. Guizot dans son *Histoire de France*; c'était le temps où La Hire disait : « Si Dieu était soldat, il se ferait pillard. » Beaucoup avaient sur les lèvres des paroles de raillerie ; cependant le respect l'emportait sur les habitudes ; les plus honnêtes étaient émus, les plus grossiers se croyaient obligés de se contenir. »

On arriva le 29 avril devant Orléans. On n'avait pas suivi la route qu'avait indiquée Jeanne ; elle fut surprise et fâchée. Lorsque Dunois vint au-devant d'elle, elle lui dit : « Êtes-vous le bâtard d'Orléans ? — Oui, et bien me réjouis de votre venue. —

Est-ce vous qui avez donné le conseil de me faire venir par ce côté de la rivière et pas directement, là où étaient Talbot et les Anglais? — Oui, c'était l'avis des plus sages capitaines. — En nom de Dieu, le conseil de Messire est plus sage que le vôtre; vous avez pensé me décevoir, et vous vous êtes déçu vous-même; car je vous amène le meilleur secours qu'ait eu oncques chevalier, ville ou cité; c'est le plaisir de Dieu et le secours du roi des

SIÈGE D'ORLÉANS.
(Bibliothèque nationale, Ms. fr., n° 5054.)

cieux, non certes pour l'amour de moi, c'est de Dieu seul qu'il procède. »

Les troupes avaient dû aller chercher un pont pour entrer dans Orléans. Dunois insista pour emmener immédiatement Jeanne. « Orléans ne croirait rien avoir, s'il recevait les vivres sans la Pucelle, » dit-il. Jeanne fit son entrée dans la ville le jour même, à huit heures du soir. Toute la population se porta à sa rencontre. « Ils se sentaient tout réconfortés et comme désassiégés par la vertu divine qu'on leur avait dit résider en cette simple Pucelle, » dit le Journal du siège. On la logea chez la femme du trésorier du duc d'Orléans. Elle ne voulut pas toucher au festin qu'on avait préparé pour elle : la paysanne guerrière ne pensait qu'à courir sus aux Anglais.

Les ennemis se tenaient enfermés dans leurs bastilles. Jeanne aurait voulu les attaquer dès le lendemain ; La Hire était aussi de son avis, mais les chefs de l'armée voulaient attendre les troupes qui étaient allées passer la Loire à Blois, comme les renforts promis par plusieurs garnisons. Jeanne insistait ; un des chevaliers présents, le sire de Gamaches, ne put se contenir : « Puisqu'on écoute, dit-il, l'avis d'une péronnelle de bas lieu mieux que celui d'un chevalier comme moi, je ne me rebifferai plus contre ; au jour venu, ce sera mon épée qui parlera ; j'y périrai peut-être, mais le roi et mon honneur le veulent. Ainsi, désormais j'abats ma bannière et je ne suis plus qu'un pauvre écuyer. J'aime mieux avoir pour maître un noble homme qu'une fille qui auparavant a peut-être été je ne sais quoi. » Il remit sa bannière à Dunois. Celui-ci était aussi sensé que brave ; il réussit à réconcilier le sire de Gamaches avec Jeanne et l'on attendit les troupes, dont Dunois alla presser la marche. Le 4 mai, le convoi entrait dans Orléans, accompagné par Jeanne et par La Hire, qui étaient allés à sa rencontre. Les Anglais le laissèrent passer sans s'y opposer. « La sorcière de Lorraine est là, » disaient-ils.

Le jour même de son retour à Orléans, Dunois vint trouver Jeanne, pour lui annoncer que sir John Falstaff allait arriver, amenant aux assiégés des renforts et des vivres. « Bâtard, bâtard, lui dit Jeanne, au nom de Dieu, je te commande, sitôt que tu sauras la venue de ce Fascot, de m'en avertir ; s'il passe sans que je le sache, je te promets que je te ferai couper la tête. » Jeanne s'était jetée sur son lit pour se reposer, mais elle ne pouvait dormir. « Mon conseil me dit que j'aille aux Anglais, répétait-elle, mais je ne sais si c'est à leurs bastilles ou à Fascot. » Elle entendit au même instant qu'on criait dans la rue ; les Anglais faisaient grand dommage aux Français, disait-on. « Mon Dieu, s'écria-t-elle, le sang de nos gens coule et on ne m'a pas réveillée ; ah ! c'est mal fait ! » Elle sauta sur son cheval et demanda sa bannière par la fenêtre. Elle courut au lieu du combat, rencontrant en chemin le corps d'un bourgeois blessé qu'on apportait. « Hélas! dit-elle, je n'ai jamais vu couler le sang d'un Français sans que les cheveux se dressent sur ma tête! » Elle arrivait à la porte de Bourgogne; les gens d'Orléans avaient tenté une sortie de ce côté, ils avaient été repoussés. Quelques-uns des chefs de guerre avaient rejoint Jeanne, qui reprit l'offensive. Les Anglais furent rejetés dans la bastille Saint-Loup, qui fut enlevée, et tous les défenseurs passés au fil de l'épée. Le lendemain on ne combattit pas; c'était le jour de l'Ascension, et Jeanne fit ses dévotions à l'église de Saint-Aignan, le patron de la ville. La lutte recommença le 5 mai.

Jeanne avait été un peu blessée au pied à la première attaque; elle fut atteinte d'une flèche entre le cou et l'épaule, comme elle appliquait une échelle contre la bastille des Tournelles, le plus fort des ouvrages anglais. Le sire de Gamaches se trouvait à côté d'elle quand elle tomba. « Prenez mon cheval, lui dit-il, et sans rancune; j'ai eu tort, j'avais mal jugé de vous. — Oui, dit Jeanne, sans rancune; je ne vis jamais de chevalier mieux appris. On l'emporta, on la désarma, mais elle ne voulait pas rentrer dans la ville ni permettre de charmer sa blessure par des paroles magiques. « J'aimerais mieux mourir que de pécher ainsi contre la volonté de Dieu. » Elle restait en prière, dans une petite vigne écartée. Les Français, repoussés du boulevard par la valeur des Anglais, commençaient à se décourager; Dunois faisait déjà sonner la retraite. Jeanne se releva et reprit son armure. « Mon Dieu, dit-elle, nous entrerons bientôt; faites seulement reposer un peu vos gens; mangez et buvez. » Les Anglais reculèrent d'étonnement lorsqu'ils la virent reparaître; ils la croyaient morte, ils étaient troublés à leur tour.

Sir William Glassdale commandait la bastille des Tournelles; il avait vaillamment résisté, mais il commençait à battre en retraite. « Rends-toi, Glacidas, lui criait Jeanne; tu m'as vilainement insultée, mais j'ai grand pitié de ton âme. » Les Anglais continuèrent à reculer. En passant sur un pont de bois, brisé par une bombarde, sir William tomba dans l'eau et se noya.

Les Français mirent le feu à la bastille des Tournelles, et le *Te Deum* fut chanté dans toutes les églises d'Orléans.

Le lendemain 7 mai était un dimanche. Les chefs anglais avaient mis leurs troupes en bataille ; ils semblaient présenter le combat. Jeanne s'opposait ce jour-là à ce qu'on acceptât le défi. « Ne leur demandez rien, disait-elle, pour l'honneur du saint jour du dimanche ; c'est le bon plaisir de Dieu qu'on les laisse

LEVÉE DU SIÈGE D'ORLÉANS.
(Bibliothèque nationale, Ms. fr., n° 5054.)

aller. Regardez ; vous tournent-ils le visage ou le dos ? » En effet, les Anglais se retiraient en bon ordre, les enseignes déployées. « Laissez-les aller, répétait Jeanne, vous les aurez une autre fois. » Orléans était délivré.

C'était le premier acte de la mission de Jeanne ; elle était pressée de passer au second. Dès qu'elle eut rejoint le roi, elle le pressa de partir pour Reims, où il serait sacré. « Je ne durerai guère plus qu'un an, disait-elle ; il faut bien besogner cette année, car il y a beaucoup à faire. » Le roi hésitait ; son favori La Trémoille était l'ennemi de Jeanne dans les conseils royaux. Elle pressait en vain le monarque, qui repoussa même le secours que voulait lui amener son connétable, Arthur de Richemont, frère du duc de Bretagne, qu'il avait disgracié. Le connétable se joignit à Jeanne, qui prit avec son aide plusieurs petites villes de l'Orléanais; le duc d'Alençon, récemment prisonnier des Anglais, combattait à ses côtés; la duchesse sa femme avait voulu le retenir. « Nous avons dépensé grande finance pour le tirer des mains de l'ennemi; s'il me croyait, il resterait. — Madame, dit

SIÉGE DE JARGEAU.
(Bibliothèque nationale, Ms. fr., n° 5054.)

Jeanne, n'ayez crainte, je vous le ramènerai sain et sauf en meilleur contentement qu'à cette heure. » Au siège de Jargeau, le duc ne voulait pas qu'on montât si vite à l'assaut. « Ah! dit Jeanne, ne doutez point; c'est l'heure quand il plaît à Dieu; travaillez et Dieu travaillera. As-tu peur, gentil duc? tu sais bien que j'ai promis à ta femme de te ramener sain et sauf. » Et comme le jeune seigneur s'élançait en avant, elle lui cria: « Retirez-vous donc d'ici, ne voyez-vous donc pas que voilà un engin qui vous tuera? » Un instant plus tard, le sire du Lude était tué au même endroit.

Les Français attaquaient volontiers les villes sous la conduite de Jeanne et du connétable; mais ils avaient été si souvent battus en bataille rangée, que l'émotion fut grande lorsqu'on apprit que sir John Falstaff avait rejoint Talbot. Le combat allait s'engager près de Patay, au lieu même où se devaient passer plus de quatre cent quarante ans plus tard d'aussi héroïques faits d'armes. Jeanne demandait à ses compagnons s'ils avaient de bons épe-

LA PUCELLE AU CONSEIL DU ROI DEVANT TROYES.
(Bibliothèque nationale, Ms. fr., n° 5054.)

rons. « Quoi, s'écrièrent-ils, serons-nous réduits à fuir? — Non, dit-elle, nous aurons les Anglais, fussent-ils pendus aux nues, et Dieu nous a envoyés pour les punir. Le gentil dauphin aura aujourd'hui la plus grande victoire qu'il ait encore eue ; mon conseil m'a dit qu'ils étaient à nous. Nos éperons serviront pour les poursuivre. » Quelques heures plus tard, les capitaines anglais étaient presque tous prisonniers et leurs gens vaincus et dispersés. Jeanne recommençait à presser le roi de partir pour Reims.

Les villes restèrent cependant fermées devant les pas du jeune monarque, par terreur de la colère des Anglais et de leur puissant allié, le duc de Bourgogne; Troyes en particulier barrait

JEANNE D'ARC, D'APRÈS INGRES.

le passage. Le conseil de Charles VII hésitait; on fit appeler Jeanne, qui arrivait au moment même. « Gentil roi de France, dit-elle au prince, si vous voulez demeurer ici devant votre ville de Troyes, elle sera en votre puissance avant deux jours; par amour ou par force, n'en faites nul doute. — Ah! Jeanne, dit le chancelier, qui serait certain de l'avoir dans six jours, on l'attendrait bien; mais dites-vous vrai? » Jeanne était convaincue de la

SACRE DU ROI A REIMS.
(Bibliothèque nationale, Ms. fr., n° 5054.)

vérité de ses paroles, mais elle faisait préparer l'assaut, « mieux que n'eussent pu faire deux habiles capitaines, » dit un contemporain. Au moment de l'attaquer, le 10 juillet, les portes de la ville s'ouvrirent et les habitants demandèrent à capituler.

Le 17 juillet, Jeanne était dans la cathédrale de Reims, son étendard à la main. « Il a été à la peine, avait-elle dit, il faut bien qu'il soit à l'honneur. » Elle avait chevauché pour traverser les rues de la ville entre Dunois et le chancelier de France; toute la foule chantait le *Te Deum!* « En nom de Dieu, dit Jeanne à Dunois, voici un bon peuple et bien dévot; quand je devrai mourir, je voudrais que ce fût en ce pays! — Jeanne, lui demanda Dunois, savez-vous quand vous mourrez et en quel lieu? — Je ne sais, dit-elle, je suis à la volonté de Dieu. J'ai accompli ce que Messire m'avait commandé, de faire lever le siège d'Orléans et sacrer le gentil roi dans sa ville de Reims. Je voudrais qu'il me pût faire ramener auprès de mes père et mère, pour garder leurs brebis et leur bétail, comme c'était ma coutume. » Quand lesdits seigneurs entendirent ainsi parler Jeanne, qui, les yeux au ciel, remerciait Dieu, dit un témoin de la scène, ils virent mieux que jamais que c'était chose venue de Dieu et non autrement.

L'œuvre de Jeanne d'Arc, telle qu'elle l'avait d'abord conçue, était achevée.

« Dès lors, dit M. Guizot dans son *Histoire de France*, la situation, l'attitude, le rôle de Jeanne d'Arc changèrent; elle ne témoigna plus la même confiance absolue en elle-même et dans ses desseins; elle n'exerça plus sur ceux au milieu desquels elle vivait la même autorité. Elle continua de guerroyer vaillamment, mais à l'aventure, tantôt avec, tantôt sans succès, comme faisaient La Hire et Dunois; jamais découragée, jamais satisfaite, et ne se considérant jamais comme triomphante. Elle échoua dans sa tentative sur Paris, qu'elle avait vivement conseillée, comme dans un assaut contre la Charité-sur-Loire; elle était entrée dans Compiègne qu'attaquait le duc de Bourgogne, et dirigeait ardemment les sorties, car elle n'avait aucune confiance dans le duc. « Il n'y a de paix possible avec lui que par le bout de la lance, » disait-elle. Le matin même, dans l'église où elle priait, Jeanne s'était tournée vers ceux qui l'accompagnaient : « Mes enfants et chers amis, avait-elle dit, je vous signifie qu'on m'a vendue et trahie, et que de bref je serai livrée à la mort; je vous supplie, priez Dieu pour moi. » La sortie de ce jour-là ne fut pas heureuse, et Jeanne était assez éloignée de la porte de la ville, très entourée par les Bourguignons, lorsque le gouverneur de la place, Guillaume de Flavy, donna l'ordre de relever le pont-levis; dès lors Jeanne était perdue, les hommes d'armes se jetaient tous sur elle, empressés à cette importante capture; elle fut jetée à bas de son cheval. Un archer s'avança vers elle :

« Rendez-vous à moi, dit-il, je suis gentilhomme, » et Jeanne

PORTRAIT DE CHARLES VII (MUSÉE DU LOUVRE).

lui tendit son épée en disant : « J'ai donné ma foi à un autre que vous et je lui tiendrai mon serment. »

La Pucelle était prisonnière de Jean de Ligny, comte de Luxembourg, auquel appartenait l'archer qui l'avait prise. Il la logea dans son château de Beaurevoir, habité par sa femme et par sa tante; toutes deux se prirent d'amitié pour la captive, qu'elles auraient voulu voir quitter ses habits d'homme. Jeanne essaya une fois de fuir en sautant d'un étage de la tour où elle était retenue; elle se blessa assez grièvement et dut renoncer à ses projets d'évasion; mais les dames de Luxembourg redoutaient l'avidité du comte Jean et tremblaient pour le sort de la prisonnière. La vieille tante était malade et mourante, elle inscrivit dans son testament la prière à son neveu de ne point penser à entacher son honneur par une si mauvaise action. Jean de Luxembourg était attaché à sa tante, qu'on regardait comme une sainte; mais il était pauvre et ambitieux : la prière de la noble femme fut négligée et Jeanne d'Arc livrée au roi d'Angleterre, moyennant la somme de dix mille écus d'or.

Pierre Cauchon, évêque de Beauvais, dans le diocèse duquel elle avait été prise, la réclamait comme sorcière et hérétique, retombant de droit sous sa juridiction. Elle fut menée à Rouen. Jean de Luxembourg s'y rendit pour la forme, et lui dit en entrant dans sa prison : « Jeanne, je suis venu ici pour vous mettre à finance et traiter de votre rançon; promettez seulement de ne plus porter les armes contre nous. — En nom de Dieu, capitaine, vous moquez-vous de moi? Je sais bien que ces Anglais me feront mourir; mais fussent-ils cent mille *Goddam* de plus qu'il n'y en a en France, ils n'auront pas le royaume. » Plusieurs Anglais étaient présents, et le comte de Stafford tirait son poignard du fourreau pour en frapper Jeanne; mais le comte de Warwick, sage et prudent chevalier auquel le roi d'Angleterre Henri V avait confié en mourant la garde de son fils, mit la main sur le bras de son compagnon et l'arrêta. Jeanne fut livrée à ses juges ecclésiastiques.

La cour de Rouen se constitua promptement, malgré les réclamations de quelques récalcitrants. Jeanne était enchaînée dans sa prison; elle avait été mise en arrivant dans une cage de fer, tant on craignait le pouvoir occulte dont elle disposait, disait-on. L'évêque de Beauvais la requit dès l'abord de dire la vérité sur toutes les choses dont on l'interrogerait. « Je ne sais de quoi vous voulez m'interroger, répondit-elle; peut-être me demanderez-vous des choses que je ne vous dirai pas. » Et comme l'évêque insistait : « Passez outre, » dit-elle. — « Je viens de la part de Dieu, déclara-t-elle un jour, je n'ai rien à faire ici; renvoyez-moi à Dieu de qui je viens. — Savez-vous donc être en la grâce de Dieu? demanda l'évêque. — Si je n'y suis,

LA PUCELLE FAITE PRISONNIÈRE.
(Bibliothèque nationale, Ms. fr., n° 5054.)

Dieu veuille m'y mettre, repartit Jeanne; si j'y suis, Dieu veuille m'y garder ! » Cette fois Pierre Cauchon lui-même n'eut rien à répondre.

On avait parlé de la mettre à la torture pour obtenir d'elle des aveux; on étala devant elle tout le hideux appareil des instruments de supplice. « Vraiment, dit-elle, si vous me deviez faire arracher les membres et partir l'âme du corps, je ne vous dirai autre chose, et si je disais autre chose, après je vous dirais bien que vous m'auriez fait parler par force. » On renonça à la torture; les docteurs s'ingéniaient à subjuguer l'esprit de cette jeune fille dont ils ne pouvaient dompter la conscience; le chapitre de Rouen la déclara hérétique, puisqu'elle refusait de se soumettre de tout point à la décision de l'Église.

TOUR DE JEANNE D'ARC A ROUEN.

« Quant à mes faits et dits, tels que je les ai dits au procès, je m'y rapporte et veux tenir, » répétait-elle comme l'évêque la voulait contraindre de se soumettre en toutes choses à ses juges. « Croyez-vous que vous ne soyez pas tenue de soumettre vos faits et dits à l'Église militante ou à autre qu'à Dieu? demanda-t-on encore. — Si j'étais en jugement, repartit-elle, et que je visse le feu embrasé et le bourreau prêt à allumer les bourrées, même si j'étais dans le feu, je n'en dirais autre chose, et je soutiendrais ce que j'ai dit jusqu'à la mort. »

Il fallait cependant arriver à la convaincre d'un crime qui permît de la livrer au bras séculier et par conséquent au bour-

MAISON DE JEANNE D'ARC A DOMRÉMY.

reau. La cour ecclésiastique obtint d'elle une abjuration des fautes qu'elle pouvait avoir commises, en lui promettant qu'elle échapperait ainsi au supplice; l'innocence et l'ignorance de la pauvre enfant furent surprises, elle signa et fut ramenée dans les prisons du château, bien qu'elle eût dû dès lors être remise au chapitre. Elle avait promis de reprendre ses habits de femme; les Anglais murmuraient, ils redoutaient Jeanne même prisonnière. « Ne craignez rien, mylord, nous la retouverons, » dit à lord Warwick l'un des affiliés de Pierre Cauchon. Elle était gardée jour et nuit par des Anglais, les fers aux pieds. « Desserrez-moi, demanda-t-elle lorsque le jour de la Trinité fut venu et qu'elle espéra pouvoir assister à la messe; je me lèverai. » On avait enlevé ses habits de femme, et on lui jeta un habit d'homme en lui disant : « Lève-toi. — Vous savez que cela m'est défendu, » dit-elle, et elle refusa de s'habiller. Cependant, comme on ne lui donnait point d'autre vêtement et qu'il était déjà midi, elle s'habilla, tout en protestant.

Aussitôt instruits de la désobéissance qu'elle avait commise, ses juges se rendirent à la prison. Les récits diffèrent sur l'explication que donna Jeanne des motifs de son retour aux habits d'homme; mais ce qui reste constant, c'est à la fois son repentir de l'abjuration qu'elle avait signée, et la joie féroce de ses ennemis, qui n'avaient manœuvré que dans le but de l'amener à se rétracter. « Tout ce que j'ai dit jeudi dernier en renonçant à maintenir la vérité de mes visions et révélations, je l'ai fait par peur du feu, dit-elle, et sans bien comprendre ce que voulait dire ce qu'on me faisait signer. Sainte Catherine et sainte Marguerite m'ont dit depuis que j'avais mal fait, et j'aime mieux faire pénitence une fois en mourant pour la vérité que de rester plus longtemps en prison en la trahissant. »

Le même cri s'était échappé des bouches des inquisiteurs et des Anglais : « Elle est relapse ! *Farewell, farewell*, mylord ! » répéta deux fois Pierre Cauchon à lord Warwick, comme pour se féliciter avec le seigneur anglais d'avoir accompli l'œuvre qui lui avait été confiée. Le lendemain 30 mai 1431, Jeanne, déclarée coupable, devait paraître sur la place du Vieux-Marché à Rouen pour entendre prononcer sa sentence et subir ensuite le supplice auquel elle était condamnée.

Le lendemain matin en effet, le dominicain Martin Ladvenu fut chargé de lui faire connaître le sort qui l'attendait. Elle tomba dans un accès de désespoir. « Hélas ! dit-elle, me traite-t-on si horriblement et cruellement qu'il faille que mon corps, net et entier, et qui ne fut jamais corrompu, soit aujourd'hui consumé et réduit en cendres ! Ah ! j'aimerais mieux sept fois être décapitée qu'ainsi. » Et comme l'évêque de Beauvais passait dans sa prison : « Je meurs par vous, évêque, lui dit Jeanne ; j'en appelle de vous devant Dieu. »

« Où serai-je ce soir, maître Pierre? demanda-t-elle à l'un de ses juges qui était venu la voir par un mouvement de sympathie. — N'avez-vous pas bonne espérance en Dieu? dit le doc-

CHAMBRE DE JEANNE D'ARC A DOMRÉMY.

teur. — Oh! oui, par la grâce de Dieu, je serai ce soir en paradis. »

Elle s'était confessée et avait reçu la communion, lorsqu'elle fut tirée de sa prison et menée à la place du Vieux-Marché par des soldats anglais.

A travers la foule, un homme se faisait violemment un passage : c'était un chanoine de Rouen, Nicolas l'Oiseleur, que l'évêque Pierre Cauchon avait placé auprès d'elle et qui avait indignement trahi sa confiance; il avait besoin d'obtenir son pardon, elle le lui promit sans peine. Elle priait, et les larmes coulaient sur son visage. Les prêtres l'exhortaient longuement, mais les Anglais commençaient à s'impatienter. « Nous ferez-vous dîner ici? » criait-on. Jeanne fut remise à la justice séculière, et entraînée vers le bûcher sans qu'on laissât au bailli de Rouen le temps de prononcer la sentence. « Ah! Rouen! Rouen! disait Jeanne à demi voix, mourrai-je ici? J'ai grand'peur que tu n'aies à souffrir de ma mort! »

Elle avait demandé une croix; ce fut un Anglais qui lia en-

MORT DE JEANNE D'ARC.
Bibliothèque nationale, Ms. fr., n° 5054.)

semble deux morceaux de bois qu'il lui tendit. Elle serra contre sa poitrine cette croix improvisée; mais un des moines qui l'assistaient, frère Isambart de la Pierre, alla chercher la croix de l'église de Saint-Sauveur qui ouvrait sur le Vieux-Marché et elle le pria de la tenir « élevée tout droit devant ses yeux jusqu'au pas de la mort, afin, dit-elle, que la croix où Dieu pendit fût tant qu'elle vivrait constamment devant sa vue ». On lui avait obéi, lorsque les flammes du bûcher s'élevèrent trop haut pour qu'on pût apercevoir Jeanne, dont on entendait encore la voix répétant : « Jésus! Maria! » Quand elle eut cessé de vivre, deux de ses juges, Jean Alespée, chanoine de Rouen, et Pierre Maurice, docteur en théologie, s'écrièrent à la fois : « Je voudrais que mon âme fût où je crois qu'est celle de cette femme ! » Et Tressart, secrétaire du roi Henri VI, disait douloureusement en revenant du lieu du supplice : « Nous sommes perdus, nous avons brûlé une sainte. »

STATUE DE JEANNE D'ARC DONNÉE PAR LOUIS XI ET CONSERVÉE A DOMRÉMY.

« Sainte en effet par la foi et par la destinée, dit M. Guizot dans son *Histoire de France*. Jamais créature humaine ne s'est si héroïquement confiée et dévouée à l'inspiration qui venait de Dieu, à la mission qu'elle recevait de Dieu. Jeanne d'Arc n'a rien cherché de ce qui lui est arrivé et de ce qu'elle a fait, ni l'action, ni la puissance, ni la gloire. Ce n'était pas son état, comme elle disait, d'être une guerrière, de faire sacrer son roi et de délivrer sa patrie de l'étranger. Tout lui est venu d'en haut et elle a tout accepté sans discuter, sans hésiter, sans compter, comme on dirait de nos jours. Elle a cru en Dieu et elle lui a obéi. Ni notre histoire, ni l'histoire du monde entier, n'offrent nulle part un pareil exemple, dans une modeste âme humaine, d'une foi si pure et si efficace dans l'inspiration divine et dans l'espérance patriotique. »

LA RENAISSANCE

OLYMPIA MORATA

Nous sortons ici de l'époque des rudes vertus et du courage presque masculin des femmes. Jeanne de Montfort fait place aux femmes et aux mères, lettrées et délicates, de la Renaissance; non que l'héroïsme et le courage fussent éteints chez les nobles dames de l'époque brillante et charmante où nous allons entrer; les luttes religieuses qui la signalèrent, comme les secousses politiques, ne laissaient pas aux âmes le loisir de s'amollir dans le repos : mais la culture intellectuelle, jusqu'alors réservée aux rares habitantes des cloîtres qui s'y trouvaient portées, devient le partage de plus d'une femme engagée dans la vie commune et dans les liens du mariage et de la maternité. Les Italiennes marchent ici au premier rang et ouvrent la marche de la noble procession de la Renaissance, comme les hommes de leur race devançaient alors l'Europe entière dans le culte passionné des lettres. Nous trouvons aussitôt le nom d'Olympia Morata, élevée à la cour de la duchesse Renée de Ferrare dans une situation modeste : si savante dans les lettres profanes, que la tradition de sa situation de professeur à l'université d'Heidelberg est restée populaire, bien qu'on n'en puisse trouver aucune trace certaine dans l'histoire chronologique de sa vie; si sérieusement fidèle à Dieu, qu'elle quitta son pays et tous ceux qu'elle aimait pour suivre son mari en exil lorsque, leurs convictions religieuses les amenant à embrasser la réforme, ils durent renoncer à tout pour conserver la liberté de leur foi. Le modeste dévouement et le courage serein de la docte Italienne prouvèrent une fois de plus que le développement intellectuel ne fait pas tort aux vertus primitives de la femme. La vie d'Olympia Morata fut en définitive plutôt celle d'une martyre de la foi que celle d'une savante, toute merveilleuse que fût son érudition

VITTORIA COLONNA

La marquise de Pescaire, Vittoria Colonna, n'avait pas, comme Olympia Morata, sondé les profondeurs des langues classiques avec une persévérance digne des grands érudits qui avaient pour ainsi dire élevé celle-ci; elle avait reçu l'éducation charmante et élégante d'une très grande dame instruite; elle travaillait et lisait pour son propre plaisir, au lieu de faire de l'érudition la grande affaire de sa jeunesse. Poète délicat et pénétrant, elle savait célébrer par ses vers les émotions de son âme dans une langue pure et noble, digne des deux grands poètes qui allaient paraître bientôt sur l'horizon de l'Italie, le Tasse et l'Arioste ; le dernier l'a célébrée dans ses poèmes. Séparée souvent de son mari qu'elle adorait par les nécessités impérieuses de la politique et de la guerre, elle conserva sur lui une influence morale qui l'eût sans doute préservé de la défaillance qui l'entraîna un moment à trahir l'empereur Charles-Quint, au service duquel il avait longtemps combattu, pour succomber à la tentation de devenir roi de Naples sous le patronage et à la persuasion du pape Léon X. « J'ai pensé, écrivait-il à sa femme, qu'une couronne conviendrait bien à votre front. » Elle lui répondit aussitôt, le suppliant de ne point quitter le sentier du devoir, qui avait tant de fois été pour lui celui de la gloire; mais sa lettre arriva trop tard. Pescaire s'était déjà compromis et ses hésitations ne l'amenèrent qu'à commettre une double perfidie. Infidèle d'abord à l'empereur, il le fut ensuite au pape et révéla ses desseins à Charles-Quint de façon à en empêcher l'accomplissement. Mais le remords avait pris possession de son âme ; il était malade, les blessures qu'il avait reçues à la bataille de Pavie s'étaient rouvertes ; sa femme arri-

LE MARQUIS DE PESCAIRE (BIBLIOTHÈQUE NATIONALE.)

vait à Viterbe, se rendant en toute hâte à Milan où il se trouvait, lorsqu'elle apprit qu'il n'existait plus.

Le marquis de Pescaire, vainqueur de François Ier à Pavie, n'avait encore que trente-trois ans. Sa femme lui survécut vingt-deux ans, conservant sa mémoire dans le sentiment le plus tendre et le plus fidèle, honorée de tous, grave et sereine, exhalant parfois la douleur qui ne cessa de remplir son âme dans une série de sonnets et de cantates qui excitèrent l'admiration de Michel-Ange, ce génie universel, presque aussi grand comme poète qu'il l'était comme peintre, comme sculpteur et comme architecte; elle s'était intimement liée avec lui, et il lui adressa plusieurs de ses admirables sonnets. Elle était alors ardemment engagée dans le parti de ceux qui recherchaient la réforme de l'Église catholique sans se séparer d'elle; mais elle renonça peu à peu à s'occuper des questions controversées, pour s'absorber dans la contemplation pieuse et dans la pratique des bonnes œuvres. Sa santé était très délicate et elle mourut avant soixante ans, après avoir tendrement élevé Alphonse d'Avallos, jeune cousin de son mari, auquel elle avait tenu lieu de mère. Elle n'avait jamais eu d'enfant.

RENÉE DE FERRARE — JEANNE D'ALBRET
MARGUERITE DE VALOIS, REINE DE NAVARRE

La marquise de Pescaire était tendrement attachée à la duchesse Renée de Ferrare, fille de François Ier; c'est en effet autour de cette princesse et à sa cour que nous trouvons en Italie le plus beau et le plus rare développement des facultés intellectuelles chez les femmes. La duchesse elle-même avait reçu du ciel le don d'une intelligence supérieure, soigneusement cultivée dans sa jeunesse par les maîtres les plus savants; transportée par le mariage dans la maison d'Este, alors patronne éclairée de tout le mouvement lettré en Italie, elle était toujours restée passionnément Française.

« Elle a eu cela de bon, écrit Brantôme en parlant de cette princesse, que jamais elle n'a oublié sa nation, et que, bien qu'elle en fût très loin, elle l'a toujours fort aimée. Jamais Français passant par Ferrare en quelque nécessité et s'adressant à elle ne manquait de recevoir une abondante aumône et bon argent pour gagner son pays et sa maison; lorsque les intendants de la duchesse lui faisaient remarquer que la dépense était excessive, elle disait : « Que voulez-vous? ce sont pauvres

MARGUERITE DE VALOIS (BIBLIOTHÈQUE NATIONALE.)

Français, qui seraient tous présentement mes sujets si cette méchante loi salique ne me tenait trop de rigueur. »

Elle était, en effet, attachée à son pays natal par tous les liens de la douleur comme des affections. En France, comme à Ferrare, elle avait éprouvé de grandes jouissances intellectuelles et de grands chagrins. Sa mère, Claude de France, bonne et charmante, modeste et dévouée, n'avait pas trouvé auprès de son mari François Ier le bonheur qu'elle avait pu espérer, elle, fille de roi, et l'aimant uniquement comme elle l'avait toujours fait; la mère et la sœur du roi, Louise de Savoie et Marguerite de Navarre, l'une et l'autre passionnément dévouées à François Ier, n'avaient pas contribué à adoucir l'existence de la reine sa femme, et par conséquent celle de ses filles. Toute charmante et distinguée qu'elle fût comme reine et comme sœur, quelque place qu'elle ait tenue dans l'histoire de son temps et dans la vie de son royal frère, Marguerite ne fut ni une bonne épouse pour un mari assez peu digne d'elle, ni une bonne mère pour sa fille unique, la petite princesse Jeanne, que la raison d'État lui fit tenir constamment éloignée d'elle, élevée dans des châteaux éloignés, à Blois, à Alençon, voire même dans le sombre palais de Plessis-les-Tours. Le mariage de la petite princesse avait une importance considérable, car elle était héritière du royaume de Navarre, pauvre petit pays sans richesse et sans puissance, toujours contesté entre la France et l'Espagne, mais qui par cela même donnait entrée à ses maîtres dans l'un et l'autre des deux royaumes qui se disputaient à cette heure la prépondérance en Europe; c'était la raison de l'extrême soin qu'apportait François Ier à maintenir sa nièce sous sa main et dans sa dépendance et la raison aussi du vœu que formait pour l'enfant isolée et presque captive le poète Clément Marot, lorsqu'il lui écrivait :

> La mignonne de deux rois,
> Je voudrais
> Que eussiez un beau petit frère
> Et deux ans de votre mère,
> Voire trois.

Marguerite de Navarre n'avait, en effet, eu qu'un fils, qu'elle avait perdu tout enfant, et l'exigeante affection de François Ier pour sa sœur ne laissait pas le temps à celle-ci de s'occuper souvent de l'éducation de sa fille unique, Jeanne d'Albret.

Elle avait cependant veillé à ce que l'instruction de l'enfant fût aussi soignée que l'avait été naguère celle qu'elle avait reçue elle-même. Marguerite de Navarre avait étudié presque toutes les sciences, elle avait appris le latin et l'hébreu. Le vieux précepteur qu'elle avait choisi pour suivre la princesse Jeanne de château en château, Nicolas Bourbon, était un pédant un peu lourd et ennuyeux, mais savant et tendrement attaché à sa petite élève. Il était légèrement entaché d'hérésie, mais la reine de Navarre l'était elle-même, comme Renée de Ferrare et un grand nombre des esprits distingués et sérieux de son temps. Les premières leçons qu'elle reçut ainsi agirent peut-être sur l'avenir de la petite Jeanne, intelligente, impérieuse et vive, et qui exerçait déjà un certain empire sur ceux qui l'entouraient. La pauvre enfant avait bon besoin d'apprendre dès sa plus tendre jeunesse à discerner la voie où elle devait marcher, ballottée qu'elle était, par les vues politiques de tous les siens, de prétendant en prétendant, à grands coups de négociations et d'influences rivales. L'empereur Charles-Quint avait demandé sa main pour le prince son fils ; le roi était nécessairement contraire à une alliance qui lui enlevait la Navarre, sans aucune compensation sérieuse, quelles que fussent les propositions de l'empereur, faites par son ambassadeur Bonvalot.

Le roi François résolut donc d'user de tout son pouvoir sur sa sœur, et par elle sur son mari Henri d'Albret, pour les empêcher de prêter l'oreille à des ouvertures qui devaient sembler très avantageuses au petit souverain d'un très petit royaume. Il favorisa ardemment, s'il ne les inspira pas dans l'origine, les prétentions du jeune duc de Clèves à la main de la petite princesse, promettant au roi son père de reconquérir pour lui la Navarre s'il consentait à cette union à bref délai. Pendant quelque temps il obtint en effet le consentement du prince béarnais, qui n'était hardi que de loin contre le roi son beau-frère ; mais il revint bientôt à la pensée d'une alliance avec l'empereur, pénétrant à grand'peine sa femme d'une velléité d'opposition au projet du roi François Ier. « Peu importe le roi de Navarre et la reine, avait dit maladroitement le chargé d'affaires du duc de

Clèves, c'est du roi seul que nous tiendrons la princesse. » Un contrat de mariage avait été déjà signé à Anet; la petite princesse Jeanne, tardivement consultée, avait répondu qu'elle était contente d'épouser le duc de Clèves. Qui n'aurait-elle pas épousé pour échapper à l'ennui de sa captivité?

Mais maintenant la reine Marguerite ne veut plus que sa fille soit donnée au prince allemand et elle tombe malade de regret. Son mari ne la consolait guère. « Ne pleurez pas, madame, lui disait-il, car vous êtes la cause de tous nos malheurs; sans vous, je me serais arrangé de façon que les choses ne seraient pas arrivées à ce point. » Il était vrai que la faiblesse de Marguerite de Navarre à l'endroit des volontés du roi son frère avait fort embarrassé les affaires d'Henri d'Albret; elle n'avait même pas alors le courage de résister ouvertement aux désirs du roi à l'égard de sa fille et pensait à faire porter par l'enfant elle-même la responsabilité de l'acte définitif de refus. « Que pensez-vous, dit-elle à son mari, de faire écrire et signer par notre fille devant témoins une protestation de cette nature: « Je proteste dès à pré-
« sent devant vous que je ne veux pas, que je n'ai pas la volonté
« de me marier avec le duc de Clèves et je jure dès à présent de
« n'être jamais sa femme. Et si, par hasard, je promettais d'être
« son épouse et sa femme, ce serait parce que je crains que le roi
« ne fasse du mal au roi mon père. Je fais cette protestation
« devant vous pour que vous en soyez témoins, je signe cette
« écriture et protestation et je vous prie de la signer comme
« témoins. » Le roi de Navarre ne trouvait pas l'idée mauvaise. « Mais à quoi cela servira-t-il? demanda-t-il cependant à sa femme; vous avertirez le roi, comme c'est votre habitude. » La reine tint cependant parole, et la protestation fut faite et signée.

Le roi, informé ou non, n'avait guère cure des résistances de sa sœur et de sa nièce. Le duc de Clèves était arrivé en France et le roi se rendit lui-même au château de Plessis-les-Tours, où se trouvait alors la petite princesse, pour l'informer de la visite de son fiancé. La princesse était malade et, sans résister ouvertement à la volonté de son oncle, forte de la protestation que ses parents lui avaient dictée, elle répondit qu'elle aimait trop le roi pour accepter la main d'un prince étranger, parce qu'elle n'aurait plus ainsi l'occasion de le voir. Le roi était si accoutumé à l'adoration de tous les siens, qu'il ne trouva pas étonnant d'entendre sa nièce refuser une alliance sous prétexte qu'elle perdrait ainsi la joie de sa présence et il promit à la princesse Jeanne qu'elle ne quitterait point la France, non plus que le duc de Clèves, auquel l'empereur refusait de reconnaître son héritage. Jeanne d'Albret déclara alors nettement qu'elle ne voulait point épouser le duc. « Vous m'avez dit à Fontainebleau, reprit le roi très étonné, que vous épouseriez volontiers le duc de Clèves. D'où vient donc ce changement? Qui vous a conseillé de le refuser.

JEANNE. — Quand je répondis à Votre Majesté à Fontainebleau que je l'épouserais avec plaisir, je ne prévoyais pas tous les dommages qui pourraient en arriver à mon père. Si Votre Majesté veut me marier, mariez-moi en France. Plutôt que d'épouser le duc de Clèves, j'entrerai dans un couvent.

LE ROI. — Je vois bien que vous êtes avisée de ce que vous devez dire. Qui vous a raconté ce dommage qui advient à votre père?

JEANNE. — C'est un gentilhomme envoyé à Votre Majesté par les sujets de mon père.

LE ROI. — Vous ferez, ma fille, ce que le roi et la reine, vos parents, ordonneront; et ce que vous avez promis, vous le tiendrez.

JEANNE. — Sire, le roi mon père ne m'ordonnera d'épouser le duc de Clèves que pour obéir à Votre Majesté.

LE ROI. — Oui, ils le feront, et ce mariage se fera malgré qui que ce soit, et, si vous ne voulez pas épouser le duc, je ne vous parlerai plus. »

Sur quoi, la pauvre petite princesse, qui n'avait encore que treize ans, se prit à pleurer et s'écria à haute voix : « Je me jetterai dans un puits plutôt que d'épouser le duc de Clèves. »

Le roi se leva alors furieux, se tournant vers la dame Ayme de Lafayette, gouvernante de la princesse, et lui dit : « Ah! madame, madame, je vous reconnais bien, vous avez bien instruit ma nièce; mais tous vos efforts ne réussiront pas. »

La dame de Lafayette était terrifiée, elle balbutiait des excuses; mais le roi reprit plus haut encore : « Assez! assez! Je jure Dieu que j'en ferai couper des têtes! »

François Ier sortit, laissant le duc de Clèves faire seul une courte visite à la princesse, sur laquelle il ne paraît pas avoir produit un effet plus favorable, car, le cardinal de Tournon étant revenu après le départ du roi pour réprimander Jeanne d'Albret, l'enfant répondit qu'elle aimerait mieux mourir que d'épouser le duc de Clèves! Le prélat défendit sévèrement à la petite princesse de dire à son père et sa mère ce que lui avait ordonné le roi. « Si vous en dites mot, madame, répéta-t-il à l'enfant, il vous promet que vous serez enfermée en une tour, et quant à vous, ajouta-t-il en s'adressant à la gouvernante et à son gendre, le vicomte de Lavedan, vous n'avez à attendre que la mort. » Madame de Lafayette reprochait au cardinal son ingratitude envers Marguerite de Navarre, qui l'avait elle-même placé auprès du roi. « Je supplie Votre Seigneurie, dit-elle, de ne point conseiller au roi, pour plaire à un duc d'Allemagne, de marier cette enfant contre le gré de son père et de sa mère. » Le cardinal répartit qu'il était bon serviteur du roi et de la reine de Navarre dans les choses qui ne déplaisaient point au roi. « Mais ne vous abusez point, ajouta-t-il, le roi est déterminé à marier la princesse avec le duc de Clèves, et il le fera. »

Le roi était décidé, en effet, comme un enfant gâté dont on contrarie les fantaisies. Il avait mandé à la cour son beau-frère et sa sœur, qui s'étaient jusqu'alors prudemment tenus éloignés. Le mariage impérial ne paraissait pas bien sûr; Charles-Quint ne s'expliquait pas clairement; il avait déjà conçu pour son fils d'autres vues plus hautes, devant lesquelles pâlissaient les avantages de la petite princesse de Navarre. Le roi Henri d'Albret et sa femme commençaient à se dire qu'il ne s'agissait que d'un contrat et non d'un mariage à exécuter sur l'heure et qu'on aurait tout le loisir de protester et de rompre. Mieux valait sans doute ne pas irriter le roi par une résistance inutile, vaine; la reine Marguerite arriva auprès du roi son frère décidée à lui obéir, en apparence du moins.

Tant de manœuvres et de mensonges politiques ne pouvaient être confiés à la discrétion et à la droiture d'une enfant de treize

JEANNE D'ALBRET, D'APRÈS MARC DUVAL.

ans; le roi de Navarre lui-même n'était souvent informé qu'en partie des délicates négociations conduites par la reine sa femme, et la petite Jeanne d'Albret ne fut pas informée des raisons du revirement qui s'était opéré dans la volonté de ses parents au sujet de son mariage avec le duc de Clèves; aussi tous les efforts de ceux qui l'entouraient échouèrent-ils contre la fermeté naturelle de cette volonté naissante. Elle paraissait aux fêtes que prodiguait le roi pour l'amusement du duc de Clèves, mais elle n'avait pas cédé à l'idée d'une union qu'elle repoussait toujours de toutes ses forces. Lorsque sa mère arriva, l'enfant fut plus que jamais étonnée et confondue; mais elle disait toujours non, et multipliait ces protestations secrètes dont Marguerite elle-même lui avait appris l'usage : « Je ne vois à qui avoir recours qu'à Dieu, écrit-elle de sa propre main, quand je vois que mes père et mère m'ont délaissée, lesquels savent bien que je leur ai dit que jamais je n'aimerais le duc de Clèves et que je n'en veux point. » La reine perdit patience; la rudesse des mœurs et des caractères dissimulée par l'élégance des habitudes et la culture intellectuelle reparut tout entière. On essaya de faire peur à l'enfant, en assurant qu'elle serait cause de la perte et de la destruction de ses père et mère et de toute sa maison. On eut enfin recours aux coups, et ce fut après avoir été tellement maltraitée qu'elle croyait qu'on la ferait mourir, que l'infortunée petite princesse plia enfin devant la volonté de sa mère, impérieusement mise au service de celle du roi. Jeanne d'Albret épousa officiellement le duc de Clèves le 14 juin 1340.

Même alors, après avoir signé devant témoins deux protestations nouvelles, la jeune princesse fit acte de volonté ferme et persistante dans sa résistance. Lorsque le cardinal de Tournon demanda à haute voix leur consentement aux deux époux, la princesse ne répondait pas; il se pencha vers elle. « Ne me pressez pas, » dit Jeanne, et le cardinal passa outre. Lorsqu'il fallut marcher à l'autel, la princesse ne faisait pas un pas; le roi ordonna au connétable Anne de Montmorency de « prendre sa petite nièce dans ses bras et de la porter où elle devait aller ». La reine de Navarre n'aimait pas le connétable, elle s'amusait de son embarras. « Voyez, dit-elle, celui qui me voulait ruiner auprès de mon frère, et qui maintenant sert à porter ma fille à l'église. » Le connétable comprenait comme elle la portée de l'ordre étrange qu'il venait de recevoir. « C'est fait de ma faveur, dit-il en sortant de l'église ; je lui dis adieu. »

Le mariage de la petite Jeanne avec le duc de Clèves devait en effet être rompu, comme l'avait prévu la reine Marguerite ; mais ce ne fut pas le prince d'Espagne qui recueillit l'héritage de Navarre.

Jeanne d'Albret épousa, sans répugnance cette fois, Antoine de Bourbon, beau, fier, vaillant, qu'elle aima uniquement malgré ses torts envers elle, et qu'elle devait perdre, jeune encore, dans la tranchée devant Rome, « où il n'épargnait ni ses pas ni sa peau, non plus que le moindre soldat du monde ».

Jeanne avait déjà eu deux fils, qu'elle avait perdus en bas âge. Elle suivait l'armée que son mari commandait en Picardie en face des Espagnols, lorsqu'une députation de Béarnais vint lui demander de donner le jour en Navarre à l'enfant qu'elle attendait. Elle céda à ce désir patriotique et, traversant toute la France à cheval, elle arriva le 4 décembre à Pau, où l'attendait son vieux père, le roi Henri d'Albret, qui ne quittait plus son royaume depuis la mort de sa femme en décembre 1549. Jeanne d'Albret n'était pas sans inquiétude sur son héritage : on avait parlé d'un second mariage du roi. Dès qu'elle fut à Pau, son père lui montra son testament, enfermé dans une boîte d'or. « Si tu chantes à la naissance de ton enfant, dit-il, je te donnerai ceci, car je ne veux pas d'un petit-fils pleureur et rechigné. »

Jeanne d'Albret chantait, en effet, une vieille invocation béarnaise à Notre Dame, lorsque le futur Henri IV naquit le 14 décembre 1553. Son grand-père l'enleva aussitôt dans ses bras, l'enveloppant dans un pan de sa longue robe fourrée et tendant à sa fille la boîte du testament. « Celui-ci est à moi, » dit-il, et il fit couler sur les lèvres de l'enfant nouveau-né une goutte de vin de Jurançon, en les frottant d'une gousse d'ail.

Ce fut le premier pas d'une éducation rude et forte. Le petit prince, élevé en Béarn auprès de son grand-père, fut nourri comme un paysan, acquérant dans l'atmosphère des montagnes cette santé robuste et cet infatigable courage dont il eut fort à faire sa vie durant. « C'est par les peines et le labeur que je le veux rendre capable et instruit, » disait sa mère, qui n'avait pas oublié les épreuves morales dont son enfance à elle avait été semée. Les Béarnais, compagnons de son enfance, devaient être longtemps les meilleurs soldats de Henri IV, comme le devinrent plus tard ces gentilshommes réformés qui l'apportèrent « sur leurs épaules de delà Loire », pour devenir roi de France... et catholique.

Jeanne d'Albret était une mère sage et prudente; le petit prince Henri, présenté au roi Henri II à l'âge de cinq ans, ne devait pas rester à la cour de la reine; il retourna en Béarn, où il fut soigneusement instruit par des précepteurs bien choisis, sans que l'enfant, paraît-il, eût conçu pour les lettres une passion bien vive. Destiné avant toutes choses à devenir un homme d'action, il aimait surtout à lire Plutarque, comme il l'écrivait à sa femme Marguerite de Valois, sœur de Charles IX, plus savante peut-être que lui et qui lisait de son côté Plutarque :

« Vous n'auriez rien su me mander qui me fût plus agréable que le plaisir de lecture qui vous a pris. Plutarque me sourit toujours d'une fraîche nouveauté; l'aimer, c'est m'aimer, car il a été l'instituteur de mon jeune âge. Ma bonne mère, à qui je dois tout, et qui avait une affection si grande pour veiller à mes bons déportements, ne voulait pas, disait-elle, que son fils fût un illustre ignorant; aussi m'avait-elle mis ce livre entre les mains encore que je ne fusse guères plus qu'un enfant de mamelle. Il m'a été comme une conscience, et m'a dicté à l'oreille beaucoup de bonnes honnêtetés et maximes excellentes pour ma conduite et pour le gouvernement des affaires. »

Henri de Navarre avait raison de dire qu'il devait tout à sa mère et la forte éducation qu'il avait reçue entre Plutarque et les Pyrénées n'était pas le moindre de ses bienfaits. L'influence grave et austère de la réforme vint bientôt s'y joindre à mesure que la reine Jeanne d'Albret se pénétra elle-même de plus en plus de la foi religieuse des réformés. « Elle avait l'âme entière aux choses viriles, dit d'Aubigné, condisciple et camarade d'enfance du petit prince, l'esprit puissant aux grandes affaires, le cœur invincible aux adversités. » La fermeté pré-

HENRI DE NAVARRE JEUNE.
(D'après un dessin du temps. — Bibliothèque nationale.)

coce qu'elle avait déployée dans son enfance par sa résistance aux volontés souveraines du roi François Ier, l'avait maintenue en dehors et au-dessus de cette atmosphère factice et corrompue dans son élégance qui régnait à la cour de Catherine de Médicis et de ses fils. Henri de Navarre avait à peine quinze ans lorsqu'il se trouva à la tête des réformés, luttant pour leurs libertés méconnues. Les convictions personnelles du jeune roi n'étaient ni bien formées, ni bien profondes, comme l'événement devait le prouver par la suite, mais il était porté par la résolution indomptable et la foi ardente de sa mère, qui s'était rendue à la Rochelle, centre et forteresse de la résistance des réformés, pour diriger et soutenir la lutte en faveur de leur indépendance. C'est là qu'elle fit frapper et distribuer une médaille portant son image et celle de son fils, accompagnée de cette fière devise : *Pax certa, victoria integra, mors honesta,* comme le mot d'ordre et le programme héroïque de son entreprise.

Paix solide, victoire entière, mort honorable.

Pendant longtemps, le roi Henri devait éprouver plutôt les revers de la guerre que ses joies triomphales : il n'échappa que par miracle, après les défaites des huguenots, à la poursuite du maréchal de Montluc, qui avait ordre de les ramener, sa mère et lui, à Paris, comme les otages du protestantisme armé et indomptable. La reine de Navarre avait dès lors établi officiellement le culte réformé dans ses États, comme une réponse à l'abus de pouvoir de la cour de Rome, qui avait disposé de ce qui ne lui appartenait pas, en donnant l'investiture de la Navarre au roi d'Espagne. Les États du Béarn avaient d'ailleurs réclamé cette faveur de leur princesse, car les sujets étaient aussi dévoués que la souveraine à la Réforme.

La paix de Saint-Germain, trompeuse et précaire, était venue en 1570 endormir les inquiétudes des protestants par une apparence de liberté ; mais c'était désormais à de nouvelles armes que la reine Catherine de Médicis et ses conseillers les Guise allaient demander cette suprématie politique et religieuse que les réformés, l'amiral de Coligny en tête, menaçaient de leur enlever dans l'État comme auprès du roi Charles IX. On avait conçu le projet de couper les ongles au petit roi de Navarre et à sa mère, en le mariant à la sœur du roi, Marguerite de Valois, belle et spirituelle, digne fille de Catherine de Médicis, à la cruauté près. La reine Jeanne de Navarre, qui se tenait toujours à la Rochelle, fut sondée sur cette union ; le jeune roi était en Béarn. « Je consulterai mes ministres, répondit Jeanne d'Albret, et une fois ma conscience en sûreté, il n'y a rien que je ne puisse accepter dans la vue de contenter le roi et la reine, de leur marquer mon respect et ma vénération et

MARGUERITE DE VALOIS.
(D'après un dessin du temps. — Bibliothèque nationale.)

d'assurer la tranquillité de l'État, pour laquelle je sacrifierais volontiers ma propre vie. Mais, ajouta-t-elle avec cette rigidité de vertu qui la caractérisa toujours, j'aimerais mieux descendre à la condition de la plus petite demoiselle de France que de sacrifier à la grandeur de ma famille mon âme et celle de mon fils. »

L'âme de Jeanne d'Albret était en sûreté entre les mains du Dieu qu'elle servait; celle de son fils paraissait plus aventurée dans ce milieu de la cour de France, où la reine de Navarre était ardemment pressée de se rendre. Elle ne céda qu'au début de l'année 1572, et partit pour Blois avec une grande inquiétude dans le cœur. Son fils était resté au loin, elle lui écrivait : « Je me fortifie d'heure en heure par la grâce de Dieu, et je vous assure que je retiens bien votre leçon de ne me pas mettre en colère, car l'on m'en tente jusqu'à bout. J'ai la plus belle patience que vous ouïtes jamais dire; je pense bien qu'on me rebute ainsi pour m'en faire rapporter à des arbitres. Il me faut négocier tout au rebours de ce que j'avais espéré et de ce qu'on m'avait promis; je n'ai nulle liberté de parler au roi ni à madame Marguerite, mais seulement à la reine mère, qui me traite à la fourche. Madame Marguerite est belle et avisée et de bonne grâce, mais nourrie en la plus maudite et corrompue compagnie qui fût jamais. Je ne voudrais pour chose au monde que vous y fussiez pour y demeurer. Voilà pourquoi je désire vous marier et que, votre femme et vous, vous retiriez de cette corruption; car, encore que je la croyais grande, je la trouve encore davantage. Si vous étiez ici, vous n'en échapperiez jamais sans une grande grâce de Dieu. »

Le mariage tardait cependant, fort contre le gré du roi. Jeanne d'Albret lui disant un jour qu'elle craignait que le pape ne fît attendre longtemps la dispense requise pour le mariage : « Non, non, ma tante, dit le roi, je vous honore plus que le pape, et j'aime plus ma sœur que je ne le crains. Je ne suis pas huguenot, mais je ne suis pas sot non plus; si le pape fait trop la bête, je prendrai moi-même Margot par la main et je la mènerai épouser en plein prêche. » La reine Jeanne commençait à perdre cette patience dont elle se vantait naguère, lorsqu'elle mourut presque subitement, le 8 juin 1572, non sans quelque soupçon de poison, probablement très mal fondé. Moins de trois mois plus tard, le mariage était enfin célébré, le 18 août, en présence de toute la cour « et avec autant de triomphe et de magnificence que de nulle autre de ma qualité », écrit Marguerite de Valois elle-même. La semaine était à peine terminée, que le marié de la veille était prisonnier de son beau-frère et en grand danger de sa vie, tandis que des huit cents gentilshommes huguenots qui l'avaient accompagné à ses noces, bien peu avaient échappé au sinistre massacre resté célèbre sous le nom des noces vermeilles de la Saint-Barthélemy.

MADAME DU PLESSIS-MORNAY

Je prends plaisir au sortir des horreurs que la reine Jeanne d'Albret n'avait pu ni prévoir ni prévenir, quelles que fussent sa ferme sagesse et son inflexible droiture, à quitter les cours corrompues et les intrigues compliquées au travers desquelles la mère de Henri IV avait dû passer sa vie depuis sa première jeunesse, et à rentrer dans la simple vie d'une femme et d'une mère, modeste dans son héroïsme grave et sa piété fervente. Quelque mêlé que fut son mari aux grandes affaires de son temps, et à la conduite de la politique pendant de longues années, Mme du Plessis-Mornay, née Charlotte Arbaleste de la Borde, vécut habituellement en dehors de la cour et dans cette atmosphère d'élévation et de droiture morales qui pouvait seule convenir à des âmes ainsi pénétrées de respect et de soumission pour la loi divine. Mon père a peint admirablement Philippe de Mornay et sa femme, comme leur touchante et parfaite union, dans la préface qu'il a publiée en tête de mon édition des *Mémoires de Mme de Mornay* pour la Société de l'histoire de France ; je ne saurais mieux faire que de reproduire ici ses paroles. « Les moralistes se demandent quel est le plus beau et le plus salutaire spectacle que puisse offrir la vie humaine. Selon quelques-uns, c'est le spectacle d'un homme vertueux aux prises avec l'adversité. D'autres s'arrêtent avec préférence devant le spectacle d'un homme vertueux à la tête d'une bonne cause et en assurant le triomphe. Il y a un spectacle encore plus saisissant et plus sain pour l'âme : c'est celui que donne la vie des créatures d'élite appelées à glorifier l'humanité et qui en même temps subissent aussi bien que le commun des hommes ce continuel mélange des biens et des maux, des espérances et des mécomptes, des succès et des revers, des joies et des douleurs, misère incurable de la condition humaine. Comment de telles âmes portent ce fardeau et ne se laissent ni éblouir ni enivrer par l'heureuse fortune, ni arrêter ni abattre par les tristesse de la vie, c'est la plus pénétrante contemplation et la plus sérieuse leçon que présente l'histoire au spectateur sympathique des agitations intimes des âmes illustres ou obscures.

« Un ménage chrétien qui a tenu sinon une première, du moins une grande place dans l'histoire de France au xvi⁰ siècle, M. et Mme du Plessis-Mornay sont l'un des plus beaux exemples de la vertu, ainsi tour à tour éprouvée par les faveurs et les rigueurs de la destinée et les supportant tour à tour avec la même joie modeste et la même fermeté résignée. Nés à quelques mois de distance l'un de l'autre, au milieu des troubles que soulevait la réforme religieuse dans les nations et les âmes, ils en avaient connu l'un et l'autre, presque dès le berceau, les anxiétés domestiques et personnelles. Leurs parents étaient presque tous catholiques, de nom du moins, et pour l'un comme pour l'autre, ce ne fut donc qu'après leur mort qu'ils firent librement profession de la foi religieuse qui avait déjà pris possession de leurs âmes. Mlle de la Borde à dix-sept ans épousa Jean de Pas, seigneur de Feuquières, attaché dans son enfance au jeune dauphin qui devint François II, puis engagé dans la campagne de Picardie auprès de l'amiral de Coligny ; c'était là qu'il avait ouï souvent un cordelier qui, sous son habit, prêchait la vérité, en sorte qu'il y avait pris goût. Cela lui donna de grands débats en sa conscience, se voyant avancé à la cour et sur le point de recevoir des biens et des honneurs qu'il ne pouvait espérer s'il embrassait la doctrine de la Réforme ! Il s'était enfin décidé à abandonner la messe sans pour cela quitter la cour, où souvent lui et quelques zélés faisaient faire le prêche en la chambre de la reine mère pendant son dîner, étant aidés à le faire par les femmes de chambre qui étaient de la religion.

« Ce fut dans ce chaos des esprits et des événements, au milieu de toutes ces hésitations, fluctuations, conversions et abjurations successives que naquirent, grandirent et se formèrent M. et Mme

DU PLESSIS-MORNAY.

de Mornay, deux caractères auxquels nul de leur temps ne fut supérieur, et bien peu égaux pour les qualités précisément contraires aux vices de leur temps, c'est-à-dire pour la fermeté de la foi, l'unité de la vie, et le constant accord entre les croyances et les actions, la pensée, le sentiment et la volonté. En 1572, lorsque la Saint-Barthélemy éclata, ils étaient encore étrangers l'un à l'autre, et bien loin d'être l'un et l'autre ce qu'ils devaient devenir ; mais leurs convictions religieuses et leurs résolutions morales étaient déjà assez fortes et assez définitives pour qu'un tel événement, loin de les ébranler, les affermît et en fît la loi de leur âme et de leur destinée. Philippe de Mornay à vingt-trois ans et Charlotte de la Borde à vingt-deux étaient déjà de ceux en qui le spectacle du crime et la perspective du danger ne suscitent que l'indignation et l'obstination de la vertu.

« C'est par le récit de la Saint-Barthélemy qu'après quelques pages données aux souvenirs de famille et d'enfance, commencent les *Mémoires de Mme de Mornay*. Et ce récit a ce rare caractère qu'il est étranger à toute passion politique, à tout esprit de parti ou même de secte. Point de récriminations, de colère, ni même de plainte contre les auteurs du massacre : c'est uniquement le tableau des dangers personnels que coururent chacun de son côté, d'abord M. de Mornay et puis Mme de Feuquières, déjà veuve, et la narration détaillée de leurs aventures en s'enfuyant ou en se cachant pour se dérober aux meurtriers. Il semble qu'ils ne furent ni l'un ni l'autre très surpris de telles scènes et que la persécution et le meurtre des protestants étaient à leurs yeux des maux naturels et presque inévitables. Dans les périlleux incidents qu'ils traversèrent, ce fut, comme de raison, presque toujours des catholiques qui leur vinrent en aide et leur fournirent les moyens de se sauver. Mme de Mornay ne s'en étonne pas et s'en montre reconnaissante comme d'un service signalé, mais simple, et qu'en pareille circonstance elle eût aussi rendu à des catholiques. Cette absence de toute exagération, de tout appel à des sentiments haineux, cette tranquillité, cette équité d'esprit, au milieu de si hideux spectacles et de si pressants périls, donnent au récit de Mme de Mornay un caractère de simplicité et de vérité qui en fait l'un des plus authentiques et des plus instructifs documents de cette effroyable histoire.

« Ce n'est pas que Mme de Mornay fût disposée à faire aux catholiques la moindre concession et à faiblir un moment dans sa foi.

Quand elle se trouvait en présence de l'un de ces actes qui étaient alors considérés comme une abjuration de la religion réformée, elle était saisie du même sentiment qui animait les premiers chrétiens quand les empereurs romains ordonnaient de sacrifier aux idoles, et elle était, comme eux, prête à affronter le martyre.

« Elle gagna ainsi Sedan, appartenant alors à M. le duc de Bouillon, l'un des chefs du protestantisme, et ce fut là qu'elle vécut pendant trois ans et qu'elle fit la connaissance de M. du Plessis, qui ne tarda pas longtemps à lui demander de l'épouser. Elle y fut portée dès le début, mais avec la retenue grave qui caractérisait alors les réformés jusque dans leurs sentiments les plus tendres; elle attendit d'avoir obtenu l'assentiment de tous ses parents et même celui de sa belle-mère Mme de Feuquières, avant de répondre à un désir si honorable pour elle, car M. du Plessis, très jeune encore, était déjà estimé et respecté de tous.

« Plusieurs personnes, voyant qu'il pensait à moi, écrit-elle dans
« ses *Mémoires*, lui offrirent de lui faire voir tout mon bien, tant
« par mon contrat de mariage que celui des partages de la suc-
« cession de feu M. de la Borde, mon père; mais il fit réponse
« que, quand il voudrait en être instruit, il ne s'en adresserait
« qu'à moi-même, et que le bien était la dernière chose à quoi
« on devait penser en mariage, la principale étant les mœurs
« de ceux avec qui l'on avait à passer sa vie, et surtout la
« crainte de Dieu et la bonne réputation. »

« Ainsi s'accomplit entre ces deux personnes excellentes et rares une union aussi excellente et presque aussi rare qu'elles-mêmes, car elle dura trente ans sans être altérée par aucune des épreuves de la vie, ni refroidie par la durée. Dieu ne veut pas que ce bonheur suprême qui résiste et survit aux imperfections de la nature comme aux épreuves de la destinée humaine soit inconnu des hommes, mais il est, à coup sûr, le plus rare don qu'ils puissent obtenir de la faveur divine, et ce don n'échoit qu'à ceux qui, en le méritant par leurs vertus, savent le défendre contre leurs propres faiblesses.

« M. et Mme de Mornay ont eu cet admirable privilège. Ils se sont connus jeunes encore et pourtant déjà familiers avec l'expérience et le fardeau de la vie, ils se sont aimés et unis à la fois par penchant et par choix, avec réflexion et avec abandon; ils ont éprouvé ensemble, dans l'État comme dans l'Église, sous les yeux du public et dans le secret du foyer domestique, les fortunes les plus diverses, les plus nobles satisfactions et les plus cruels déchirements de l'âme; après avoir longtemps et glorieusement lutté pour le succès de la Réforme en France, ils ont vu leur cause toucher au triomphe et tout à coup ils ont passé d'un succès qu'ils avaient peu espéré à une défaite qu'ils trouvaient aussi injuste que déplorable. Leur chef et leur héros, le chef et le héros des protestants français est devenu roi, mais pour devenir roi il s'est fait catholique. Du Plessis-Mornay avait été son plus influent, son plus intime conseiller; à l'intimité a succédé une quasi-disgrâce : il a fallu vivre dans la retraite de Saumur, après avoir puissamment pris part au gouvernement de la Navarre et à la conquête de la France. Bien plus, les services du père n'ont pas même pu obtenir au fils, à son fils unique, le commandement d'un régiment français pour aller servir en Hollande la cause de la Réforme, tant Henri IV avait peur d'offenser ses nouveaux alliés catholiques en traitant bien ses anciens amis protestants, tant Sully avait peur que le crédit de Mornay auprès du roi ne vînt inquiéter et affaiblir le sien.

« Je passe de la vie politique à la vie domestique. M. et Mme de Mornay en avaient connu toutes les joies et toutes les espérances. Ils avaient eu cinq filles et quatre fils; des cinq filles deux sont mortes enfants, ils ont marié les trois autres aussi heureusement qu'honorablement dans les familles les plus considérées de la Réforme française. De leurs quatre fils, un seul leur était resté, un second Philippe de Mornay, jeune homme excellent et charmant, vaillant et pieux, tendre et respectueux, instruit et modeste. Il avait voyagé avec fruit en Hollande, en Italie, en Allemagne, rendant à son père et à sa mère un compte sérieux de ses courses et de ses observations européennes. Rentré en France, il servait en volontaire dans l'armée du prince Maurice de Nassau; le 23 octobre 1603, à peine âgé de vingt-six ans et déjà blessé d'un coup de pied de cheval, il

montait à l'assaut de la ville de Gueldres, s'appuyant sur les bras de deux fidèles serviteurs, braves soldats comme lui ; il fut frappé d'un boulet en pleine poitrine et tomba sans jeter un seul soupir : « J'ai perdu la plus belle espérance de gentilhomme de
« mon royaume, disait Henri IV en apprenant sa mort; j'en plains
« le père; il faut que je l'envoie consoler; autre père que lui
« ne pouvait faire une telle perte. » Mais qu'est-ce que la sympathie d'un roi auprès de la douleur d'une mère ? « Un jeudi,
« 24 novembre, sur le soir, écrit Mme de Mornay, M. du Plessis,
« sachant bien qu'il ne pourrait me déguiser son visage, se réso-
« lut qu'il fallait mêler nos douleurs ensemble, et d'entrée :
« Ma mie, me dit-il, c'est aujourd'hui que Dieu nous appelle à
« l'épreuve de sa foi et de son obéissance, puisqu'il l'a fait, c'est à
« nous de nous taire; » auquel propos, douteuse que j'étais déjà
« et alangourie de longue maladie, j'entrai en pâmoisons et con-
« vulsions; je perdis longtemps la parole, non sans apparence d'y
« succomber, et la première qui me revint fut : « La volonté de
« Dieu soit faite : nous l'eussions pu perdre dans un duel, et lors,
« quelle consolation en eussions-nous pu prendre ! » Le surplus
« se peut mieux exprimer, à toute personne qui a sentiment, par
« un silence : nous sentions arracher nos entrailles, retrancher
« nos espérances, tarir nos desseins et nos désirs ; nous ne trou-
« vions un long temps que dire l'un à l'autre, que penser en
« nous mêmes, puisqu'il était seul, après Dieu, notre discours,
« notre pensée : nos filles, nonobstant la défaveur de la cour,
« étant heureusement mariées et mises avec beaucoup de peine
« hors de la maison pour la lui laisser nette. Désormais, toutes
« nos lignes partaient de ce centre et s'y rencontraient, et nous
« voyions qu'en lui Dieu nous arrachait tout, sans doute pour
« nous arracher ensemble du monde, pour n'y tenir plus à rien,
« à quelque heure qu'il nous appelle, et entre ci et là estimer
« son église notre maison, notre famille propre et convertir tout
« notre soin vers elle. »

« En apprenant la fatale nouvelle, du Plessis-Mornay s'était écrié : « Je n'ai plus de fils, donc je n'ai plus de femme. » Sa douloureuse prévoyance ne le trompait pas. Six mois après la

mort de son fils, Mme de Mornay succombait, hors d'état de porter plus longtemps le fardeau qu'elle subissait sans murmure. Elle était souffrante depuis huit jours déjà, lorsque, dans la nuit du 14 mai 1606, on vint éveiller M. du Plessis qui s'était jeté sur un lit pour prendre un peu de repos, et on l'avertit qu'elle s'abaissait fort. Il entra aussitôt en sa chambre, résolu à ne lui rien céler, car souvent elle lui avait dit qu'elle voudrait savoir sa fin, pour rendre, par la grâce de Dieu, confession de sa foi jusqu'au dernier soupir. Approchant d'elle, il commença à l'embrasser, et à lui dire, non sans un grand contre-cœur, qu'il ne fallait plus penser qu'à Dieu, ce qu'elle entendit incontinent. Et lors elle dit à M. du Plessis qu'après la connaissance de son salut en Jésus-Christ, elle n'avait de rien tant remercié Dieu que de l'avoir donnée à lui, que Dieu voulait encore se servir de lui et qu'il ne fallait pas que par la tristesse qu'il recevrait de sa mort, il se rendît moins utile à son Église. Et cela avec une voix forte, des paroles si solides et des textes de l'Écriture qu'elle entendait si à propos, que jamais on ne lui avait vu l'esprit plus entier ni la mémoire plus ferme. Elle parla tendrement de ses filles et avisa M. du Plessis de ce qu'elle voulait qu'on fît pour ceux et celles qui l'avaient servie. Mais en toute cette agonie, lorsque M. du Plessis, crevé de douleur, se retirait pour prier Dieu en quelque coin de la chambre, elle le demandait et aussitôt lui tendait la main, témoignant par quelque mot que la douleur qu'il ressentait pour elle lui était plus sensible que la sienne propre. Elle rendit son âme à Dieu le 15 mai entre cinq et six heures du matin, vérifiant ainsi les paroles qui avaient terminé le manuscrit de ses *Mémoires* : « Et ici, est-il nécessaire
« que ce mien livre finisse par lui, qui ne fut entrepris que pour
« lui, pour lui décrire notre pérégrination en cette vie, et puis-
« qu'il a plu à Dieu qu'il finît plus tôt et plus doucement la
« sienne. Aussi bien, si je ne craignais l'affliction de M. du Ples-
« sis, qui, à mesure que la mienne croît, me fait mieux sentir
« son affection, il m'ennuierait extrêmement à lui survivre. »

« Ai-je eu tort de dire en commençant que de telles vies sont le plus beau et le plus salutaire spectacle moral que l'his-

toire puisse offrir aux hommes? M. et Mme de Mornay étaient
à coup sûr, par les dons de la nature comme par la position
sociale, deux personnes éminentes, en butte pour ainsi dire à
toutes les tentations, à toutes les séductions qui peuvent jeter
l'esprit et le caractère hors des voies régulières et honnêtes; le
xvi⁰ siècle était un temps de vastes innovations et de passions
audacieuses qui poussèrent les hommes jusqu'au dernier terme
des factions et des révolutions. Du Plessis-Mornay, quoique
ardemment intéressé au progrès de la foi nouvelle et de sa cause,
résista constamment à leurs excès. Ce protestant inflexible qui
avait contribué autant que personne à faire monter Henri IV sur le
trône, qui déplorait amèrement qu'Henri IV eût abandonné sa
foi, qui brava tous les périls et toutes les disgrâces pour garder
et soutenir la sienne, Mornay mécontent, triste, banni de la
cour, assailli par les mécontentements et les souffrances de ses
amis, n'entra jamais, contre le roi qu'il blâmait et dont il croyait
avoir à se plaindre, dans aucune faction, dans aucune intrigue;
il lui resta au contraire inébranlablement fidèle, sans cesse
occupé à maintenir et à rétablir dans l'Église protestante de
France un peu d'ordre et de paix, entre les protestants et
Henri IV un peu de confiance et d'amitié mutuelles. Son dévouement à sa croyance ne lui fit jamais oublier son devoir envers un
roi qui sauvait son pays. Il demeura ferme et actif dans sa foi,
mais sans tomber sous le joug d'aucune idée fixe et exclusive,
conservant son bon sens patriotique au sein de sa piété fervente,
et supportant avec une fermeté triste les colères de ses amis et
les ingratitudes de son roi.

« Mme de Mornay avait plus de susceptibilité et un désintéressement moins absolu, moins dégagé de tout amour-propre
que son mari; elle pardonnait moins aisément à Henri IV ses
procédés, à Sully ses jalousies, aux réformés fanatiques leurs
méfiances ou leurs mesquines exigences; elle était naturellement
un peu aristocratique et hautaine, mais elle avait autant que
Mornay l'esprit et le cœur droits et fermes; nulle disposition
romanesque dans ses sentiments et dans ses désirs, point de
complaisance petite et vaniteuse, soit pour elle-même, soit pour

ceux qu'elle aimait. Quand, dans ses Mémoires, elle parle d'eux et de ce qui les touche, loin de rien étaler, de rien amplifier, elle dit moins qu'elle ne sent; les événements les plus considérables, quand elle les raconte, se présentent sous une forme contenue et modeste, exempte de tout ornement factice ou prémédité. Celle qui parlait si simplement et avec cette réserve austère des plus vifs intérêts de son âme et des plus grandes affaires de sa vie, était une femme aussi passionnée que grave, qui suivait son mari dans tous ses périls, prenait part à tous ses travaux, vivait pour lui seul et mourut de douleur de la mort de son fils.

« Quand aux jours de grandeur et de puissance succédèrent les jours de défaite et d'isolement, quand M. et Mme de Mornay eurent à lutter, non plus contre les entraînements de la bonne fortune, mais contre les tristesses et les ennuis de la mauvaise, le bonheur domestique survécut tout entier pour eux à la perte du succès politique. Jamais l'intimité ne fut plus grande entre les deux époux, jamais ils ne se témoignèrent un dévouement plus tendre et plus assidu que lorsqu'ils n'eurent plus qu'à s'entr'aider pour porter ensemble le fardeau de leur cause en décadence et de leur ménage en défaveur. Quand Mme de Mornay mourut, le bonheur domestique disparut à son tour; la solitude se fit pour M. de Mornay dans sa maison comme dans sa patrie. La vertu seule survécut au bonheur. »

MARGARET MORE

A côté de ce bel exemple des vertus conjugales et maternelles de la Française protestante, je me plais à placer le souvenir d'une catholique anglaise, Margaret Roper, la fille du grand chancelier honnête et fidèle du roi Henri VIII, sir Thomas More, ou Morus, comme son nom est resté connu sur le continent.

Sir Thomas More avait été marié deux fois, et sa seconde femme n'était pas à la hauteur du caractère, non plus que de l'esprit de son mari. Il avait conservé quatre enfants de sa première femme, et la favorite parmi tous était sa fille aînée, Margaret, instruite,

LA FAMILLE MORUS, D'APRÈS HOLBEIN.

spirituelle, charmante et passionnément dévouée à son père. Elle avait passé auprès de lui la plus heureuse enfance. Quelque occupé qu'il fût par les devoirs de sa charge, comme par les exigences de l'intimité royale, sir Thomas More consacrait à sa famille beaucoup de temps et de soins. Fils dévoué de son vieux père, sir John More, il ne manquait jamais de s'agenouiller devant lui pour lui demander sa bénédiction avant d'aller prendre sa place au tribunal. Le charme de son esprit et de sa conversation, la gaieté de son caractère rendaient la maison qu'il occupait à Chelsea, alors un faubourg de Londres, le séjour d'un bonheur domestique, paisible et séduisant qui inspirait de l'envie au cœur un peu sec d'Érasme lui-même. Henri VIII, jeune, aimable et d'un esprit presque aussi cultivé que celui de son ministre, prenait alors plaisir à se promener dans le beau jardin rempli de fleurs de sir Thomas, quittant la barque royale sur laquelle il était arrivé au point de débarquement pour causer longuement de théologie ou d'astronomie avec sir Thomas; le tigre n'avait pas encore montré ses griffes. Henri VIII était alors occupé à réfuter les erreurs de la Réforme dans un ouvrage intitulé : *Défense des sept sacrements contre Martin Luther* qui lui valut les remerciements du pape et le titre de *défenseur de la foi*.

Les filles de sir Thomas More étaient déjà mariées; Margaret avait épousé un jeune légiste, William Roper, presque aussi avant qu'elle dans le cœur paternel, lorsque les temps difficiles succédèrent à la prospérité aimable et joyeuse qui entourait le nouveau chancelier d'Angleterre. Sir Thomas More avait accepté à regret la charge que Wolsey, disgracié et mourant, avait laissé tomber à regret de ses épaules, car il sentait déjà que le même sort pouvait l'atteindre. Le roi Henri VIII avait distingué à la cour une jeune demoiselle d'honneur, belle et charmante. Anne Boleyn avait été en grande partie élevée à la cour de France, où elle avait accompagné Marie d'Angleterre lorsque celle-ci avait été mariée au roi Louis XII déjà vieux et cassé; elle avait rapporté de cette cour, la plus élégante de l'Europe, une bonne grâce spirituelle qui contrastait avec la raideur espagnole de la reine Catherine d'Aragon, excellente et vertueuse personne, douce et pieuse, mais dont la vie monotone et réglée lassait le goût frivole et l'entrain robuste du roi son mari, plus jeune qu'elle de quelques années. Il imagina de prétendre que son mariage avec elle, qui datait déjà de dix-sept années, lui causait de grands scrupules de conscience, la princesse d'Aragon ayant été fiancée, avant lui, à son frère, le prince Arthur, mort dans sa première jeunesse; le *Traité du divorce* était déjà composé par le savant monarque, qui s'était épuisé à chercher des citations dans saint Thomas d'Aquin pour justifier son projet coupable. Wolsey n'était pas favorable à lady Anne et sa répugnance avait causé sa disgrâce. Le traité du roi fut remis à sir Thomas More; ce fut le commencement de la sienne.

L'affaire avait été envoyée en cour de Rome et le pape tardait à rendre la sentence, car il avait besoin de l'argent de l'Angleterre pour payer l'armée qu'il opposait aux Impériaux, et il renvoya l'enquête aux évêques anglais assistés par deux légats. Le divorce n'était pas prononcé et la question restait pendante entre la volonté du roi et le droit incontestable de la malheureuse reine persécutée; mais le parti pris d'Henri VIII de satisfaire à tout risque sa passion devenait chaque jour plus évident. Sir Thomas More ne pouvait plus servir avec honneur un monarque qui exigeait de lui le sacrifice de sa conscience; il remit sa démission de la charge de chancelier, se donnant le plaisir de rentrer dans sa paisible demeure, à la grande joie de tous les siens qui le voyaient harassé et troublé par des désirs contradictoires. Il annonça lui-même sa retraite à sa femme avec sa bonne grâce accoutumée. Mistress More s'attardait quelquefois à l'église après le départ de son époux et c'était l'usage de ses serviteurs de se présenter à sa place pour lui dire à l'oreille : « Madame, mylord est parti. » Le jour où il donna sa démission, il vint lui-même à côté d'elle après l'avoir laissée l'attendre quelques instants, et il lui dit en souriant : « Madame, mylord est parti. » Puis il lui expliqua le sens de ses paroles, que Margaret Roper avait comprises sur-le-champ; mistress Alice More n'avait pas l'esprit aussi prompt ni aussi fin que les enfants de son mari.

Depuis six ans, Henri VIII travaillait à dénouer les nœuds de

HENRI VIII.

son union avec Catherine d'Aragon et il les avait trouvés trop serrés pour les détacher honnêtement ; il les trancha de son autorité propre ; le 25 janvier 1533 il épousa secrètement Anne Boleyn dans une petite chapelle du palais de Whitehall, et le 23 mai le mariage du roi avec Catherine d'Aragon, veuve du

ANNE DE BOLEYN.

prince Arthur, fut déclaré nul et non avenu ; la reine ne parut pas au prononcé de la sentence. Le couronnement de la reine Anne eut lieu quelques jours plus tard.

Un présent avait été offert à sir Thomas More pour se pourvoir d'habits de fête à l'occasion du sacre ; il ne répondit pas sur l'heure, mais il n'assista pas à un acte qu'il regardait comme une profanation criminelle. Dès lors sa perte était résolue et il n'ignorait pas la portée de sa conduite; il avait offensé mortellement le roi et la reine. Sa carrière ne devait plus être qu'un combat prolongé entre la justice de sa cause et la rancune féminine qui le poursuivait. Il fut d'abord accusé d'avoir vendu la justice et de s'être laissé corrompre par des présents de prix. L'usage était alors général d'offrir quelques dons au juge chargé de présider le tribunal; mais sir Thomas n'avait jamais accepté que des bagatelles sans valeur, rendant l'argent dont on avait garni une paire de gants d'Espagne ou une bonbonnière d'argent doré. L'accusation n'étant pas suffisante, il fut appelé devant le conseil du roi pour répondre de ses relations avec une prophétesse à moitié folle, qui s'emportait ouvertement en imprécations contre le roi et qu'on appelait dans le peuple la Nonne de Kent. Il fut interrogé par le roi lui-même, car Henri VIII méditait alors sa rupture avec la cour de Rome dont il n'avait décidément pas réussi à obtenir la déclaration de divorce, et il voulait s'assurer l'appui de son ancien chancelier. L'opinion de sir Thomas More avait du poids en Angleterre : bien des gens se laisseraient guider par son avis, s'il approuvait le refus d'obédience. Mais sir Thomas More était un bon catholique, attaché à l'Église dans laquelle il avait voulu entrer comme religieux franciscain ou chartreux; il ne dissimula point au roi sa répugnance pour ses projets séparatistes, bien qu'il aimât véritablement Henri VIII et fût toujours tenté de chercher à lui plaire. William Roper l'attendait au sortir du conseil pour le ramener en bateau à Chelsea; il le trouva de si belle humeur, plus gai et plus causant encore que de coutume, qu'il se persuada que sir Thomas était rassuré sur les conséquences de sa résistance. « Tout va bien, monsieur, puisque vous êtes si joyeux? » demanda-t-il cependant.

« Tout va bien, mon fils, grâce à Dieu, » repartit l'ex-chancelier, qui avait dit un jour à ce même William Roper, comme celui-ci le félicitait de sa faveur auprès du roi : « Il m'aime bien; mais si ma tête pouvait lui valoir un seul château en France, elle ne serait pas longtemps sur mes épaules. » William Roper n'avait jamais oublié cet aveu. Il insista : « Votre nom est rayé du bill d'accusation? » demanda-t-il.

Sir Thomas se retourna, regardant en face le jeune homme assis à côté de lui. « Veux-tu savoir pourquoi je suis joyeux, mon fils Roper? dit-il. C'est parce que, par la grâce de Dieu, j'ai pu rejeter derrière moi les tentations du diable et aller si loin devant le conseil qu'il m'est impossible de retourner en arrière. » More aimait le roi et lui résistait avec peine, et il se sentait heureux de se sentir engagé jusqu'à la garde au service de sa conscience et de la cause qu'il croyait celle de Dieu ; mais il savait cependant que la vengeance royale ne tarderait pas à le surprendre, et comme sa fille le félicitait de l'abandon de la ridicule accusation portée contre lui : « Ce qui est différé n'est pas perdu, ma Meg chérie, » repartit-il en riant. Personne ne riait autour de lui.

Les derniers jours de la vie commune semblèrent cependant parés d'un charme tout particulier, tant les richesses de l'esprit et du cœur de sir Thomas More étaient prodiguées pour le plaisir et la consolation des siens ; ses paroles avaient revêtu un caractère presque prophétique. Il demandait un jour à mistress Roper ce qu'on disait de cette cour où il avait brillé lui-même avec tant d'éclat. « Au mieux, mon père, repartit-elle, on ne fait autre chose que danser et se divertir. — Et tu appelles cela au mieux? dit-il. Hélas ! Meg, j'ai grand' pitié de cette pauvre femme et de la misère qui l'atteindra bientôt. Elle danse et ses pas feront sauter nos têtes comme autant de balles à ses pieds, mais la sienne finira par danser sur le même air. »

Il s'attendait chaque jour à se voir sommé par un sergent d'armes, en sorte qu'il imagina d'en donner d'avance une représentation à sa famille pour diminuer l'effroi général à l'heure de la réalité. Tout le monde était à table un jour, lorsqu'on vint frapper à la porte, et le faux sergent avait déjà accompli toutes les formes légales de l'arrestation lorsqu'il expliqua sa lugubre plaisanterie à ceux qui mouraient de peur autour de lui. Le véritable sergent ne se fit pas longtemps attendre. Le 13 avril 1534, sir Thomas fut sommé de comparaître à Lambeth pour prêter au roi le serment de *suprématie* comme chef religieux et suprême de l'Église d'Angleterre. Il ne répondit pas comme de coutume par de gaies plaisanteries, mais, se glissant silencieusement dans l'église voisine de sa maison, il resta un moment absorbé dans sa prière ; puis refermant la porte du jardin sur ceux qui le suivaient, effrayés et inquiets, au lieu de se laisser accompagner jusqu'à la rivière par des baisers et de tendres adieux, il murmura tout bas à l'oreille de son gendre William Roper : « Je rends grâce à Notre Seigneur, la victoire est gagnée. »

Le sacrifice intérieur était accompli, et sir Thomas More avait dit adieu à sa douce vie de famille, à tous ceux qui lui étaient chers, à la maison qu'il avait bâtie et aux arbres qu'il avait plantés ; mais il devait encore soutenir de rudes combats et endurer pendant bien des mois la solitude amère de la prison. Il avait refusé le serment de suprématie religieuse, bien qu'il fût tout prêt à jurer certains articles qui auraient peut-être satisfait Henri VIII ; mais la haine d'Anne Boleyn n'était pas encore assouvie : le fidèle serviteur du roi fut envoyé à la Tour de Londres, après avoir passé quatre jours sous la garde de l'abbé de Westminster, moins héroïque que lui. L'évêque de Londres Fisher avait seul résisté comme sir Thomas. More avait d'autant plus de mérite à son courage, qu'il avait eu toute sa vie une grande horreur pour la douleur physique : « J'ai peur d'une chiquenaude, » avait-il coutume de dire ; la mort ne l'intimidait plus maintenant.

Mistress More était furieuse. Peu instruite et médiocrement préoccupée des questions de conscience, elle était une excellente ménagère et avait trouvé moyen de suffire aux besoins de sa maison malgré le revenu très minime que lui laissaient les démissions de son mari ; mais la captivité de celui-ci, acceptée volontairement par un scrupule qu'elle ne comprenait pas, lui paraissait insupportable. « Qu'est-ce à dire, lui demanda-t-elle la première fois qu'elle fut admise dans la prison de la Tour de Londres, que ce grand sage qui aime mieux habiter, qui s'entête à habiter en compagnie des rats, quand il pourrait vivre chez lui dans sa maison et dans son jardin avec sa femme et ses enfants dans la faveur du roi ? » Il écouta en silence, puis il répondit : « Dis-moi, bonne mistress Alice, cette maison des rats n'est-elle pas aussi près du ciel que la mienne? » Elle ne sut que répliquer, se bornant à son interjection favorite de mépris : « *Tilly vally! Tilly vally!* » Mais elle lui était, après tout, tendrement attachée, et lorsque la pauvreté croissante de la famille menaçait de le laisser sans aucune ressource dans sa prison, elle vendit sa garde-robe pièce par pièce pour fournir à ses besoins et pour lui apporter la nourriture que nécessitait une santé défaillante.

Thomas More avait été d'abord condamné à l'emprisonnement perpétuel et à la confiscation : on put croire un moment qu'il éviterait au roi Henri VIII la peine d'aller plus loin. La fièvre le dévorait lentement et il avait vieilli subitement dans sa prison de dix ans pour le moins, disaient ceux qui ne le voyaient pas habituellement. Sa fille Margaret était presque toujours admise auprès de lui, et ses lettres comme ses visites étaient la meilleure consolation terrestre qui lui fût accordée, car elle comprenait et partageait toutes ses convictions, par-dessus tout le sentiment que la mort était préférable à un faux serment. Le premier juillet 1335, plus d'un an après son arrestation, il fut sommé de paraître devant cette cour de Westminster à la tête de laquelle il avait si souvent été appelé à rendre la justice. Sa résistance prolongée et silencieuse lassait le roi et, comme il s'y attendait, il fut condamné à mort. Il avait dès longtemps préparé son apologie, sorte de plaidoyer destiné à répondre dans l'avenir à ceux qui pourraient blâmer sa conduite plutôt qu'à soutenir une cause qu'il savait perdue d'avance devant ses juges terrestres. Après le jugement, le condamné fut ramené à la Tour, le tranchant de la hache tourné de son côté. Sa fille l'attendait au point de débarquement; elle se jeta dans ses bras au travers des gardes et de la foule des assistants, en criant : « Mon père, ô mon père! » et elle l'embrassa sans pouvoir prononcer une autre parole. Il la bénit tendrement, couvrant de baisers son visage et ses cheveux. « Ce que j'ai à souffrir est par la volonté de Dieu, dit-il, contenez donc votre âme par la patience. »

Elle s'était à regret détachée de lui et avait fait quelques pas pour s'éloigner, lorsqu'elle se sentit incapable de renoncer à l'embrasser encore une fois et revint en courant pour se jeter de nouveau à son cou. Les gardes pleuraient et personne ne cherchait à interrompre ces derniers adieux, lorsqu'il la repoussa doucement lui-même et lui ordonna de se retirer.

Il ne la revit plus ; mais cinq jours après, la veille de son exécution, il lui écrivit avec un morceau de charbon sur un fragment de parchemin, lui recommandant de partager ses dernières paroles avec tous les membres de la famille et ajoutant spécialement pour elle ce tendre adieu paternel : « Je n'ai jamais plus joui de votre affection filiale que l'autre jour quand vous êtes revenue pour m'embrasser, car j'aime à sentir que la tendresse et la charité l'emportent sur la politesse mondaine. Je vous prie de ne pas manquer d'assister à mes funérailles. »

Le courage de sir Thomas ne lui fit pas un moment défaut et sa présence d'esprit était telle, que la gaieté naturelle de son caractère l'accompagna jusque sur l'échafaud. Il était perclus par l'humidité de la prison et il avait de la peine à marcher, bien qu'il n'eût pas encore cinquante-cinq ans. Il demanda au lieutenant de la Tour l'appui de son bras pour monter l'escalier funèbre. « Quand il s'agira de descendre, je m'en tirerai bien tout seul, » dit-il en souriant. Le bourreau avait porté la main sur sa barbe devenue blanche : « Laisse-moi la mettre de côté, et ne la frappe pas, dit-il à l'exécuteur, elle n'a pas offensé Son Altesse. »

La tête de More était tombée sur l'échafaud et son corps décapité avait été accordé aux prières de sa famille, qui l'avait solennellement couché au tombeau où il repose encore, dans la petite église de Chelsea. Mais le cœur de Margaret n'était pas tranquille ; elle passait et repassait sur le pont de Londres pour y contempler la tête de More, exposée comme celle d'un traître aux regards avides du public. Les traits étaient peu altérés. Mistress Roper se résolut à tenter un effort pour reprendre possession de cette relique chérie. On ne sait pas bien comment elle s'y prit pour s'en emparer ; on croit généralement qu'elle séduisit un des gardiens du pont, qui coupa les liens qui retenaient la tête, pendant que Margaret elle-même se trouvait dans une barque au-dessous de la perche chargée du funèbre trophée.

Lorsque les ennemis de sir Thomas furent instruits du vol

THOMAS MORE.

pieux qui avait été commis, personne n'hésita à l'attribuer à mistress Roper. Elle fut citée devant le conseil du roi et accusée d'avoir dérobé la tête de son père; elle ne nia pas ce qu'elle avait fait : « Cette tête est en ma possession, dit-elle, et elle repose sur mes genoux comme autrefois lorsque j'avais encore mon père. »

Quelque farouche que fût devenue l'humeur du roi et quelque lâche que fût la déférence de son conseil, personne n'osa condamner la fille pour cet hommage si courageusement rendu à une mémoire adorée. Elle fit embaumer la tête de son père, et lorsqu'elle mourut, neuf ans plus tard, elle ordonna qu'elle fût placée avec elle dans son cercueil. « Personne n'a jamais tenu dans le cœur de ma femme la place qu'y avait prise son père, » disait modestement William Roper en racontant la vie et la mort du père et de la fille. Margaret More était une Antigone chrétienne ; elle avait partagé les convictions de son père comme ses malheurs. Comme il le disait à Henri VIII lui-même, celui-ci avait toujours pensé « à Dieu et puis au roi ». Si Margaret Roper n'avait pas, elle aussi, pensé à Dieu avant de penser à son père, elle n'aurait pas pu remplir auprès de son père l'office de ferme et tendre consolatrice qu'elle eut l'honneur et le bonheur de conserver jusqu'au terme de sa course.

TEMPS TROUBLÉS

XVIIᵉ ET XVIIIᵉ SIÈCLES

C'est dans l'intention de distinguer particulièrement les époques révolutionnaires dans l'histoire de l'Europe que j'ai qualifié ce chapitre du titre de *Temps troublés;* car l'histoire tout entière est celle des temps troublés, et je dirai que l'histoire des femmes mêlée à celle des hommes est très particulièrement celle des agitations et des secousses subies par l'existence de ceux qu'elles aimaient. Ce sont ces secousses et ces catastrophes qui ont développé les qualités fortes de beaucoup d'âmes féminines, qui fussent restées simplement inconnues sans les malheurs et les aventures de leurs maris, de leurs pères ou de leurs enfants. La vie des femmes est si simple et si uniforme dans le cours ordinaire des événements, qu'elles n'ont ni la place ni l'occasion d'y déployer ces grandes qualités que les hommes peuvent presque toujours manifester dans le cours de leur existence, quelque modeste que soit la tâche à laquelle ils se soient consacrés.

L'héroïsme des femmes est silencieux et modeste; il se compose pour l'ordinaire de petits sacrifices inaperçus et continuels dont Dieu seul a le secret et que ne comptent pas celles qui les accomplissent. Vous êtes-vous jamais demandé ce que c'était que la vie d'une femme pauvre, délicate et chargée d'enfants, lorsqu'elle a le malheur d'avoir affaire à un mari brutal et paresseux? La vie des plus heureuses est dure dans la pauvreté, elle exige des efforts constants; mais si le mari est ivrogne et les enfants malades, c'est parfois un martyre plus cruel que celui des chrétiens dans l'arène qu'endure tous les jours la mère obligée de se priver de sommeil, souvent de nourriture, de travailler sans relâche au delà de ses forces pour soutenir, soigner, élever et protéger les êtres faibles dépendant de son amour et de ses soins. C'est là cette place dans l'histoire des hommes qui est essentiellement celle de la femme et que le monde ignorera toujours, à moins que la maison ne vienne à brûler, quelque enfant à tomber dans l'eau, une épidémie grave à éclater; alors l'héroïsme latent et secret éclate en même temps et se révèle aux yeux étonnés qui l'ont contemplé cent fois pliant sous le fardeau de l'existence journalière sans se douter de son admirable vertu.

« Le travail de l'homme est d'un soleil à l'autre; le travail d'une femme n'est jamais fini, » dit le proverbe anglais, et son courage doit être à la hauteur de son travail. C'est là ce que Dieu demande à toutes les femmes, qui n'ont pas besoin de se mettre en quête de droits et de devoirs qui ne sont pas les leurs; qu'elles cherchent à être toujours au niveau de leur tâche comme filles, comme sœurs, comme femmes et comme mères. A personne ne peut s'appliquer plus exactement qu'aux femmes l'injonction de l'Ecclésiaste : « Fais de toute ta force ce que ta main trouve à faire; » là est le secret de leur influence et de leur autorité comme de leur vertu.

C'est dans cet ordre d'idées et dans la pratique des vertus héroïquement modestes qui font l'apanage de leur sexe que nous chercherons les noms de celles qui ont fait de toute leur force ce qu'elles avaient à faire, dans des époques et à travers des circonstances qui rendaient ce devoir particulièrement difficile à accomplir. Nous les avons montrées et suivies de l'antiquité au moyen âge, dans la renaissance des lettres et de la religion, et nous les avons fréquemment rencontrées alors sur le trône ou dans les palais; nous entrons maintenant dans un temps où la situation de nos héroïnes devient habituellement plus modeste. En nous rapprochant davantage des temps modernes et de la publicité qui n'est plus réservée aux têtes couronnées ou aux marches des trônes, nous verrons le cercle de notre admiration s'étendre et les femmes que nous avons à nommer rentrer plus souvent dans la condition commune. Les malheurs et les héroïsmes royaux et princiers ne nous manqueront pas, mais ils ne seront plus les seuls : les femmes de l'histoire de la révolution d'Angleterre nous apparaîtront d'abord, inconnues en France pour la plupart et bonnes à connaître avec leur dévouement conjugal traditionnel, et la culture d'esprit qui accompagnait chez beaucoup d'entre elles une simplicité de mœurs et une énergie vitale qui n'étaient pas toujours le partage des femmes du même rang à cette époque en France ; la cour n'avait pas encore passé par là.

MISTRESS HUTCHINSON

Les premiers noms que nous rencontrons sont ceux de deux femmes dévouées à leurs maris avec passion, à travers les aventures les plus tragiques, les existences les plus agitées ; les servant avec une intelligence égale à leur dévouement dans les deux partis contraires. Sir Richard Fanshawe et sa femme étaient des serviteurs ardemment dévoués des Stuarts ; le colonel Hutchinson fut un régicide et vota la mort de Charles Ier. Lady Fanshawe et mistress Hutchinson ont toutes deux raconté elles-mêmes la vie de leurs maris, et par conséquent, sans le vouloir et presque sans le savoir, la leur propre. Comme madame du Plessis-Mornay, elles destinaient ce portrait du père aux enfants qui ne l'avaient pas bien connu, et la tendresse conjugale se joignait à la préoccupation maternelle. Comme pour madame du Plessis-Mornay aussi, comme nous le verrons bientôt pour lady Russell, mon père a retracé la vie de mistress Hutchinson et jugé son caractère avec une perfection à laquelle je n'essayerai pas de rien ajouter ; je demande donc la permission de citer, en abrégeant simplement le portrait. Mistress Hutchinson était la fille de sir Allen Apsley, lieutenant du roi à la Tour de Londres, et elle naquit, le 29 janvier 1630, dans ce sombre asile de tant de douleurs connues ou ignorées. Elle était belle dès sa première jeunesse et d'une intelligence qui paraissait fort extraordinaire à ses parents, qui ne négligèrent aucun effort pour lui donner une éducation soignée, « qui me rendit de fort bonne heure un objet d'admiration pour ceux qui voulaient flatter la tendresse paternelle, écrit-elle dans ses *Mémoires*. Je me souviens que, vers l'âge de sept ans, j'ai eu pendant quelque temps huit maîtres à la fois, maîtres de langues, de musique, de danse, d'écriture, d'ouvrages à l'aiguille. J'aimais mieux un livre que tout cela et je me cachais partout où je pouvais trouver moyen de lire à mon aise. Mon père et ma mère recevaient aussi beaucoup de gens distingués par leur esprit; j'étais attentive à tout ce qu'on disait; j'en retenais assez de choses, et je les répétais ensuite, à la grande satisfaction de ceux qui voulaient bien prendre pour de l'esprit ma mémoire et ma faculté d'imitation. Dieu me fit la grâce qu'à l'aide des bonnes instructions de ma mère et du soin qu'elle mit à me conduire régulièrement au sermon, je ne tardai pas à me persuader que la connaissance de sa divine loi était la plus utile de toutes les études; je m'y adonnai donc avec application et je m'efforçai de mettre en pratique ce qui m'était enseigné. J'étais cependant encore bien loin de savoir tout ce qu'il peut y avoir de légèreté et de folie, même dans une conversation qui n'est pas gravement répréhensible. Aussi devins-je bientôt la confidente de toutes les jeunes femmes au service de ma mère, et il n'y en avait aucune qui n'eût plusieurs amoureux et quelquefois parmi eux un ami particulier. »

Pendant que Lucy Apsley grandissait ainsi, préoccupée d'études savantes, d'exercices pieux et de sentiments romanesques, un jeune gentilhomme, John Hutchinson, né quatre ans avant elle, à Owthorp, dans le comté de Nottingham, se développait aussi, inconnu de Lucy et de ses parents, mais adonné aux mêmes idées, aux mêmes habitudes, aux mêmes goûts. Mistress Hutchinson dépeint sa charmante figure empreinte de tant de dignité et de douceur, qu'elle commandait l'amour et inspirait le respect à tous ceux qui la voyaient. Suit le portrait moral de John Hutchinson, de ses belles dispositions naturelles, de ses vertus acquises, de son caractère, de sa piété, de tous ses mérites religieux, mondains, politiques, domestiques, etc. Au terme de ce long épanchement d'amour, d'admiration et de respect, on trouve écrit de la main de mistress Hutchinson : « Tout ce que je viens de dire est vrai, et j'y pourrais ajouter encore d'autres choses; mais je suis mécontente du tableau que j'ai tracé et j'en veux essayer un autre. » Elle recommença en effet, mais ce fut en définitive le premier jet de ses mémoires qui fut publié.

Ces deux êtres charmants et rares devaient se plaire et s'aimer dès qu'ils se rencontreraient ; ils se le témoignèrent en effet bientôt, dit M. Guizot, avec ce mélange de franchise et de timidité qui caractérise les sentiments de la jeunesse sérieuse, vertueuse et passionnée. Divers obstacles se mirent quelque temps à la traverse de leur bonheur, des hésitations de famille, des jeunes gens jaloux, des jeunes filles envieuses; miss Apsley fut atteinte de la petite vérole, et l'on put craindre d'abord pour sa vie, puis pour sa beauté. Elle se rétablit et resta belle. La constance de M. Hutchinson surmonta tous les obstacles. « Je ne m'arrêterai pas à raconter notre histoire amoureuse, dit mistress Hutchinson, qui toutefois, si j'en voulais prendre la peine, présenterait le tableau d'un amour plus beau et plus vrai que ceux qu'on rencontre dans les meilleurs romans. Mais ces choses-là doivent rester dans l'ombre comme des vanités du jeune âge, et ne méritent pas de prendre place à côté des événements plus grands qui ont rempli la vie de celui que j'aime. »

Heureusement mistress Hutchinson n'a pas ressenti, en commençant à écrire ses *Mémoires*, cet accès de rigidité puritaine pour les tendres souvenirs de sa jeunesse; son premier mouvement a été de se laisser aller à les raconter avec une sincérité grave et touchante, quoique mêlée d'un peu de complaisance vaniteuse, et son récit des grands événements auxquels son mari se trouve mêlé demeure bien plutôt une biographie qu'une histoire. C'est là son mérite et son intérêt particulier. La plupart des mémoires relatifs à la révolution d'Angleterre ont ce caractère que le narrateur y parle peu de lui-même et de ce qui n'a intéressé que lui. Royalistes, parlementaires ou républicains, tous semblent s'oublier et ne s'occupent que des destinées générales de leur cause; c'est l'histoire de leur temps, non leur propre histoire qu'ils racontent. Chacun décrit et juge les faits selon les opinions et les passions de son parti; mais ils ne s'écartent presque jamais pour entrer dans des détails étrangers au récit des grands événements. Dans les *Mémoires* de mistress Hutchinson, au contraire, l'histoire publique tient peu de place : c'est du colonel Hutchinson lui-même, de sa situation, de ses actions, des incidents et des épreuves de sa vie que sa femme a voulu conserver le souvenir. Le rôle de John Hutchinson n'avait point été considérable; le jugement de Charles Ier était le seul acte important auquel il eût pris part, et cependant il avait beaucoup agi; autour de lui, dans son comté, dans les murs de la ville de Nottingham dont il était le gouverneur, s'étaient déployées toutes les passions, avaient retenti toutes les vicissitudes de la lutte qui bouleversait l'Angleterre. Les mêmes causes qui, à Londres et dans la sphère du parlement, produisaient les événements historiques, amenaient à Nottingham les événements municipaux, ou même simplement domestiques, qui excitaient des émotions aussi vives et imposaient aux hommes revêtus de l'autorité autant et d'aussi rudes efforts qu'en pouvaient subir, dans l'enceinte de Westminster, les chefs de la nation. Ce sont là les scènes que retrace mistress Hutchinson, scènes vivantes, qui sont une part essentielle de l'histoire, bien que l'histoire n'en dise à peu près rien. Hampden, Pym, Strafford, Fairfax, Ireton, Cromwell lui-même, n'apparaissent dans les *Mémoires* de mistress Hutchinson que de temps en temps et dans le lointain; vingt autres personnages de Nottingham même occupent le devant de la scène, tous aussi actifs qu'obscurs, et qui ont réellement fait et dirigé, dans leur district ou dans leur ville, la révolution dont l'histoire, quelques années après, ne gardait pas même la trace de leurs noms. Mistress Hutchinson a passé sa vie au milieu de ces révolutionnaires inconnus, elle décrit leurs rivalités, leurs intrigues, leurs caractères, les efforts des partis et des fractions de parti pour se vaincre, se supplanter et se nuire. On pénètre avec elle jusque dans l'intérieur des familles. Et en même temps qu'elle fait revivre ces personnages, vraies images de ce temps, quoique vouées à l'oubli, elle a le mérite très rare que ni les intérêts de sa cause, ni ses propres passions ne l'aveuglent ni sur les vices ni sur les ridicules des petits héros ou des indignes serviteurs de son parti. Elle partage, quant aux événements généraux, les préjugés et les ignorances passionnées du fanatisme puritain et républicain de son époque; mais dès qu'elle parle de ce qu'elle a réellement vu, de ce qui s'est passé près d'elle, l'indépendance et la droiture d'esprit ne lui manquent presque jamais, et elle attaque et flétrit sans hésiter ce qui a excité sa vertueuse réprobation. Elle dépeint les mesquines ou honteuses pratiques des révolutionnaires de bas étage, et en face de ces misères de la nature humaine, prises sur le vif et comme en flagrant délit, il est impossible de ne pas ressentir un vif intérêt, je dirais volontiers une sorte d'affection, pour le colonel Hutchinson et sa femme, pour ce ménage si pieux, si noble, si grave, si tendre, où les sentiments domestiques les plus profonds s'allient aux sentiments patriotiques les plus sincères, où la rigidité puritaine n'exclut ni l'exaltation passionnée de l'amour d'une femme pour son mari, ni l'élégante générosité de mœurs d'un gentilhomme qui se dévoue à la cause populaire sans ressentir la haine, l'avidité, la soif de la vengeance, ni aucune des passions de la multitude, passions brutales et hideuses, même dans les intervalles courts et rares où la multitude a raison. En 1646, le colonel Hutchinson, sans quitter tout à fait Nottingham, se vit transporté sur un plus grand théâtre; il fut élu membre de la Chambre des communes et passa dès lors à Londres une partie de l'année. Il trouva là les mêmes passions égoïstes, les mêmes intrigues sourdes, les mêmes misères morales qu'il avait déplorées et combattues dans son comté. Ni lui ni sa femme ne se laissèrent corrompre à Londres, pas plus qu'à Nottingham. Ils avaient le cœur trop fier et des mœurs trop naturellement élevées pour tomber jamais dans les petitesses des parvenus de leur parti, mais ils en partageaient les passions et l'aveuglement politique, et ils en subirent les tristes destinées. Le colonel Hutchinson siégea parmi les juges de Charles Ier et signa l'arrêt de sa condamnation. Grande iniquité morale et détestable politique, dont la république et son parti portèrent justement la peine.

Persévérant jusqu'au bout dans l'application de ses principes, le colonel Hutchinson était cependant un modéré, et il avait constamment cherché à résister aux prétentions insensées du Long Parlement et de ses chefs. Lorsque la restauration ramena sur le trône le roi Charles II, il recueillit quelque temps les fruits de sa courageuse modération. Plusieurs royalistes considérables s'employèrent vivement pour le mettre à l'abri des mesures prises contre les régicides; sa femme déploya pour le servir dans cette occasion une présence d'esprit et une énergie admirables.

Il put se retirer dans sa terre d'Owthorp et y vivre en paix pendant trois ans, exclusivement livré à ses affections et au soin de ses intérêts domestiques. Mais les révolutions ont des retours impitoyables; bientôt les vices de la Restauration éclatèrent; les haines de parti et de cour se rallumèrent, des conspirations populaires s'ourdirent. Malgré les efforts de ses amis pour l'y attirer, et de ses ennemis pour l'y compromettre, Hutchinson y demeura constamment étranger, mais il ne dissimulait point ses sentiments ni ses espérances. D'abord surveillé, puis tracassé à diverses reprises, il fut enlevé le 1er octobre 1663 de sa maison d'Owthorp et arbitrairement enfermé à la Tour de Londres, là même où sa femme était née, ensuite dans le petit château fort de Sanddown, sur le bord de la mer, dans le comté de Kent. Sa femme demanda, mais en vain, à s'y enfermer avec lui; elle vint alors avec sa fille et son fils s'établir dans la petite ville voisine de Deal; de là ils allaient tous les jours à pied voir le colonel et rentraient le soir dans la ville. Dix mois s'écoulèrent ainsi, dans cette solitude, aggravée par l'humidité du lieu, la rigueur de l'hiver, l'avidité du commandant et la société forcée d'un autre prisonnier soupçonné d'être un espion. Hutchinson était serein, habituellement occupé de lectures pieuses, soutenant affectueusement le courage de mistress Hutchinson inquiète pour la santé de son mari et donnant à son fils Thomas, en se promenant avec lui au bord de la mer, ses derniers et tendres conseils. L'hiver approchait, la santé du colonel s'altérait de plus en plus. Mistress Hutchinson fut obligée d'aller à Owthorp pour des affaires de ménage. Elle hésitait à faire ce voyage; de tristes pressentiments l'assiégeaient; le colonel, au contraire, se montrait plein d'espérance et presque de gaieté. Il donna à sa femme par écrit des instructions pour les plantations à Owthorp et pour l'arrangement des jardins. « Vous me donnez ces ordres, dit-elle, comme si vous deviez revoir Owthorp. — Si je ne dois pas le revoir, répondit-il, je rends grâce à Dieu de pouvoir y renoncer avec joie; mais je ne veux pas désespérer que Dieu me permette d'y retourner, et j'en veux prendre soin tant que je le possède. »

Mistress Hutchinson partit; le colonel resta avec sa fille et son frère Georges Hutchinson. Peu de jours après, son mal s'aggrava rapidement, la mort devint imminente. Son médecin, homme pieux comme lui, lui demanda si sa paix était faite avec Dieu. « Que la volonté de Dieu soit faite! dit le colonel, je suis tout prêt; j'espère, monsieur, que vous ne me jugez pas si mauvais chrétien que de croire que j'eusse attendu jusqu'à ce jour, étant depuis si longtemps en prison. Je désire reposer à Owthorp, ajouta-t-il. J'aurais désiré parler à ma femme et à mon fils, mais ce n'est pas la volonté de Dieu; vous leur ferez mes adieux, mes tendres adieux, et que ma femme, qui est supérieure aux autres femmes, se montre en cette occasion bonne chrétienne et au-dessus des femmes ordinaires. » Vers le soir, il ne parlait plus, un des assistants prononça auprès de lui le nom de mistress Hutchinson en disant : « Hélas! comme elle sera atterrée! » Le colonel fit un mouvement, poussa un soupir et mourut.

Mistress Hutchinson ne fut pas atterrée : c'était une âme aussi forte que passionnée et soutenue par cette foi profonde qui change l'espérance en certitude, et réduit les déchirements de la mort aux privations de l'absence. Assurée de retrouver un jour la société de son bien-aimé mari, elle ne se préoccupa plus que de le donner en exemple à ses enfants, et de perpétuer sa mémoire.

C'était la même tendresse et le sentiment du même devoir qui avait inspiré quelques années plus tôt à madame du Plessis-Mornay le désir d'écrire pour son fils le récit de la vie de son père qui devait survivre au fils et à la mère. Les rapports étaient grands entre les deux ménages de M. et madame de Mornay, et du colonel et mistress Hutchinson. La vertu austère et le fond des principes religieux étaient les mêmes, comme le courage commun et les affections tendres ; mais M. et madame de Mornay n'étaient pas seulement vertueux et pieux, ils étaient modestes, vertu inconnue des révolutionnaires ; c'est là entre eux et le colonel Hutchinson et sa femme la vraie et capitale différence. Les révolutions sont faites par des présomptueux et font des présomptueux. Les révolutionnaires, même les meilleurs, ont en eux-mêmes, en ce qu'ils pensent et ce qu'ils veulent une confiance vaniteuse qui les pousse, tête baissée, dans les voies où ils se sont une fois engagés, et ferme leurs yeux à tout ce qui pourrait les y arrêter ou les en détourner. La modestie est une grande lumière, elle laisse l'esprit toujours ouvert et le cœur toujours docile à la vérité. M. et madame du Plessis-Mornay, chrétiens et étrangers à tout acte comme à tout sentiment révolutionnaire, eurent cette précieuse sauvegarde du talent et de la vertu. Elle manqua au colonel Hutchinson et à sa femme, révolutionnaires quoique chrétiens. De là leurs aveuglements, leurs entraînements et leurs malheurs, dignes de sympathie, mais naturels, et, je le dis avec tristesse, mérités. Le monde, et, s'il est permis de pressentir la justice suprême, Dieu lui-même, est sévère pour les gens de bien ; ils n'ont nul droit de s'en plaindre, c'est leur grand honneur.

LADY FANSHAWE.

J'ai dit que l'histoire des femmes était si intimement liée à la vie de ceux qu'elles aimaient, qu'on se trouvait raconter la vie des maris, des pères ou des fils, en touchant seulement à celle des femmes. Dans aucune vie féminine peut-être ne trouve-t-on cette empreinte unique d'une seule image et d'une pensée dominante plus puissamment tracée que dans la vie de lady Fanshawe. A travers les temps révolutionnaires et les satisfactions de la Restauration, lady Fanshawe ne voit et n'entend que ce qui se rapporte à son mari. Sir Richard est tout son horizon comme l'unique objet de ses affections; elle n'a pas, comme mistress Hutchinson, la prétention de s'élever à des considérations générales, ou à des réflexions philosophiques : elle raconte à son fils ce qu'était son père et ce qu'il avait fait, n'ayant jamais eu avec lui, grâces en soient rendues à Dieu, qu'un cœur et qu'une âme. « Nous étions si tendrement et étroitement unis, que notre but et nos desseins étaient toujours les mêmes, nos affections et nos aversions semblables. Nous n'avions pas besoin de nous parler pour exprimer nos sentiments, un regard nous suffisait. Tout ce que j'ai connu de véritable bonheur, Dieu me l'a accordé par son entremise; mais, outre que les paroles me manqueraient, je ne saurais louer celui qui était vraiment la meilleure moitié de moi-même sans paraître faire également mon éloge. Je vous demande donc seulement, mon cher enfant, d'imiter sa patience, sa prudence, sa pureté, sa charité, sa générosité, sa parfaite résignation à la volonté de Dieu, afin que vous puissiez remercier Dieu, votre vie durant, de vous avoir donné un tel père et vivre éternellement avec lui dans le royaume des cieux. Amen! »

Lady Fanshawe était la fille de M. Harrison, gentilhomme sans fortune qui occupait une petite place dans les douanes. Il était passionnément attaché à la cause royale et rejoignit le roi Charles Ier à Oxford lorsque ce monarque y établit sa résidence. Le Parlement mit le séquestre sur la petite propriété qu'il avait laborieusement acquise, en sorte que la pauvreté était grande dans l'étroit ménage que gouvernait la jeune Anne. Sa mère était morte avant le commencement des troubles. Son frère, William Harrison, était mourant des suites d'une blessure qu'il avait reçue dans une escarmouche contre le comte d'Essex, alors général des forces parlementaires, et il succomba peu après, quelques jours avant le moment où Anne Harrison épousait Richard Fanshawe son cousin, avec lequel elle s'était liée à Oxford même, où il servait le roi dans le département des affaires étrangères. Le prince de Galles venait de l'attacher à sa maison au moment de son mariage; mais les honoraires et les avantages de cette situation étaient encore dans les nuages de l'avenir, et la fortune de miss Harrison paraissait aussi problématique; ils n'avaient entre eux deux au moment de leur mariage qu'une somme de cinq cents francs, « de quoi acheter du papier, des plumes et de l'encre pour M. le secrétaire, » dit lady Fanshawe elle-même, en ajoutant : « Je vous assure que cela ne nous empêcha pas de vivre plus heureux que bien des gens avec cinquante mille livres de rente, tant que votre père fut en liberté. » Le premier enfant du jeune couple venait à peine de naître, lorsque le service du prince obligea M. Fanshawe de l'accompagner à Bristol, laissant derrière lui sa femme, qui n'était pas encore remise; elle n'avait pas vingt ans et versa bien des larmes en se séparant de son mari, d'autant mieux qu'il la laissait sans argent et par conséquent dans l'impossibilité de venir le rejoindre lorsque sa santé le lui permettrait. « Il me consolait de son mieux par ses lettres à chaque occasion, écrit-elle, me recommandant de reprendre force et courage et de jouir de la société de mon père et de ma sœur qui étaient tous les deux avec moi, en attendant qu'il m'envoyât de l'argent, ce qu'il ferait dès qu'il aurait reçu quelque chose.

« Au mois de mai 1645, la première fois que je sortis de ma chambre pour aller à l'église, je vis entrer chez moi, après le service, un brave gentilhomme, sir William Packhurst, qui m'apportait une lettre de votre père et cinquante pièces d'or. J'ouvris d'abord la lettre et je fus sur le point de me trouver mal de joie en lisant que je devais aller le rejoindre le jeudi suivant et qu'il m'envoyait l'argent pour mon voyage, auquel il pourvoyait du reste, expédiant aussi à ma rencontre deux de ses gens avec des chevaux, pour mon père, pour ma sœur et pour moi; deux dames de ses amies devaient venir au-devant de moi. L'argent arrivait à une personne prête à périr d'inanition, mais cette satisfaction ne me ranimait pas autant que l'espoir de le revoir. Je sortis aussitôt dans le jardin, trop faible encore pour marcher, je m'assis auprès de mon bon père pour lui raconter ma joie, qu'il partagea tendrement avec moi; nous devions voyager toute la nuit et je faisais encore mes plans avec mon père, lorsqu'il me demanda si je voulais assister au départ des soldats. Comme on tirait une salve en notre honneur, un mousquet se trouva chargé de deux balles, qui passèrent à un pouce au-dessus de ma tête frappant le tronc de l'arbre contre lequel j'étais appuyée; je rendis grâce à Dieu de m'avoir préservée. »

Arrivée à Bristol, dans un bon appartement soigneusement choisi par M. Fanshawe, dont la fortune était en train de s'améliorer, il apporta à sa femme une centaine de pièces d'or, qu'il versa sur ses genoux en disant : « Toi qui gardes si bien mon cœur, je sais que tu garderas aussi bien ma fortune, que je remettrai toujours entre tes mains à mesure que Dieu l'accroîtra. » « Je me crus alors une véritable reine, aussi glorieusement couronnée par l'amour et le nom de mon mari, que si j'eusse été née princesse, car je connaissais toute sa sagesse et sa bonté comme l'affection qu'il avait pour moi. Je vous en raconterai une preuve. Lady Rivers avait perdu beaucoup pour le service du roi, elle était ma parente et elle causait un jour avec moi de l'état des affaires, me disant qu'il y avait des femmes assez heureuses pour être au courant de tout, et elle me cita plusieurs noms, en ajoutant qu'au début aucune d'elles n'était plus en état que moi de les suivre, et elle dit encore qu'elle savait qu'il était arrivé un courrier dans la nuit, apportant de Paris des nouvelles de la reine, ce dont elle serait bien aise d'être informée, afin de savoir ce que la reine recommandait au roi sur ses affaires. Si je demandais à mon mari en particulier ce que contenaient ces lettres, je pourrais l'en informer, car il ne refuserait assurément pas de m'en instruire. J'étais jeune et innocente et je ne m'étais jamais occupée des affaires; je commençai donc à penser qu'il pourrait m'être utile de m'informer de la politique et que mon mari m'en aimerait peut-être mieux. Aussi, lorsqu'il rentra du conseil, je n'eus rien de plus pressé que de le suivre dans son cabinet; il se retourna en me demandant tendrement : « Que cherches-tu, ma vie? » Je dis que le prince avait reçu un courrier de la reine (il tenait précisément les lettres à la main), et que je voudrais bien savoir ce qu'il y avait dedans. Il me répondit en souriant : « Ma chère, je viendrai te rejoindre tout à l'heure; laisse-moi, je te prie, car je suis très occupé. » Comme il sortait de son cabinet, je renouvelai ma prière, mais il m'embrassa en parlant d'autre chose. A souper, je ne mangeais pas; il était assis à côté de moi, et buvait à ma santé comme de coutume, causant avec une grande animation, car nous avions du monde. En nous couchant, je repris le même sujet, disant que je ne pourrais plus croire à son amour, s'il refusait de répondre à mes questions. Cette fois encore, il me ferma la bouche par des baisers. Je pleurais en me couchant et le lendemain matin, comme il commençait à me parler en s'habillant, je ne répondis pas; il s'avança à côté du lit, m'embrassa tendrement et referma les rideaux avant de partir pour la cour. Lorsqu'il revint pour le dîner et me donna la main, je dis : « Décidément, tu ne t'inquiètes guère de m'avoir contrariée! » Mais alors, me prenant dans ses bras, il me dit : « Ma chère vie, rien au contraire ne peut me faire plus de peine; mais lorsque tu m'as fait des questions sur les affaires, je n'étais pas libre de te répondre et de te satisfaire; ma vie et ma fortune sont à toi, comme toutes les pensées de mon cœur, dans une indicible confiance, mais mon honneur m'appartient, et je n'y satisferais pas si je te révélais les affaires du prince; ainsi je te conjure de te contenter de cette réponse. » Il me témoignait tant de raison et de bonté, et je me sentais si misérable et si sotte, que de ce jour jusqu'à celui de sa mort je ne lui demandai jamais rien que ce qu'il jugeait à propos de me communiquer sur ses affaires. »

La peste était à Bristol et mistress Fanshawe quitta la ville pour s'établir bientôt à Truro. Ce fut là qu'on attaqua sa maison, une nuit, afin de voler des joyaux du prince, qu'on croyait confiés à sa garde. « Mais grâce à Dieu, dit-elle, je défendis la maison avec le petit nombre de domestiques dont je disposais, assez longtemps pour donner aux gens de la ville le temps de venir à mon secours.

Le lendemain, mon mari fit mettre une garde à notre porte. » Son père s'était remarié et l'avait quittée, s'embarquant pour la France avec sa femme ; les affaires du roi devenaient de plus en plus mauvaises, le prince de Galles se réfugia dans les îles Sorlingues et son secrétaire l'y suivit. Le ménage de mistress Fanshawe n'avait emporté que deux malles, abandonnant le mobilier, qui fut perdu. L'équipage du navire se révolta, les malles furent forcées, en grande partie pillées, en sorte que le mari et la femme étaient presque sans ressources lorsqu'ils se trouvèrent dans une misérable demeure, composée de deux petites chambres et de deux mansardes, sans autre accès qu'une échelle, à côté d'une grande provision de poisson fumé. La mer était si proche, qu'un matin, en se réveillant gelée et trempée, mistress Fanshawe s'aperçut que la marée de printemps avait inondé la petite maison et que son lit flottait presque sur l'eau salée. Le prince avait résolu de se rendre à Jersey, à la grande joie de ses serviteurs, car mistress Fanshawe attendait un enfant, qui naquit dans une maison hospitalière, où sa mère fut obligée de le laisser lorsqu'elle partit pour Caen avec son mari. Elle se rendait ensuite en Angleterre, afin de rassembler un peu d'argent et d'obtenir pour son mari l'autorisation de rentrer dans sa patrie, le prince ayant été rejoindre la reine sa mère à Paris. M. Fanshawe revint donc à Londres, d'où il allait souvent voir le roi, alors retenu en captivité à Hampton-Court. Sa femme l'y accompagna un jour ; elle ne put s'empêcher de pleurer en regardant Charles Ier et elle dit tout haut qu'elle priait Dieu d'accorder à Sa Majesté de longues et heureuses années. Le roi passa doucement la main sur sa joue : « Il en sera ainsi s'il plaît à Dieu, mon enfant ; mais vous et moi n'avons autre chose à faire qu'à nous soumettre à sa volonté, et vous savez en quelles mains je suis. » Puis se tournant vers M. Fanshawe : « Ne manquez pas, Dick, de répéter à mon fils tout ce que je vous ai dit et de remettre ces lettres à ma femme ; que Dieu la bénisse ! » Puis serrant M. Fanshawe dans ses bras : « Tu as toujours été un honnête homme, dit-il, et je demande à Dieu de te bénir, afin que tu puisses heureusement servir mon fils, auquel j'ai recommandé dans cette lettre de te conserver son affection et sa confiance. Je vous promets que, si jamais je retrouve mon pouvoir, vous serez grandement récompensé de tout ce que vous avez souffert pour moi. »

C'était le dernier adieu des fidèles serviteurs au maître qu'ils ne devaient plus revoir. Ils attendaient à Portsmouth le navire sur lequel ils devaient s'embarquer pour passer en France, lorsque deux caravelles hollandaises qui passaient à portée de la côte se mirent à tirer sur eux. Mistress Fanshawe avait déjà pris sa course, mais son mari ne pressait pas le pas. « Autant vaut être tué en marchant qu'en courant, » dit-il avec un sang-froid qui rendit du calme à sa femme. La vie des exilés était errante et orageuse. Mistress Fanshawe passait de temps en temps en Angleterre lorsque les ressources commençaient à s'épuiser, afin de se procurer un peu d'argent; son mari passait de Hollande en Irlande pour les affaires du prince Rupert, lorsque sa femme vint le rejoindre près de Cork. Elle y habitait depuis six mois dans un repos relatif, lorsqu'elle entendit une nuit un vacarme épouvantable dans les rues : le canon tirait et les voisins poussaient des cris lamentables. Mistress Fanshawe était tombée de cheval et s'était cassé le bras; elle se leva cependant à minuit et fit lever toute sa maison. Les rues étaient remplies de pauvres habitants chassés de leurs demeures par les soldats du colonel Jeffries, qui prenait possession de la ville au nom du général Cromwell qui avait envahi l'Irlande avec succès. Mistress Fanshawe connaissait Jeffries, qui avait été longtemps au service du roi ; elle prit son parti, sans rien craindre, écrivant à son mari qu'elle était heureuse de ne pas le sentir dans cette bagarre (il était en effet absent pour quelques jours) et qu'il n'y avait rien à redouter pour elle ni pour sa petite fille (elle avait déjà perdu l'aîné de ses enfants). Elle fit descendre un serviteur par une corde le long des murs du jardin, le chargeant de porter la lettre à son mari et prenant avec elle l'une de ses femmes et un autre valet, après avoir soigneusement emballé les papiers de son mari et tout ce qu'elle pouvait posséder de précieux, elle se mit à la recherche du colonel Jeffries au travers des rues remplies de soldats et d'une foule de gens effarés. Le colonel l'accueillit avec courtoisie, l'assurant de son respect et de son estime pour M. Fanshawe, et lui remettant un laisser-passer pour elle et pour ses gens. Elle en profita aussitôt, se mettant en route dès cinq heures du matin avec sa fille, sa sœur, trois femmes et deux chevaux, que chacun montait tour à tour, pour regagner Kinsale, où se trouvait M. Fanshawe. Bien lui prit de n'avoir point perdu de temps, car l'ordre arriva de Cromwell le lendemain matin de ne pas laisser échapper les papiers de M. Fanshawe, qui étaient très importants.

M. Fanshawe avait été chargé par le roi Charles II, comme l'appelaient ses fidèles serviteurs, de porter des lettres au roi d'Espagne, Philippe III. Un navire hollandais en partance pour Malaga était annoncé à Galway, le mari et la femme s'y rendirent, bien que la peste fût si violente dans la ville, que tout ce qui pouvait la quitter avait pris la fuite. Le maître de la maison où ils devaient loger les accueillit par ces paroles : « Vous êtes bien venus dans une demeure qui a vu neuf cercueils sortir de ses portes depuis six mois et dans une ville naguère la plus charmante du monde, mais où l'herbe pousse maintenant dans les rues. » Ils échappèrent à la contagion pour subir au sortir du détroit de Gibraltar l'attaque d'une galère turque ; toutes les femmes avaient été enfermées dans les cabines, mais M. Fanshawe s'aperçut bientôt qu'il avait à côté de lui un petit adjudant de bonne mine ; sa femme avait emprunté les habits d'un des serviteurs du bord et elle ne l'avait pas quitté jusqu'au moment où le corsaire se retira devant l'attitude résolue des matelots hollandais. Il se mit à rire en la prenant dans ses bras. « Quelle transformation peut opérer l'amour ! » s'écria-t-il, et toute sa vie il se mettait à plaisanter lorsque la mémoire de ce déguisement lui revenait à l'esprit.

Au retour de sa mission, M. Fanshawe reçut le titre de baronet, seule récompense à la portée du roi détrôné, qui se préparait à passer en Écosse. Sir Richard Fanshawe alla l'y rejoindre, et sa femme fut obligée d'aller l'attendre à Londres dans la situation la plus précaire, avec ses deux petits enfants ; le troisième naquit dans ce moment de douloureuse inquiétude. La pauvre femme ne sortait plus ; son père et sa sœur ne la quittaient pas et elle passait son temps à prier Dieu pour son mari et pour le roi. La nouvelle de la bataille de Worcester arriva enfin et peu de jours après la liste des blessés, des tués et des prisonniers; sir Richard Fanshawe faisait partie de ces derniers. Il écrivit bientôt qu'il n'était pas maltraité et il demanda à sa femme de retenir une petite chambre dans les environs de Charing Cross; on lui avait promis qu'il pourrait s'y arrêter pour dîner avec elle. A l'heure dite elle se trouvait à sa fenêtre, surveillant les longues files de prisonniers déguenillés et de pauvre mine qui passaient dans la rue. Elle vit enfin arriver son mari, courageux et serein comme de coutume. « C'est la fortune de la guerre, dit-il à sa femme en l'embrassant; qui ne risque rien n'a rien. » Et comme elle ne pouvait retenir ses sanglots : « Ne pleure pas, dit-il, c'est la seule chose qui me fasse du mal; n'oublie pas que nous sommes tous au bon plaisir de Dieu. » Il lui raconta alors toutes les bontés dont il avait été l'objet dans les villes qu'ils avaient traversées : de tous les côtés on lui avait apporté des vivres, et même de l'argent; une brave dame voulait lui remettre tout l'or qu'elle avait dans la maison, et lorsqu'il avait refusé, demandant seulement une chemise ou deux avec quelques mouchoirs de poche, elle lui apporta ses chemises à elle, disant que son fils était absent et qu'il avait emporté tout son linge.

Sir Richard fut bientôt séparé de sa femme et emprisonné pendant plus de deux mois dans une petite cellule du palais de Whitehall, où il ne lui était permis de recevoir aucune visite; mais sa femme s'armait toutes les nuits d'une lanterne sourde et se trouvait sous sa fenêtre sans faute à quatre heures du matin. Sauf le premier jour, il ne manqua jamais d'entendre son appel, et ils causaient ensemble avec une grande joie, bien que la pluie la transperçât quelquefois à ce point que l'eau qui entrait au haut de son cou coulait à ses pieds, sur ses talons. Pendant ces entretiens nocturnes, il lui indiquait ce qu'elle devait faire pour veiller à sa sûreté et elle persévérait avec d'autant plus de courage dans ses visites régulières qu'il était tombé malade du scorbut à la suite de toutes les souffrances qu'il avait endurées. On demandait pour lui la permission de sortir de prison sous caution. Sir Harry Vane voulait lui faire jurer l'engagement avant de lui rendre la liberté; mais Cromwell dit en riant qu'il n'avait jamais entendu dire que l'engagement fût un remède contre le scorbut, et on se contenta de la promesse qu'il fit, sous la garantie de son frère et de sa sœur, de ne pas chercher à quitter le pays.

Il fut gravement malade au moment où il recouvrait ainsi une liberté comparative; mais sa femme était heureuse de pouvoir lui prodiguer ses soins et de le garder auprès d'elle à Tankerley dans le comté d'York, pendant qu'il occupait ses loisirs à traduire la *Lusiade* de Camoens, lorsque la petite vérole fit irruption dans leur paisible demeure, enlevant au foyer paternel la fille aînée, chérie de ses parents, la petite Anne, qui leur servait déjà à tous deux d'amie et de consolatrice, bien qu'elle n'eût encore que dix ans.

Ni l'un ni l'autre ne pouvaient plus supporter la résidence de Tankerley et ils passèrent dans le comté d'Hertford, dont le climat ne convint pas à leur santé. Ils y restèrent cependant jusqu'au jour où, la mort de Cromwell ayant ébranlé les liens qui tenaient les royalistes captifs, sir Richard obtint l'autorisation de quitter l'Angleterre et se rendit à Paris, où il fit venir sa femme et ses enfants. Elle en avait perdu beaucoup, et sur les quatorze fois qu'elle était devenue mère, elle avait neuf fois rendu à Dieu les trésors qu'il lui avait confiés; elle avait cependant auprès d'elle plusieurs petites têtes lorsqu'elle se trouva en Hollande au moment de la Restauration. La faveur dont sir Richard était l'objet lui valut la libre disposition d'un bâtiment de transport, avec lequel il ramena sa famille en Angleterre d'une manière bien différente des nombreux voyages qu'avait risqués lady Fanshawe sur toutes sortes de bâtiments et sous tous les déguisements imaginables.

Lady Fanshawe avait traversé avec son mari et pour le service du roi beaucoup de dangers et subi beaucoup de souffrances; elle ne devait pas longtemps jouir avec lui de l'éclat de la faveur royale. Lord Clarendon paraissait jaloux de sir Richard, qu'il cherchait à tenir à distance par des missions diplomatiques, auxquelles il avait du reste été préparé par les habitudes de toute sa vie.

Il était depuis près de deux ans ambassadeur à Madrid, où sa femme avait su plaire à toutes les grandes dames espagnoles par la simplicité joyeuse de sa nature. Elle ne se mêlait point d'affaires et se bornait à soigner son mari et ses enfants. Elle venait d'avoir un fils, le seul qui fût destiné à vivre, lorsque son mari lui fut enlevé presque subitement par une fièvre maligne. C'était la lumière de sa vie qui disparaissait tout à coup, mais elle ne devait cependant pas plier sous le fardeau. La reine, mère du roi d'Espagne, la pressait d'embrasser la religion catholique et de rester à Madrid, lui promettant une grosse pension et la fortune de ses enfants ; elle refusa sans hésitation, disant qu'elle ne pouvait quitter la foi dans laquelle elle avait été élevée et que Dieu lui avait fait la grâce d'éprouver pendant tant d'années. Elle était pauvre cependant et ce fut à grand'peine qu'elle parvint à trouver assez d'argent pour retourner en Angleterre, où elle vécut dans la retraite, auprès de son père, alors fort âgé. Lorsqu'elle le perdit à son tour, sa douleur fut si vive, qu'elle fut longtemps malade et ne lui survécut que trois ans. Elle n'avait pas cinquante-deux ans lorsqu'elle mourut en 1679.

Lady Fanshawe avait vécu uniquement pour son mari, simplement et fidèlement ; elle avait agi héroïquement en plus d'une circonstance par le fait de ces circonstances mêmes : elle n'était pas naturellement du bois dont sont faites les grandes âmes. La comtesse de Derby, au contraire, était née pour les grandes choses : elle eût pu vivre magnifiquement et paisiblement dans les châteaux de son père ou de son mari, si l'occasion eût manqué au déploiement de ses qualités fortes ; mais dès que le jour vint, elle se trouva prête *sans jamais faiblir ni changer*, selon la devise héréditaire de son mari.

CHARLOTTE DE LA TRÉMOILLE, COMTESSE DE DERBY

La comtesse de Derby, Charlotte de la Trémoille, appartenait à une grande race, et, comme je l'ai dit, elle était née pour les grandes choses comme pour les temps troublés. Petite-fille de Guillaume le Taciturne, elle était destinée comme lui à soutenir héroïquement une cause souvent vaincue, et comme lui à en voir enfin le triomphe définitif. Son mari, excellent et charmant, du plus noble cœur et de l'esprit le plus élevé, avait servi le roi Charles Ier avec un dévouement assez souvent mal récompensé; il était parti pour défendre ses droits héréditaires dans l'île de Man, très utile aux expéditions maritimes du roi. « On a dit que je voulais devenir neutre, écrit le comte dans ses *Mémoires*, et je bénis Dieu de ce que je suis assuré de la droiture de ma conduite et de l'intégrité de mon cœur en dépit des cruelles insinuations de mes implacables et infatigables ennemis. Je partais alors pour l'île de Man, ayant réuni dans ma maison de Latham tout ce que je pus rassembler d'hommes, d'argent et de munitions pour défendre et protéger ma femme et mes enfants contre l'insolence et les insultes de l'invasion qui occupait tout le pays. Je laissais ma maison, mes enfants et toutes mes affaires en Angleterre à la garde de ma femme, personne de vertu et d'honneur, digne de sa grande naissance et qualité, qui se trouvait ainsi seule étrangère dans le pays, et, croyait-on, dépourvue d'amis, de provisions et de munitions pour se défendre; on en conclut que Latham-House serait d'une conquête facile, et on se procura une commission du parlement pour réduire la place par traité ou par force. »

A peine le comte de Derby avait-il quitté l'Angleterre, que lady Derby reçut en effet des propositions de lord Holland, gouverneur de Manchester pour le parlement. Il lui demandait de les accepter ou de rendre son château. La réponse ne se fit pas attendre: il ne convenait à lady Derby ni de rendre sa maison, ni d'acheter le repos au prix de son honneur. Mais elle n'était pas assez munie d'armes et de vivres pour soutenir un long siège, en sorte qu'elle consentit à livrer au parlement la terre tout entière de Latham, réservant seulement dans sa maison une garnison suffisante pour se défendre contre les insultes des Têtes-Rondes. Elle obtint avec peine cette faveur, qui n'était bien évidemment dans son esprit, comme dans celui de ses adversaires, qu'un sursis avant la lutte inévitable. Les préparatifs commencèrent de la part de la comtesse de Derby. Patiente autant qu'obstinée, elle travaillait sans relâche à se pourvoir de troupes comme de provisions, faisant entrer une à une ses recrues à la nuit lorsque personne ne veillait dans le château qu'elle-même, résistant à la colère comme à l'impatience de sa garnison et bien préparée ainsi à résister lorsque le jour viendrait d'une attaque ouverte des parlementaires. Le moment approchait.

Le bruit parvint à lady Derby que l'ennemi s'avançait. Elle pressa ses derniers arrangements, rendus plus difficiles par la mauvaise volonté d'un certain nombre de ses tenanciers qui inclinaient vers la cause populaire. Mais ce n'était pas en vain que la comtesse appartenait à cette fière race des huguenots français qui avaient un instant balancé en France l'autorité royale, ce n'était pas en vain que le sang de Guillaume le Taciturne coulait dans ses veines; elle suffisait à tout, elle veillait à tout. Ferme et résolue, elle assigna à chacun le poste qu'il avait à garder, désignant les meilleurs tireurs, ceux qui avaient coutume d'accompagner le comte à la chasse, pour occuper les tours de la porte d'entrée, afin de harceler l'ennemi de leurs coups; puis toutes les troupes disparurent des remparts, et la comtesse, seule en apparence avec sa maison, attendit avec calme la visite qu'on lui annonçait. L'armée parlementaire n'était plus qu'à deux milles de Latham lorsque le général sir Thomas Fairfax fit faire à lady Derby de nouvelles propositions. La comtesse désirait gagner du temps : elle demanda le loisir de la réflexion; mais le sursis fut refusé et le général parlementaire demanda qu'elle voulût bien se rendre dans une maison des environs appartenant au comte de Derby, afin d'y recevoir les offres qu'il avait à lui faire.

Lorsque la comtesse reçut cette lettre, la hauteur de la grande dame rehaussa tout à coup l'intrépidité de l'héroïne. « Dites à sir Thomas Fairfax, répondit-elle, qu'en dépit de ma situation présente, je me souviens de l'honneur de mon seigneur comme de ma naissance et qu'il me semble plus convenable qu'il vienne me trouver que si je l'allais chercher. »

Le général ne vint pas lui-même, mais il demanda un sauf-conduit pour deux de ses colonels, qui arrivèrent à Latham-House le 2 mars. Le château avait changé de face : la comtesse avait démasqué ses batteries, les soldats étaient aux remparts, les bouches à feu étaient découvertes; lady Derby au bout de la grande salle attendait les officiers du parlement, ses enfants à côté d'elle et plus imposante elle-même que tous ses préparatifs militaires.

Les propositions de sir Thomas Fairfax étaient modérées dans l'ensemble, mais elles entraînaient la reddition de Latham; lady Derby les repoussa sans hésiter, et les deux colonels se retirèrent, non sans avoir adressé à lady Derby quelques exhortations sur l'erreur de ses voies. Elle répondit avec une ironie hautaine : « Je prendrai garde à mes voies et à celles de ma maison, dit-elle; vous feriez bien d'en faire autant pour vos ministres et vos agents religieux qui s'en vont semant le trouble et la discorde dans les familles et dont la langue perverse n'épargne même pas toujours la personne sacrée de Sa Majesté. »

On négocia encore quelques jours; c'était le désir ardent de lady Derby de laisser à ses troupes le temps de s'exercer aux armes. Elle finit cependant par rompre elle-même les pourparlers. « Je refuse tout, dit-elle, et je suis heureuse qu'on n'ait pas accepté mes propositions. J'aimerais mieux hasarder ma vie que de les répéter. Je suis femme et étrangère, séparée de mes amis, et dépouillée de mes biens; mais je suis prête à subir toutes vos violences et j'attends de Dieu secours et délivrance. Je n'ai pas encore perdu ma vénération pour l'Église d'Angleterre, mon allégeance envers le roi, ni ma foi envers mon mari; je ne puis donc pas rendre cette maison au général, jusqu'à ce que j'aie perdu ce respect et cette fidélité, ou donné ma vie pour les défendre; ne comptez pas que Latham soit à vous. »

Le général n'avait plus qu'à presser les travaux du siège, qu'il avait résolu de métamorphoser de suite en blocus, croyant plus facile d'affamer une femme que de la combattre, dit l'historien du siège, le capitaine Halsall, et il se préparait à clore définitivement l'enceinte, lorsqu'il reçut une lettre de lord Derby, demandant que sa femme et ses enfants pussent quitter la place avant l'assaut, afin d'épargner à leur faiblesse les rigueurs de la guerre, « si bon semble à ma femme », ajoutait-il pourtant par une réminiscence prudente de la résolution indomptable de la comtesse. Celle-ci ne se laissa en effet point entraîner à ce qu'elle regardait comme une lâcheté par la sollicitude de son mari. « Dites à sir Thomas Fairfax que je le remercie de sa courtoisie, dit-elle au messager ; j'obéirai toujours volontiers aux ordres de mon seigneur et il peut traiter avec lui ; mais jusqu'à ce que je sois assurée de son bon plaisir, je ne rendrai pas sa maison, et je ne l'abandonnerai point de ma personne ; j'attendrai l'événement selon le bon plaisir de Dieu. »

Lady Derby ne renvoya pas même ses filles, qui l'aidaient à veiller aux soins nécessaires dans une place assiégée. Les canons de l'ennemi battaient sans relâche les murailles, et le feu de la garnison leur ripostait ; les sorties étaient fréquentes. Un boulet tomba dans la chambre à coucher de lady Derby, qui ne consentit à changer de résidence qu'après avoir trois ou quatre fois reçu cette dangereuse visite. « Je tiendrai cette maison tant qu'il y aura un pan de mur pour m'abriter et un bout de toit pour couvrir ma tête, » disait-elle précisément le jour où une bombarde vint éclater dans la salle à manger pendant le dîner, brisant les plats et les vitres des fenêtres, mais sans blesser personne. Les enfants étaient de bonne race ; assises à côté de leur mère, elles n'avaient pas bougé au bruit de l'explosion. Sir Thomas Fairfax quitta tout à coup le siège, conduit désormais par le colonel Rigby, grossier et vilain personnage, ancien homme de loi, et qui croyait avoir à venger quelque insulte qu'il avait naguère reçue du comte de Derby. Le siège fut poursuivi avec plus d'âpreté que jamais. Une dernière sommation fut pourtant adressée à la comtesse, conçue en termes injurieux. Lady Derby déchira le papier pour toute réponse ; puis apostrophant le soldat parlementaire chargé du message : « Va dire à cet insolent rebelle qu'il n'aura ni personnes, ni biens, ni maison ; quand nos forces et nos ressources seront épuisées, nous trouverons un feu plus supportable que celui de Rigby ; si la providence de Dieu n'intervient pas, ma maison et mes biens s'embraseront sous ses yeux, et moi, mes enfants et mes soldats, plutôt que de tomber entre ses mains, nous scellerons notre religion et notre loyauté dans les flammes! — Elle le ferait comme elle le dit là! » pensaient les hommes de la garnison, en répondant tous ensemble au cri que poussait l'héroïne en finissant son discours : « Mourons pour Sa Majesté et pour notre honneur! »

Un mortier énorme fatiguait et harassait les défenseurs du château. « Les jeunes demoiselles avaient l'estomac bon pour digérer des boulets, dit le capitaine Halssall, mais les soldats les plus robustes ne peuvent avaler des grenades. » Une sortie victorieuse livra le terrible mortier à la comtesse et Rigby, qui avait invité ses amis à venir assister à la reddition du château, eut le dépit de les rendre témoins de sa défaite; il était malade de colère et de honte de se voir vaincu par une femme et par une poignée de soldats.

Il y avait trois mois que Latham résistait ainsi vaillamment à ses ennemis, lorsque la comtesse reçut secrètement l'avis que le prince Rupert était entré dans le comté; on disait même que lord Derby marchait avec lui et que tous deux s'avançaient à la délivrance de Latham.

Les parlementaires avaient appris comme la comtesse l'approche du secours inattendu; ils plièrent bagage comme de braves gens économes de leur sang, dit le journal du siège, et se retirèrent dans la ville de Bolton. Lord Derby l'assiégea aussitôt en compagnie du prince, et, rapportant quelques jours plus tard à Latham les drapeaux parlementaires dont il s'était emparé, les enseignes furent suspendues dans la chapelle du château, en signe de reconnaissance pour la grâce que Dieu avait faite à la vaillante gardienne des biens et de l'honneur de son mari.

Lorsque le prince Rupert arriva à son tour à Latham après avoir réduit la ville de Liverpool, il s'étonna grandement de la défense que la comtesse avait su opposer à ses ennemis, et, faisant ajouter quelques nouveaux ouvrages aux fortifications du château qui pouvait avoir à soutenir un nouveau siège, il conseilla à son cousin et à sa femme de se retirer dans l'île de Man, car il savait bien de quels soupçons et de quelle jalousie le comte était l'objet à la cour. Lord Derby avait rétabli l'ordre et la sécurité dans son petit royaume héréditaire ; sa femme et ses enfants pouvaient y trouver une retraite assurée, si les affaires du roi continuaient d'aller de mal en pis. Lady Derby ne résista pas à ces conseils prudents ; elle ne paraît pas avoir conçu une grande ambition, même pour son mari, et dans les lettres intimes qui nous sont parvenues, où elle racontait à sa belle-sœur, la duchesse de la Trémoille, l'histoire presque journalière de sa vie, à peine se trouve-t-il une allusion à cette défense héroïque qui lui avait permis, à force de courage, de prudence et d'habileté, de tenir pendant plus d'un an les ennemis de son mari en échec, en les forçant définitivement de renoncer à la vaincre. Elle ne songeait plus qu'à élever ses enfants ; elle aussi elle avait été héroïque par occasion et par nécessité, sans préméditation ni goût personnel ; elle avait fait ce qu'elle avait à faire lorsqu'il s'agissait de défendre le château de Latham, comme lorsqu'elle était absorbée par les soins de son ménage ou l'éducation de ses enfants : « Prenez bien soin d'eux, avait dit le prince Rupert à sa cousine : les enfants d'un tel père et d'une telle mère rendront un jour à leur roi tous les services que leurs parents ont rendus au leur. » Les services que le comte de Derby et sa femme devaient rendre à la maison de Stuart n'étaient pas encore arrivés à leur terme et Charlotte de la Trémoille ne savait pas ce que devait lui coûter son loyal dévouement.

Quelques mois s'étaient à peine écoulés, et le château de Latham, privé de son héroïque gardienne, succombait sous les armes des parlementaires acharnés à sa ruine. La garnison résistait vaillamment depuis plusieurs semaines, lorsque le roi lui fit donner secrètement l'ordre de se rendre : il ne pouvait pas venir à leur secours. Le château fut rasé et trois petites tours restèrent seules debout pour indiquer la place de cette forteresse si longtemps et si vaillamment défendue. Lady Derby avec ses six enfants était restée dans l'île de Man.

Quinze mois s'écoulèrent qui n'ont point laissé de trace dans la correspondance, et pendant ce temps quels changements terribles s'étaient opérés! Le roi était mort et les parlementaires, empressés de s'assurer la possession de l'île de Man, avaient proposé au comte de Derby de leur céder son domaine héréditaire, en lui offrant à ce prix la libre disposition de ses autres biens. Lord Derby répondit au général Ireton qui avait été chargé de cette offre : « Monsieur, j'ai reçu votre lettre avec indignation et je vous réponds avec mépris; je ne puis que me demander avec étonnement ce qui a pu vous faire supposer que je deviendrais, comme vous, traître à mon souverain, puisque vous ne pouvez ignorer la manifeste résolution de mes actions passées au service du feu roi, desquels principes de loyauté je ne me suis en aucune façon départi. Je dédaigne vos offres, je méprise votre faveur, j'abhorre votre trahison, et je suis si éloigné de vous rendre cette île pour votre avantage, que je la tiendrai jusqu'à la dernière limite de mes forces pour votre destruction. Tenez ceci pour ma réponse définitive et vous gardez de toute autre sollicitation, car si vous me poursuivez par des messages de cette nature, je brûlerai le papier et je pendrai le messager. Telle est la résolution inébranlable et telle sera la politique invariable de celui qui regarde comme sa plus grande gloire de rester le loyal et obéissant serviteur de Sa Majesté. »

La résolution du comte de Derby resta en effet inébranlable, même lorsque deux de ses filles, renvoyées par leurs parents à Knowsley, l'une des résidences ordinaires du comte de Derby, se virent privées des nécessités de l'existence par le mauvais vouloir du parlement, qui leur refusait la part de revenus attribuée d'ordinaire aux enfants des *délinquants*, comme on appelait les royalistes. L'offre de livrer l'île de Man fut répétée. Le comte écrivit : « Je suis profondément affligé des souffrances de mes enfants; il n'est pas dans l'usage de nobles âmes de punir les enfants innocents pour les fautes de leurs pères. Ce serait un acte de clémence de la part de sir Thomas Fairfax de me les renvoyer ou de les laisser passer soit en Hollande, soit en France. Mais s'il ne peut faire aucune de ces choses, mes enfants se remettront à la miséricorde du Dieu tout-puissant ; je ne les délivrerai jamais par une lâcheté. »

Le roi Charles II avait cependant été proclamé en Écosse, et il faisait ses préparatifs pour marcher en Angleterre. Le comte de Derby s'empressa de le rejoindre, souffrant encore des blessures qu'il avait reçues dans une escarmouche avec Robert Lilburne, dépêché par Cromwell pour empêcher le soulèvement des royalistes anglais. Il arriva à Worcester la veille de la bataille. Fait prisonnier dans la déroute du roi, il fut emmené à Chester. Bien assuré du sort qui l'attendait, il écrivit à sa femme : « Je crains que ma venue ici ne me doive coûter cher, à moins que Dieu tout-puissant, auquel je me fie, ne trouve bon de me délivrer de quelque manière ; mais quoi qu'il puisse m'arriver, j'ai la paix dans le cœur et nulle autre tristesse que le regret de votre douleur et de celle de mes enfants » ; et quelques jours plus tard, lorsque sa sentence fut prononcée : « Je vous ai envoyé jusqu'ici quelque consolation par mes lettres, mais, hélas ! je n'en ai plus aucune à vous donner ; il ne nous reste que notre dernier et meilleur refuge, le Dieu tout-puissant, à la volonté duquel il faut nous soumettre.

« Quoi que vous pussiez faire pour le moment, vous ne sauriez résister avec le temps aux forces qu'on envoie contre l'île de Man, surtout en face de gens qui commandent maintenant à trois nations. Mon avis est donc, en dépit de mon affection pour ce lieu, que vous fassiez des conditions pour vous, pour vos enfants, vos serviteurs et la population, afin qu'on vous permette de vous retirer dans un lieu de repos où vous n'ayiez rien à faire avec la guerre ; alors ayant le loisir de penser à vos pauvres enfants, vous pourrez en quelque manière pourvoir à leur existence, et ensuite vous préparer à rejoindre vos amis là-haut, dans ce séjour bienheureux où habite la paix loin des opinions.

« Je vous conjure, mon très cher cœur, par toutes les grâces que Dieu vous a accordées, d'exercer votre patience dans cette grande et cruelle épreuve. Si quelque mal vous arrive, je serai mort en effet ; mais jusque-là je vivrai en vous, qui êtes vraiment la meilleure partie de moi-même ; quand je ne serai plus, songez à vous-même et à mes pauvres enfants, prenez courage et Dieu vous bénira.

« Je reconnais la grande bonté de Dieu de m'avoir donné une femme telle que vous, l'honneur de ma famille et la plus excellente compagne pour moi, si pieuse et méritant si fort tout ce qu'on peut dire de bon, qu'il est impossible d'en dire assez; je demande pardon à Dieu de toute mon âme, si je n'ai pas été assez reconnaissant de ce grand bienfait, et je vous demande également pardon à mains jointes de ce que je puis jamais avoir fait pour vous offenser.

« Je n'ai pas le temps de vous en dire plus long, je prie le Dieu tout-puissant de vous bénir, ainsi que ma chère Moll, Ned et Billy. Amen, Seigneur Jésus ! »

Le comte de Derby fut exécuté le 13 octobre à Bolton. Lorsque sa femme apprit la douloureuse nouvelle, elle se préparait à défendre l'île de Man comme elle avait défendu le château de Latham; elle refusa l'entrée de l'île aux commissaires du parlement : « Je tiens l'île pour le roi et ne la remettrai à ses ennemis que sur son ordre, » dit-elle. On savait le courage indomptable de la fille des Nassau; on eut recours à la corruption; le capitaine Christian commandait les forces de l'île, il fut acheté et introduisit dans la nuit les soldats du parlement. La carrière héroïque de la comtesse de Derby était finie, il ne lui restait plus qu'à pleurer son mari et à élever ses enfants.

RACHEL, LADY RUSSELL

Lady Derby était moins propre à ce soin dans ses détails minutieux et tendres que ne le fut lady Russell, aussi malheureuse qu'elle, et douée comme elle de la grandeur d'âme naturelle qui s'élève facilement à l'occasion jusqu'à l'héroïsme le plus accompli. Lady Derby a plus agi, lady Russell a plus souffert, comme le comportait son caractère, plus profond et plus tendre que celui de la grande dame française. Je veux citer quelques pages de l'étude que mon père lui a consacrée sous le titre de *l'Amour dans le mariage*, charmant et sublime tableau d'une vie aussi parfaite dans toutes les relations de la société que dans l'union incomparable à laquelle on a pris l'habitude de rattacher le souvenir de son nom.

Lord Southampton avait épousé Mlle Rachel de Ruvigny, fille du marquis de Ruvigny, d'abord ambassadeur de France en Angleterre, puis réfugié après la révocation de l'édit de Nantes. Il en eut vers 1636 une fille, qui porta comme sa mère le nom de Rachel. Issue de ces deux nobles et consciencieuses races, élevée dans ces traditions anglaises et françaises de piété et de vertu, elle reçut en outre des événements au milieu desquels se passa sa jeunesse ces fortes impressions morales qui élèvent les âmes qu'elles n'accablent pas. Elle apprit de bonne heure à s'émouvoir profondément pour des souffrances qui n'étaient pas les siennes, et à supporter doucement les épreuves domestiques. Elle avait perdu sa mère dans son enfance. Lord Southampton se remaria, occasion de petits déplaisirs intérieurs même quand ce n'est pas une source de vrais chagrins, mais il n'en porta pas moins aux deux filles qu'il avait de Mlle de Ruvigny l'affection la plus tendre et Rachel n'en respecta et n'en chérit pas moins son père. En politique, elle le voyait se dévouer sans la moindre illusion ni servitude d'esprit à la cause que, à tout tout prendre, il croyait la plus juste, et rester en même temps patriote et royaliste. En religion, les conversations et les actions de lord Southampton étaient empreintes d'une piété libérale et douce; rien dans la vie que menait sa fille ne venait la troubler ou la distraire des impressions que déposaient dans son âme ces salutaires exemples. Précisément à l'époque où elle passait de l'enfance à la jeunesse, elle vécut loin du monde, à la campagne, dans ces habitudes de tranquillité, de dignité, de simplicité, d'élévation sociale et de bienfaisance populaire qui font l'honneur et le crédit d'une aristocratie chrétienne. En 1653, à dix-sept ans, elle était belle, pieuse et gaie, sans exaltation et sans exigence d'imagination, disposée à jouir paisiblement de la vie, prenant ses biens comme des grâces et ses maux comme des leçons venant de Dieu. Lord Vaughan, fils aîné du comte de Carberry, la demanda en mariage presque sans la connaître et par un arrangement entre parents. Ce fut, comme elle le disait plus tard d'une de ses amies, une de ces unions acceptées plutôt que choisies de part et d'autre. Elle alla vivre chez son beau-père à Colden-grove dans le pays de Galles, remplissant pendant quatorze ans sans bruit comme sans effort tous les devoirs de sa situation nouvelle; elle n'eut qu'un enfant, qui mourut presque en naissant. Son

RACHEL, LADY RUSSELL.

mari mourut aussi et en 1667 elle était veuve, vivant avec sa sœur chérie, lady Élisabeth Noël, à Tichfield, dans ce château de leur père où s'était écoulée son enfance. Ce fut là qu'au commencement de l'année 1670, sans qu'on ait aucun détail sur leurs premières relations, elle épousa William Russell, fils cadet du comte de Bedford, qui prit bientôt, à la mort de son frère aîné, le titre de lord Russell.

Le monde n'a point de spectacle plus heureux que celui de la passion pure et heureuse. La passion, cette explosion libre et sincère des désirs et des forces intimes de l'âme, a pour nous tant d'attraits, que nous prenons, à la contempler, un plaisir infini, même quand elle s'offre à nous chargée d'égarements coupables, de troubles, de mécomptes et de douleurs ; mais la passion se déployant en harmonie avec la conscience et inondant l'âme de joie, sans altérer sa beauté ni sa paix, c'est le plein essor de notre nature, la satisfaction de nos aspirations à la fois les plus humaines et les plus divines : c'est le paradis reconquis. L'union de Rachel Wriothesley et de William Russell offre ce rare et ravissant caractère. Rachel ne nous a jusqu'ici apparu que tranquille, simple et vertueuse sans élan comme sans effort, et suivant modestement la route droite, mais ordinaire de la vie. Maintenant l'amour passionné et le bonheur suprême sont entrés dans ce cœur si bien fait pour les ressentir, mais qui ne semblait pas les chercher. Rachel s'y livre et s'y développe avec pleine liberté et confiance ; elle aime aussi ardemment qu'innocemment, et elle est parfaitement heureuse. « Si je savais mieux parler, écrit-elle à son mari, je me ferais justice à moi-même en exprimant bien à mon bien-aimé M. Russell de quel parfait bonheur je jouis à toutes les nouvelles marques de tendresse qu'il me donne chaque jour. Telle est leur charmante vertu, que j'ai beau savoir tout ce qui me manque pour mériter un si grand bien, je ne doute pas un moment de son amour. Du moins, ma chère vie, vous qui savez si bien aimer et charmer, rendez mon bonheur complet en croyant que mon cœur est rempli pour vous de tout le respect, de toute l'affection, de toute la reconnaissance qu'une créature peut devoir ou porter à une autre. » Et ailleurs, huit ans après : « Mon bien-aimé, la chair et le sang ne peuvent jouir de leur bonheur avec un sentiment plus vrai et plus vif que ne fait votre humble et dévouée femme. Je suis charmée que vous vous plaisiez tant à Stratton (le château dont elle avait hérité de son père) ; puissiez-vous y vivre pour vous y plaire encore cinquante ans! Et puissé-je, si Dieu le permet, y jouir presque tout ce temps de votre société! à moins qu'il ne vous arrive un jour d'en désirer une autre! Je crois qu'alors je laisserais bien volontiers ce monde et tout au monde, sûre que vous prendriez soin de nos petites créatures. Elles vont bien toutes deux et votre grande fille espère que vous avez reçu sa lettre. »

A côté, dirai-je au-dessus de cet amour déjà si tendre, un autre sentiment, je ne veux pas dire un autre amour, je n'aime pas des mots semblables pour des sens si divers, un autre sentiment régnait dans l'âme de lady Russell et la fortifiait d'avance pour ses jours d'épreuve pendant ses jours de bonheur. Elle était chrétienne, vraiment chrétienne d'esprit et de cœur, pleine de foi aux dogmes chrétiens, de soumission aux préceptes chrétiens, sans passion de secte, sans goût de dispute, animée, envers tous ceux qui ne pensaient pas exactement comme elle, d'une charité intelligente et haute. On verra tout à l'heure avec quelle rare mesure et quelle belle harmonie se conciliaient en elle les sentiments chrétiens et les sentiments humains, la piété et l'amour. Je ne veux montrer en ce moment que la place et l'empire de sa foi dans son âme quand elle était parfaitement heureuse, et cette âme, ravie de son sort ici-bas, se préparant avec une conviction forte et humble à accepter de la main de Dieu les coups, ou pour mieux dire le coup dont elle semblait avoir le pressentiment. Dans une de ces lettres où elle se répand pour son mari en expressions passionnées de tendresse et de reconnaissance, elle s'arrête tout à coup et lui dit : « Qu'ai-je à demander, sinon que Dieu, s'il le juge bon, me continue toutes ces joies? Et s'il en décide autrement, qu'il me donne la force de me soumettre sans murmure à ses sages dispensations et à sa souveraine providence, gardant un cœur reconnaissant pour les années de félicité parfaite que j'ai déjà reçues de lui. Il sait mieux que nous à quel moment nous avons assez obtenu et joui ici-bas. Ce que j'implore ardemment de sa miséricorde, c'est que, n'importe lequel de nous partira le premier, l'autre ne désespère pas comme n'ayant plus d'espérance de retrouver son ami. Espérons avec joie que nous vivrons ensemble jusqu'à une bonne vieillesse, sinon ne doutons pas que Dieu nous soutienne dans l'épreuve qu'il nous infligera. Il faut s'arrêter quelquefois sur ces pensées, afin de ne pas nous trouver pris au dépourvu, et surpris, au delà de notre force, par un accident soudain. Pardonnez-moi, si j'insiste trop longtemps : c'est que je pense que, si nous sommes préparés pour tous les coups, nous jouirons avec plus de paix de notre bonheur présent, qui, j'espère, sera long. Prions Dieu tous les jours qu'il en soit ainsi et ne craignons rien ; la mort est, il est vrai, le mal extrême et qui trouble le plus notre nature : surmontons notre peur immodérée de la mort, soit pour notre ami, soit pour nous-mêmes; nous vivrons alors le cœur serein. »

Elle avait raison de se prémunir d'avance contre l'épreuve, car la foudre éclata bientôt dans ce ciel si pur. En 1683, lord Russell était prisonnier à la Tour de Londres, et comparaissait aux assises d'Old-Bailey, accusé de haute trahison. Pendant plusieurs années il avait siégé dans la Chambre des Communes, sans prendre grande part, ni peut-être grand intérêt à ses débats. Il était jeune et emporté ailleurs par les ardeurs de la jeunesse. Par une coïncidence qu'on ne peut remarquer sans émotion, ce fut à peu près vers la même époque que lord Russell épousa lady Vaughan et qu'il s'engagea avec éclat dans le parti du pays contre celui de la cour. Le bonheur domestique et la passion patriotique commencèrent pour lui en même temps. D'un cœur généreux, bienveillant et pur, d'un esprit élevé, mais peu étendu et clairvoyant, d'un caractère plus obstiné que fort, et disposé à se laisser aisément entraîner ou dominer ou tromper, dans le sens de ses penchants, il devint bientôt l'un des plus ardents adversaires de la cour, et l'ornement moral sinon le chef politique du parti du pays. Toujours prêt à se risquer pour sa cause, il prit pendant onze ans, dans la Chambre, la défense et souvent l'initiative des mesures d'opposition les plus extrêmes. Il avait, dans son parti comme dans la nation, outre le mérite de se dévouer pour eux, le charme de partager presque toujours leurs préventions, leurs passions, leurs aveuglements, leurs entraînements, supérieur à tous par la vertu, semblable à tous par l'état d'esprit et les sentiments. Aussi fut-il bientôt l'homme le plus populaire comme le plus honoré du royaume, et telles étaient entre lui et le parti national l'harmonie et la sympathie mutuelles, que rien ne venait éclairer lord Russell sur les fautes de ses amis ou sur les siennes propres, car les avertissements ne partaient que de ses ennemis, qu'on ne croit jamais.

Lady Russell seule, malgré son amour et sa modestie, concevait des doutes sur la convenance, ou des inquiétudes sur les conséquences des démarches de son mari, et elle les lui exprimait avec une franchise aussi ferme que tendre. En politique comme en religion, elle partageait les croyances, les sentiments, les idées de lord Russell ; elle avait comme lui le cœur fier et patriotiquement préoccupé du sort de son pays, mais l'esprit plus juste et plus libre, moins prévenu et plus clairvoyant. En mars 1678, au moment où lord Russell se disposait à soutenir dans la Chambre des Communes une motion d'opposition très âpre, il reçut de sa femme, pendant la séance même, ce billet :

« Ma sœur qui est ici me dit que hier au soir elle vous a entendu dire à son mari que vous interviendriez dans l'affaire qui se traite maintenant à la Chambre, vous savez ce que je veux dire. Cela m'alarme, et je vous conjure de me dire, en toute vérité, si vous avez dessein de le faire. Si vous le faites, je suis sûre que vous vous en repentirez. Si j'ai auprès de vous quelque influence, je vous prie en grâce de garder le silence dans cette occasion, du moins aujourd'hui. »

Il n'est pas besoin de relire cette lettre pour être convaincu que ce n'était pas la première fois que lady Russell tenait à son mari un tel langage ; son insistance à le conjurer de lui dire la vérité contient une douce plainte qu'il la lui eût souvent cachée, et une vive sollicitude sur ce qu'elle n'osait se promettre d'empêcher. Lord Russell fut sans doute frappé de la démarche de sa femme, car il garda soigneusement ce billet, en écrivant de sa main au bas l'indication du jour et du lieu où il l'avait reçu. Il est pourtant à croire qu'il ne suivit pas ce jour-là, ni probablement plus d'une autre fois, l'avis qu'elle lui donnait.

Le jour arriva où le roi, quoique peu enclin à une politique hasardeuse, et le parlement, quoique monarchique et loyal, ne purent plus vivre ensemble. Le parti national demandait à Charles II en déshéritant, comme catholique, son frère, le duc d'York (plus tard le roi Jacques II), de détruire de ses propres mains la monarchie; Charles II demandait au parti national de subir à tout risque un prince qui aspirait évidemment à détruire la religion et la constitution du pays. Ainsi poussés l'un et l'autre à bout, ils se décidèrent à tenter, le roi la tyrannie, le parti national l'insurrection. Au moment de la crise, quand le dernier parlement de Charles II fut dissous, deux hommes, lord Shaftesbury et lord Russell étaient à la tête de la lutte. Entre le vieux routier des intrigues et des luttes parlementaires, ambitieux aussi infatigable que corrompu, et la franche droiture de l'inexpérience de lord Russell, il était facile de deviner lequel des deux serait l'instrument en cas de succès et la victime en cas de revers.

Les conspirateurs se réunissaient quelquefois, pas toujours les mêmes, se méfiant les uns des autres, ne se disant pas mutuellement et ne sachant peut-être pas tous jusqu'où allait leur dessein. Il y avait parmi eux des républicains qui poursuivaient leur rêve et aussi des traîtres, soit déjà achetés par la cour, soit prêts à lui livrer leur secret et leurs complices pour se dérober au péril. Comme ils étaient réunis un jour, lord Russell vit entrer, avec le colonel Sidney et M. Hampden, un homme qu'il méprisait, lord Howard. « Qu'avons-nous affaire de ce drôle »? dit-il à lord Essex, son intime ami; mais Essex le retint, pensant mieux de lord Howard et ne se doutant pas que ce fût là l'homme dont le témoignage les perdrait bientôt tous les deux.

Quelques jours plus tard, sur l'avertissement officieux donné par un royaliste ardent, lord Mordaunt, à son ami lord Shaftesbury qu'il avait vu lord Howard chez la duchesse de Portsmouth en conférence secrète avec le roi, le vieux chef de la conspiration prit le chemin de la Hollande, se promettant chez le prince d'Orange un asile et une vengeance. Comme chancelier, il avait poussé violemment à la guerre contre la Hollande et répété plus d'une fois : « Il faut que Carthage soit détruite ! » A son arrivée à Amsterdam, il fit demander un permis de séjour au bourgmestre, qui lui répondit : « Carthage, non encore détruite, reçoit volontiers le comte de Shaftesbury dans ses murs. »

En même temps que pour le comte de Shaftesbury, l'ordre avait été donné d'arrêter aussi lord Russell et de le mener devant le conseil. Le messager porteur de l'ordre se présenta devant la principale porte de la maison ; mais la porte de derrière restait libre, peut-être à dessein.

Lord Russell pouvait s'échapper ; il ne le voulut pas, disant que sa fuite serait un aveu, et qu'il n'avait rien fait qui lui fît redouter la justice de son pays. Pourtant il envoya lady Russell consulter en hâte ses principaux amis, et sur les renseignements qu'elle leur donna, eux aussi furent d'avis qu'il ne devait pas fuir. Il comparut devant le roi dans son conseil. « On ne vous soupçonne, dit Charles, d'aucun dessein contre ma personne ; mais j'ai de fortes preuves de vos desseins contre mon gouvernement. » Après un long interrogatoire, lord Russell fut envoyé à la Tour. En y entrant, il dit à son valet de chambre qu'il y avait contre lui un parti pris et qu'on voulait avoir sa vie ; le valet de chambre exprimant l'espoir que ses ennemis n'y réussiraient pas : « Ils l'auront, répéta lord Russell ; le diable est déchaîné. »

Dès qu'elle vit son mari arrêté, lady Russell se consacra avec une ardeur aussi intelligente que passionnée aux démarches qui pouvaient le servir. Pendant les quinze jours qui s'écoulèrent entre l'arrestation et le jugement, elle allait, venait, écrivait sans relâche, recueillant des renseignements, soutenant le courage des amis alarmés, excitant l'intérêt des indifférents, cherchant de tout côté des moyens d'action tant que le sort restait incertain, et des chances de salut pour l'extrême malheur. Elle était, dans la pensée de tous, si absolument et si activement identifiée avec lord Russell, que lorsqu'il se plaignit qu'on ne lui eût pas communiqué d'avance la liste des jurés, le président de la cour et l'avocat général se crurent justifiés en prouvant que lady Russell en avait eu connaissance. La veille du jour où il devait comparaître devant la cour d'assises, elle lui écrivit : « Vos amis croient que je puis vous être de quelque utilité en assistant au débat ; je suis prête, je le désire ardemment : ma résolution tiendra ; que ce soit aussi la vôtre, je vous en conjure. Il se peut que la cour ne me le permette pas ; mais, vous, permettez-moi de le tenter. » Le 13 juillet 1683, le débat s'ouvrit, la salle était encombrée de spectateurs. « Nous n'avons pas de place pour nous asseoir, » disaient les avocats. Lord Russell demanda une plume, du papier et de l'encre pour prendre des notes; on les lui donna. « Puis-je avoir quelqu'un qui écrive pour aider ma mémoire? demanda-t-il. — Oui, milord, un de vos serviteurs. — Ma femme est là prête à le faire. » Lady Russell se leva pour exprimer son assentiment. Tout l'auditoire frémit d'attendrissement et de respect. « Si milady veut bien prendre la peine, elle le peut, » dit le président. Et pendant tout le débat, lady Russell fut là à côté de son mari, son seul secrétaire et son plus vigilant conseiller.

L'arrêt fatal prononcé, ni le courage, ni l'activité de lady Russell ne faiblirent; c'était une de ces âmes en qui l'amour, le devoir et la confiance en Dieu soutiennent, au delà de tout calcul humain, la force et l'espérance. Des efforts de tout genre furent tentés pour sauver la vie de lord Russell; plusieurs des hommes les plus considérables de la cour insistèrent fortement en sa faveur auprès du roi; c'était, dirent-ils, une dette de reconnaissance à imposer à une grande famille qui, repoussée avec rigueur, n'oublierait jamais son injure; quelque chose était dû d'ailleurs à la fille de lord Southampton. De divers côtés, on écrivait à lady Russell pour lui indiquer telle ou telle démarche à faire, pour lui dire quel jour, à quelle heure, en quel lieu elle devait aller se jeter aux pieds du roi, qui ne pourrait la refuser. On s'adressait au duc d'York comme au roi; le duc d'York écoutait tranquillement, sans répondre. Le roi répondait avec impatience à Monmouth : « Je voudrais lui faire grâce, je ne le puis sans me brouiller avec mon frère, n'en parlons plus; » et à lord Dartmoor : « Tout ce que vous me dites est vrai, mais, ce qui est vrai aussi, c'est que si je ne prends pas sa vie, il aura bientôt la mienne. » On essaya de toucher à d'autres cordes qu'à celles du cœur; le comte de Bedford fit offrir à la duchesse de Portsmouth cinquante et même cent mille livres sterling pour avoir la grâce de son fils. Charles répondit : « Je ne rachèterai pas mon sang et celui de mes sujets à si bon mar-

LADY RUSSELL FUT SON SEUL SECRÉTAIRE.

ché. » Lady Russell pensa que son oncle le marquis de Ruvigny, venant exprès de Paris de l'aveu de Louis XIV, aurait peut-être auprès de Charles II quelque crédit; Ruvigny promit de se rendre à Londres. « J'ai une grande impatience, ma chère nièce, écrivait-il, d'être près de vous. Il y a trois jours que le roi est arrivé, il a eu la bonté de consentir à mon voyage. » On disait même qu'il apporterait une lettre de Louis XIV à Charles II pour l'engager à faire grâce. « Je ne veux pas empêcher que Ruvigny vienne ici, dit Charles II à l'ambassadeur de France, Barillon, mais mylord Russell aura le cou coupé avant qu'il arrive. » Ruvigny ne vint pas. Sur les ardentes instances de son père et de ses amis, et sans doute aussi de sa femme, lord Russell se décida à écrire lui-même au roi et au duc d'York pour demander sa grâce, représentant qu'il n'avait jamais conçu la moindre pensée contre la vie de Sa Majesté, ni aucun dessein de renverser son gouvernement; reconnaissant qu'il avait eu tort d'assister à des réunions illégales et promettant d'aller vivre sur le continent dans le lieu qu'il plairait au roi de lui assigner, et de ne plus se mêler des affaires d'Angleterre. Cette démarche, qui demeura, comme toutes les autres, sans effet, coûta beaucoup à lord Russell, et, en fermant sa lettre au duc d'York, il dit au docteur Burnet : « Ceci sera imprimé et vendu dans les rues comme un acte de soumission, au moment où je serai pendu. »

On crut entrevoir une dernière chance, la meilleure peut-être, quoique indirecte et singulière. La question de la légitimité ou de l'illégitimité absolue de la résistance armée au souverain agitait alors fortement les esprits. Le parti de la cour et celui du pays voulaient également se fonder sur un principe et dominer en droit comme en fait; car telle est la noble nature de l'homme qu'il ne peut se défendre du besoin d'avoir raison et qu'il ne se repose pas tranquillement dans la force s'il la sent désavouée par la justice et par la vérité. L'Église anglicane soutenait sans réserve l'illégitimité de la résistance à main armée. Deux de ses plus honnêtes et modérés docteurs, Burnet et Tillotson, entreprirent d'obtenir l'adhésion de lord Russell à leur doctrine, espérant qu'ils sauveraient sa vie, s'ils pouvaient offrir au roi la soumission de son esprit. Un moment ils crurent l'avoir ébranlé, et lord Halifax, qu'ils en informèrent, leur dit que le roi, auquel il en avait rendu compte, s'était montré plus touché de cette perspective que de toutes les autres sollicitations. Les deux théologiens redoublèrent d'efforts; Tillotson lui écrivit une lettre pour établir, au nom de la foi chrétienne, la maxime de la non-résistance. Lord Russell prit la lettre, se retira dans une pièce voisine et, bientôt de retour : « Je vous ai lu, dit-il au doyen ; je ne demanderais pas mieux que d'être convaincu, mais je ne puis pas dire que je le sois. Pour mon compte, j'ai toujours pensé qu'une nation libre, comme celle-ci, était en droit de défendre sa religion et ses libertés quand on les attaquait pour les lui ravir. Si j'ai péché en ceci, j'espère que Dieu ne m'en fera pas un crime, car ce n'est qu'un péché d'ignorance. » Burnet insista encore; lord Russell coupa court à la discussion, disant : « Je ne puis pas mentir, je mentirais si j'allais plus loin. » Il s'était entretenu de la question avec sa femme et, loin de le pousser à quelque faiblesse, elle l'avait douloureusement approuvé et soutenu dans sa sincérité. On dit même qu'elle témoigna quelque déplaisir de l'obstination de Tillotson à le presser sur ce sujet.

Tous les moyens, toutes les espérances s'évanouissaient successivement. Le jour fatal approchait.

« Je voudrais, dit lord Russell à Burnet, que ma femme cessât de battre les buissons et de courir çà et là pour me sauver ; mais quand je pense qu'il y aura un jour pour elle quelque adoucissement à son chagrin dans cette conviction qu'elle n'a laissé, dans le tenter, rien de ce qui pouvait donner quelque espoir, je me résigne. » Quand ils étaient ensemble, ils paraissaient uniquement préoccupés l'un et l'autre de se ménager et de s'affermir mutuellement; quand elle partait, il la suivait des yeux; son émotion semblait près d'éclater, il la domptait brusquement et s'adonnait tout entier, soit seul, soit avec Burnet et Tillotson, à des méditations, à des lectures, à des conversations pieuses. Le 10 juillet, informé que la demande d'un sursis avait été rejetée et que l'exécution aurait lieu le surlendemain, il écrivit au roi une lettre qui ne devait être remise qu'après sa mort, et dont le but était dans ces dernières paroles : « Je vous demande la permission de terminer mes jours en protestant sincèrement que mon cœur a toujours été dévoué à ce que j'ai cru votre véritable intérêt; si je me suis trompé, j'espère que votre déplaisir finira avec ma vie et qu'il n'en retombera rien sur ma femme et sur mes enfants. C'est la dernière grâce que vous demande, sire, de Votre Majesté, le très fidèle, très dévoué et très obéissant sujet. » Le lendemain 20, dans la matinée, il reçut la communion des mains de Tillotson. « Croyez-vous à tous les articles de la foi chrétienne telle qu'elle est enseignée par l'Eglise anglicane? lui demanda le doyen. — Oui, certainement. — Pardonnez-vous à tout le monde? — De tout mon cœur. » Après le dîner, il lut et relut le discours qu'il comptait remettre au shérif sur l'échafaud, comme ses adieux à la vie et à son pays, et il donna à lady Russell toutes ses instructions pour qu'il fût publié et répandu de suite après sa mort.

Lady Russell alla chercher et lui amena ses enfants. Il les garda quelque temps, s'entretenant avec elle de leur éducation, de leur avenir; il les embrassa, les bénit et les renvoya sans que sa sérénité parût altérée. « Restez à souper avec moi, dit-il à sa femme, prenons ensemble notre dernier repas terrestre. » Pendant et après le souper, il parla surtout de ses deux filles et aussi des grands exemples de la mort acceptée avec calme et résignation. Vers dix heures il se leva, prit lady Russell par la main, l'embrassa quatre ou cinq fois, tous les deux silencieux et tremblants, les yeux pleins de larmes qui ne tombaient pas. Elle partit.

« Maintenant, dit lord Russell à Burnet, l'amertume de la mort est passée; » et, s'abandonnant tout à coup à ses sentiments : « Quelle bénédiction elle a été pour moi! Quelle eût été ma misère, si, avec toute sa tendresse, elle n'avait pas eu tant de grandeur d'âme qu'elle n'a jamais désiré de moi une bassesse pour sauver ma vie! Quelle semaine j'aurais eu à passer si elle avait toujours été pleurant autour de moi, et me pressant de devenir un délateur, un lord Howard! Dieu m'a accordé une faveur insigne en me donnant une telle femme : naissance, fortune, grand esprit, grande religion, grande affec-

tion pour moi, tout y a été! Et, par dessus tout, sa conduite en cette extrémité! C'est une grande consolation pour moi de laisser mes enfants dans les mains d'une telle mère; elle m'a promis de prendre soin d'elle-même à cause d'eux, elle le fera. »
Il se tut, et sa pensée se reportant sur lui-même : « Quel immense changement doit faire en nous la mort! quelles nouvelles et merveilleuses scènes doivent s'ouvrir devant notre âme! J'ai entendu parler d'aveugles-nés qui étaient frappés de stupeur quand, la cataracte tombant de leurs yeux, ils voyaient; que serait-ce si la première chose qu'ils eussent à voir était le soleil levant? » Il tira sa montre et la donna à Burnet, en disant : « J'en ai fini avec le temps, l'éternité vient. »

Le lendemain, 21 juillet 1683, lady Russell était veuve et seule dans sa demeure de Southampton-House, avec ses trois enfants, deux filles de neuf et de sept ans et un fils de trois ans.

Lady Russell avait publié les dernières paroles de son mari remises au shérif sur l'échafaud; la cour, inquiète de l'effet qu'elle pourrait produire, en nia l'authenticité. La veuve en fut profondément troublée; elle écrivit au roi lui-même, défendant vivement, mais avec un respect profondément touchant et pénétrant, la franchise et la véracité des vœux suprêmes de son mari. « J'espère que je ne dis rien en ceci qui puisse déplaire à Votre Majesté. S'il en était autrement, je la conjure d'entendre mes paroles comme venant d'une femme accablée de douleur; vous pardonnerez, j'espère, à la fille d'un homme qui a servi le père de Votre Majesté dans ses plus grandes détresses et Votre Majesté elle-même dans ses plus éminents emplois? Et moi, qui ai la conscience de n'avoir jusqu'ici rien fait pour vous offenser, je prierai toujours Dieu pour la longue vie et l'heureux règne de Votre Majesté. »

C'est une veuve au désespoir, c'est la femme passionnément dévouée d'un conspirateur récemment mort sur l'échafaud pour maintenir le droit de résistance et les libertés de son pays, qui garde et témoigne ce profond respect monarchique, ce soin des convenances, cette susceptibilité si humble dans son langage, quoique au fond si fière. Les jours, les mois, les années s'écouleront, elle restera toujours la même, tout entière adonnée à un seul sentiment sans s'y abîmer, à la fois concentrée en elle-même et attentive au dehors, expansive même. Après avoir passé dix mois à Woburn dans la maison de son beau-père, elle sentit le besoin de changer de lieu, de chercher d'autres impressions; le 20 avril 1684, elle écrivit à son confident habituel, le docteur Fitz-William, jadis chapelain de son père : « J'ai quelque idée d'aller passer quelques jours à Stretton, dans ce lieu désolé où j'ai vécu dans un si doux et si complet contentement. Je considérais alors la condition de tout le monde autour de moi, et je n'en trouvais aucune qui méritât mon envie. Je ne passerai plus de tels jours sur la terre. Mais les lieux ne sont rien : où puis-je habiter que sa figure ne soit toujours devant moi? Et je ne voudrais pas qu'il en fût autrement. Je suis décidée, rien ne m'arrêtera ; j'irai partout où j'aurai des devoirs à remplir. Je suis déterminée aussi à rentrer cet hiver dans ma demeure désolée, ma maison de Londres. » — Lorsque le moment fut venu, elle écrivait encore au docteur : « Vous trouvez que j'ai traîné ici bien longtemps; personne ne s'en étonnera lorsqu'on voudra bien se rappeler que le lieu où je vais me transporter a été le théâtre de mon malheur, de mon éternel malheur, le lieu où j'ai vainement tenté de sauver une vie pour laquelle j'aurais volontiers donné la mienne. Docteur, c'était un trésor inestimable que j'ai perdu là ; j'avais vécu avec lui au comble du bonheur de ce monde. Je dois me souvenir, je sais que j'ai un meilleur ami, un ami qui ne peut m'être enlevé, vers qui, de tout l'élan de mon cœur, je désire m'élever; les joies spirituelles lutteront en moi contre les douleurs terrestres et rendront quelque tranquillité à une âme brisée et ballottée par les épreuves de la vie; mais, j'en ai l'expérience, je n'atteins que pour des moments courts à cette disposition si désirable et je crains qu'ils ne soient plus rares encore quand j'habiterai cette ville et cette maison de deuil où tant de coups reviendront m'assaillir. Mais puisque j'ai déjà porté tant de mois le poids de mon malheur réel, j'espère que, Dieu aidant, je ne succomberai pas sous l'ombre. »

Dieu lui venait en aide en effet, et, tout en retombant dans ses accès de désespoir ou de faiblesse, elle s'en relevait toujours et retrouvait, pour échapper à toute exagération dans ses sentiments et dans l'appréciation de sa destinée, l'impartiale fermeté de son esprit et la profonde piété de son cœur. Une consolation pleine d'angoisse, mais très efficace, l'attendait d'ailleurs dans ce séjour de Londres qu'elle redoutait si fort. Son fils, à peine âgé de quatre ans, tomba gravement malade; elle fut sur le point de le perdre, il guérit. « Dieu a eu pitié de moi, écrit-elle au docteur Fitz-William, il a écarté un coup qui me menaçait, la mort de mon pauvre garçon. Il a été très mal. Dieu m'a fait voir la folie de mes imaginations, quand je croyais qu'il ne me restait plus rien dont la perte pût me causer une grande angoisse ou la possession m'apporter une consolation sensible. J'ai senti la fausseté de la première idée, car je ne puis me séparer un moment de cette petite créature. Je désire faire sur la seconde la même découverte et trouver dans la présence de ces enfants quelque rafraîchissement pour ma pauvre âme fatiguée; que du moins mes efforts pour m'acquitter de la tâche que leur tendre et bien-aimé père aurait si bien remplie me donnent quelque satisfaction! Quand j'aurai accompli ce devoir envers mon meilleur ami et envers eux, que je serai heureuse d'aller reposer auprès de cette poussière que je suis allée visiter naguère! Je veux dire le cercueil qui la contient. Docteur, j'y avais réfléchi, je n'allais pas chercher un vivant parmi les morts; je savais que, où que j'allasse, je ne le verrais pas plus dans un lieu que dans un autre; je m'étais promis à moi-même de ne pas me laisser aller à une vaine et déraisonnable douleur, mais d'élever mes regards là où s'est élevée la plus noble partie de son être, dans un lieu bien loin d'ici, où aucun pouvoir terrestre ne pénètre et ne peut mettre fin à une heureuse union. C'est là que je voudrais être, mais nous ne réglons pas nous-mêmes notre heure. J'espère l'attendre sans trop d'impatience. »

Elle avait à attendre longtemps cette bienheureuse réunion qu'elle désirait si sincèrement, sans que sa passion lui fît illusion sur la faiblesse de notre nature. En l'attendant et à mesure que les années s'écoulaient, elle se traitait dans sa douleur comme on s'établit dans un mal dont on ne doit pas guérir et avec lequel on apprend à vivre. Malgré le vide de son cœur, sa vie était active, et elle s'occupait sans se distraire. L'éducation de ses enfants, leurs affaires, l'intérieur de sa maison, les intérêts et le bien-être de ses proches étaient pour elle l'objet de soins assidus. « Je suis charmé, lui écrivait Burnet, que vous consacriez à vos enfants une si grande partie de votre temps, qu'ils n'aient pas besoin d'une autre gouvernante. » Ses filles n'en eurent jamais d'autre qu'elle-même. Elle quittait peu son beau-père, le comte de Bedford, qui avait perdu sa femme et qui avait toujours été excellent pour elle. C'était à elle qu'on s'adressait dans toutes les circonstances importantes de la famille, même pour des projets de mariage, car on savait que son conseil serait bon et que son approbation aurait beaucoup de poids. Sa fille Rachel n'avait pas encore quatorze ans lorsqu'on vint la lui demander pour le fils aîné de lord Cavendish, comte de Devonshire, qui n'avait de son côté que seize ans. Lord Cavendish avait été l'ami le plus intime et le plus dévoué de lord Russell, dévoué à ce point qu'il l'avait vivement pressé de changer d'habits avec lui et de s'évader de la Tour, en le laissant dans sa prison à sa place. Lord Russell n'avait pas voulu y consentir, mais lady Russell ne l'avait pas oublié; elle était touchée des sentiments qui dictaient la recherche de lord Cavendish et n'était pas insensible à l'éclat de l'alliance, elle l'accueillit avec une satisfaction franche. Les arrangements de fortune furent difficiles à conclure, les sentiments nobles s'alliant parfois avec des exigences mesquines et obstinées. Ces conférences et ces discussions importunaient lady Russell. « Je suis forcée de voir beaucoup de gens de loi, d'accepter beaucoup de dîners et de dérangements semblables très pénibles à un cœur triste et fatigué. Grâce à Dieu, cependant, j'en viens à bout. » Elle en vint à bout en effet et sa fille épousa le jeune lord Cavendish, avec lequel elle partit pour le continent.

A en juger par les apparences, on pourrait croire que lady Russell vivait strictement renfermée dans la vie privée, dans ses souvenirs doux et cruels, ses pensées pieuses, ses devoirs et ses soins de famille. On se tromperait. Ce n'était pas un esprit naturellement très varié et très fécond, ni spontanément enclin à chercher partout des sujets de mouvement et d'intérêt. Laissée à elle-même et dans une vie ordinaire, elle serait peut-être restée étrangère aux grandes idées et aux grandes affaires de son temps; mais elle y était entrée à la suite de son mari, par sympathie pour lui et avec un esprit capable de tout comprendre et de goûter tout ce qui est grand. Elle demeura fidèle à la cause de lord Russell comme à sa mémoire et constamment préoccupée, dans son isolement, de ces mêmes questions, de ces mêmes libertés religieuses et politiques qui eussent fait, s'il eût été toujours là, le sujet de leur commune sollicitude et de leurs intimes entretiens. La révocation de l'Édit de Nantes suscita en elle, non seulement la plus vive sympathie pour les protestants persécutés, mais des pensées d'une moralité originale et profonde. « Vous avez raison, écrit-elle au docteur Fitz-William, je comparerai mon sort à celui des autres et je commencerai par le roi, qui se croit certainement au faîte des prospérités humaines, le roi de ces malheureux Français persécutés, plus malheureux lui-même que ceux qu'il persécute, car il décrie par de tels actes sa propre dignité. Si la Providence, dans je ne sais quels secrets desseins, permet qu'il fasse boire à tant de pauvres gens une coupe bien amère, à coup sûr elle lui réserve à lui-même quelque terrible amertume. Quand la moitié peut-être du monde ne connaît pas Dieu, ni le nom de Christ notre Sauveur, ni la beauté de la vertu que Christ nous commande, quelle destinée pour un prince si grand et qui aspire si haut que d'employer avec rage son pouvoir à l'extermination d'un peuple qui reconnaît l'Évangile pour sa loi et sa foi ! »

Sa propre patrie et ce qui s'y passait la préoccupait plus fortement encore : le procès et la mort d'Algernon Sidney, l'avènement de Jacques II, le progrès de sa tyrannie, l'insurrection de Monmouth et les rigueurs qui frappèrent alors tant d'amis de la cause qui lui était chère, ravivèrent ses plus cruels souvenirs. « Les nouvelles scènes de chaque jour, écrit-elle, font que je me trouve bien souvent déraisonnable et mal inspirée quand je verse des larmes de chagrin au lieu de pleurer de joie comme je le devrais en pensant que mon bien-aimé mari a abordé sur le bienheureux rivage de l'éternité. S'il eût vécu, son cœur eût été déchiré bien des fois depuis le jour où il nous a quittés; maintenant il est en sûreté et en paix, et je devrais m'en réjouir, moi qui ne trouve ni paix ni sûreté sans lui. » Mais ces élans d'une âme pieuse n'apaisent pas longtemps les vraies inquiétudes ni les vraies douleurs. La situation religieuse et politique de l'Angleterre devenait de jour en jour plus sombre, et lady Russell, passionnément attachée à ce spectacle, s'attristait et s'alarmait chaque jour davantage pour ses enfants, pour son pays et pour l'avenir de la cause pour laquelle lord Russell était mort.

La révolution de 1688 vint la tirer de cette situation pleine à la fois d'angoisse et de monotonie. Après vingt-cinq ans de veuvage au sein de la défaite, lady Russell passa tout à coup au triomphe, avec le fardeau de sa douleur.

Elle était à Woburn pendant les deux mois qui s'écoulèrent entre le débarquement du prince d'Orange en Angleterre et la fuite définitive du roi Jacques. Quand l'événement approcha de son terme, elle alla, avec le comte de Bedford, passer quelques jours à Londres et ce fut alors que, le roi Jacques demandant à lord Bedford son appui, le comte lui répondit : « Sire, j'avais un fils qui pourrait être aujourd'hui l'appui de Votre Majesté. » Lady Russell vit de près les scènes décisives qui mirent Guillaume III sur le trône, et elle avait déjà reçu de la bouche de l'ambassadeur Dykevelt l'assurance des sentiments que le prince d'Orange avait conçus pour lord Russell et de la part qu'il avait prise à son malheur. « M. Dykevelt, écrit-elle, m'a cité un fait qui prouve combien les adversaires de mylord évaluaient toute sa perte. Il dînait chez M. Skelton, alors résident du roi d'Angleterre en Hollande, au moment où arrivèrent à la Haye les nouvelles de ces jours déplorables. Comme il les racontait avec la réserve convenable en pareil lieu, M. Skelton garda le silence au nom de lord Essex, mais en entendant celui de lord Russell, celui-ci dit: « Il a pris la vie d'un homme, mais il a perdu par là un millier

« et peut-être plusieurs milliers d'hommes. » Je ne répète cela, ajouta M. Dykevelt, que parce que c'est un serviteur du roi qui l'a dit. »

Guillaume, proclamé roi, ne tarda pas à confirmer avec éclat les paroles de son ministre à lady Russell; un bill fut adopté dans le parlement pour abolir, en la qualifiant de meurtre, la condamnation de lord Russell. Un des articles proposés portait que le bill était rendu à la requête du comte de Bedford et de lady Russell. Sir Thomas Clarges demanda que ces mots fussent retranchés. « La justice de la nation, dit-il, est supérieure à toutes les sollicitations individuelles; ce bill n'est point rendu par grâce; toute l'Angleterre y est intéressée. » Ce fut le second acte que signa Guillaume III après son avènement. Lorsqu'il accorda au comte de Bedford le titre de duc, les lettres patentes portaient : « Parmi les raisons de cette faveur, ce n'est pas la moindre qu'il soit le père de lord Russell, l'ornement de ce temps; le roi et la reine veulent l'insérer dans les présentes lettres, afin qu'elles restent dans sa famille comme un monument consacré à cette vertu accomplie, dont la mémoire doit subsister aussi longtemps que les hommes conserveront quelque estime pour la sainteté des mœurs, la grandeur de l'âme et l'amour de la patrie, constant et invincible même par la mort. »

Lady Russell avait eu la joie de marier ses enfants selon son cœur; elle avait placé ses filles dans les plus grandes familles du royaume; son fils avait, tout jeune encore, épousé une jeune fille riche et charmante qui lui était tendrement attachée; il était devenu duc de Bedford par la mort de son grand-père, lorsqu'il fut subitement atteint de la petite vérole et mourut au bout de peu de jours, laissant plusieurs enfants. « Je ne connaissais pas avant de le perdre tout mon amour pour lui, » écrivait sa mère à son cousin Henri de Ruvigny, devenu en Angleterre lord Galway. Six mois plus tard elle voyait disparaître également sa seconde fille, la duchesse de Rutland, qui mourait en couches. Sa sœur aînée, la duchesse de Devonshire, venait également d'accoucher; la courageuse mère tremblait pour l'unique enfant qui lui restât; la duchesse de Devonshire l'accablait de questions sur sa sœur.

« Je viens de la voir hors de son lit, » répondit imperturbablement lady Russell. Elle venait de la mettre dans son cercueil. C'en était assez et lady Russell avait épuisé enfin la coupe des douleurs comme des joies terrestres ; elle était arrivée au terme de sa course : elle expira le 29 septembre 1723, dans les bras de sa fille. Les dernières paroles de lord Russell étaient enfin vraies pour sa femme comme pour lui : elle en avait fini avec le temps, elle entrait en possession de l'éternité.

« J'ai pris, dit M. Guizot, un profond plaisir à raconter l'histoire de cette personne si pure dans la passion, si constante dans la douleur, toujours grande et humble dans la grandeur, fidèle et dévouée avec la même ardeur à ses sentiments et à ses devoirs, dans la tristesse et dans la joie, dans l'adversité et dans le triomphe. Autant je respecte l'humanité dans son ensemble, autant j'admire et j'aime ces images glorifiées de l'humanité qui personnifient et placent sur les hauteurs, sous des traits visibles et avec un nom propre, ce qu'elle a de plus noble et de plus pur. Lady Russell donne à l'âme cette belle et honnête joie, c'est une grande dame chrétienne. Elle n'est point pour moi une étrangère, ses sentiments me touchent, son sort me préoccupe comme si elle était là, vivante sous mes yeux, et j'ai la confiance qu'au sortir de cette vie, si chargée pour elle de cruelles épreuves, elle est allée dans ce monde voilé pour nous, jusqu'à ce que Dieu nous y appelle, recevoir auprès de son bien-aimé mari la récompense de ses vertus et de ses douleurs. »

GRISELL HUME

C'était à la même époque et pour la même cause que sir Patrick Hume, de Polwarth, était menacé en Écosse comme engagé dans un complot se rattachant à celui qui coûta la vie à lord Russell. Son ami, Robert Baillie de Jerviswood, avait déjà été jeté en prison et les soldats étaient partis pour mettre la main sur sir Patrick, lorsqu'ils s'arrêtèrent pour se rafraîchir dans une maison des environs, dont la maîtresse n'osa pas écrire ; mais, enveloppant une plume d'aigle dans un morceau de papier, elle confia ce message parlant à un petit garçon, qu'elle chargea de le remettre en mains propres à sir Patrick.

Les soldats avaient fait si bonne chère, qu'ils avaient tardé longtemps sur la route ; lorsqu'ils arrivèrent à Polwarth, sir Patrick n'y était plus : il avait compris sans peine l'avis de la dame et il s'était réfugié dans le caveau de famille à une certaine distance de sa demeure, personne ne connaissant sa retraite à l'exception de sa femme, de sa fille aînée et d'un serviteur de la maison, bon charpentier de son état, qui s'appelait Jamie Winter.

Grisell Hume avait dix-huit ans; elle était grande, forte et d'une rare intelligence dans la pratique de la vie; elle avait été élevée au milieu de circonstances périlleuses pour les siens comme pour les amis de son père ; elle n'avait pas encore douze ans qu'elle avait été chargée d'apporter un message à Robert Baillie de Jerviswood alors en prison, comme il s'y trouvait derechef détenu.

Il fallait pourvoir aux besoins de sir Patrick dans sa lugubre retraite; Grisell fut chargée de ce soin. Elle parvint avec l'aide du fidèle charpentier à lui apporter dès la première nuit le matelas qui lui était nécessaire pour dormir, et pendant plus d'un mois elle réussit à s'échapper chaque soir, lorsque toute la maison était endormie, pour lui apporter la nourriture du lendemain et pour passer la nuit auprès de lui dans l'obscurité de son tombeau. Au matin, avant que le jour reparût, elle reprenait le chemin de la maison, amusant son père dans l'intervalle par le récit de toutes les aventures que lui attiraient ses sorties nocturnes. Elle avait plus d'une fois cru qu'elle était poursuivie par des soldats et les terreurs superstitieuses communes à son temps et à son pays aggravaient souvent les difficultés de sa courageuse entreprise, sans l'arrêter un moment. Sir Patrick avait bon appétit et il n'était pas toujours aisé de pourvoir à ses repas sans exciter la curiosité des domestiques. Les enfants de la famille n'étaient naturellement pas dans le secret (ils étaient dix) et l'égoïsme tout nouveau de Grisell était pour eux un constant sujet d'étonnement. Elle savait que son père avait un vrai goût d'Écossais pour la tête de mouton, et un jour, à dîner, comme les petites mains étaient encore absorbées par le maniement de leur cuiller, la sœur aînée trouva moyen de faire tomber sur ses genoux la plus grosse partie de la tête de mouton, qu'elle enveloppa dans sa serviette. Mais son petit frère Sandie était aussi un grand amateur de la tête de mouton et il s'écria d'un air consterné en jetant un triste regard sur son plat favori : « Maman, voyez donc comme Grisell est devenue gourmande; pendant que nous mangions la soupe, elle a trouvé moyen d'avaler toute la tête de mouton! » Sir Patrick rit toute la soirée du chagrin du pauvre Sandie et recommanda bien qu'on lui laissât sa part de la tête de mouton, la première fois que le mets reparaîtrait sur la table.

Le malheureux Baillie de Jerviswood était toujours en prison, et les nouvelles qui venaient d'Édimbourg étaient mauvaises; mais on ne savait comment s'y prendre pour faire quitter le pays à sir Patrick. Sa femme était décidée à le ramener chez elle : on travaillait à lui faire une cachette sous un lit, qui descendait jusqu'à terre dans une chambre du rez-de-chaussée. Les planches du parquet avaient été enlevées, et c'était avec leurs mains que lady Hume avec Jamie Winter creusaient la terre pendant la nuit, à l'heure où Grisell allait retrouver le fugitif dans son tombeau. Lady Hume n'avait plus un ongle au bout des doigts lorsque la cachette parut assez grande. Le fidèle serviteur emportait la terre dans un sac pour aller la répandre dans les jardins. Il avait aussi fabriqué une grande boîte contenant un lit complet et munie de trous pour admettre l'air, et il glissa ce cercueil anticipé dans la cachette, afin de voir s'il était à l'abri de l'eau. On se croyait sûr d'avoir réussi, et sir Patrick rentra une nuit silencieusement sous son toit, s'enfermant aussitôt dans une chambre secrète; le coffre ne devait servir que dans une recherche imprévue. Lady Hume se tenait pour la plus heureuse femme du monde, lorsque Grisell ayant voulu visiter la cachette s'aperçut que le matelas flottait dans la caisse remplie d'eau; il n'y avait plus moyen de compter sur cet asile.

Sir Patrick ne voulait pas tenter la Providence qui lui avait jusqu'alors permis d'échapper à ses ennemis, il venait d'ailleurs d'apprendre que son ami Baillie de Jerviswood n'existait plus. Lorsque sa sentence lui avait été annoncée, il avait répondu avec calme : « Mylords, le jugement est rigoureux et le temps est court; mais je remercie mon Créateur de m'avoir mis en état de mourir, comme vous de vivre! » On lui avait offert la vie s'il voulait rendre témoignage contre lord Russell ; mais le brave gentilhomme était incapable de se conduire comme lord Howard : il monta à l'échafaud, soutenu par les prières et par la présence de sa femme et de son fils.

Il fallait donc dire adieu à sir Patrick, et le temps pressait; la mère et la fille travaillaient sans relâche pour préparer un déguisement. Le lendemain matin, le fugitif se laissa glisser par une fenêtre et prit le chemin de la foire de Morpeth, où il devait se rendre avec son intendant conduisant des chevaux, pour s'échapper ensuite. Sir Patrick était distrait; il se trompa de chemin, et, revenant sur ses pas, il trouva son intendant qui le cherchait avec une extrême inquiétude ; une escouade de soldats venait précisément de traverser la route qu'il aurait dû suivre, et s'était dirigée vers le château, soumis sur l'heure à une visite domiciliaire. Sir Patrick disparut pendant ce temps-là, et sa femme ne sut qu'il était en sûreté que deux jours plus tard, lorsque le serviteur revint de la foire.

Ce fut en Hollande, comme la plupart des exilés anglais et écossais, que sir Patrick Hume chercha un refuge, et il y subsista pendant plusieurs années dans la plus grande gêne, bien qu'il y fût heureux comme un roi, car sa femme et ses dix enfants étaient venus le rejoindre, après que lady Hume et Grisell eurent fait le voyage de Londres pour obtenir une petite pension alimentaire, les propriétés de sir Patrick ayant été confisquées. La brave Grisell avait accompagné sa mère et le reste de la famille à Utrecht, et elle était ensuite retournée toute seule en Ecosse pour chercher une de ses petites sœurs, malade au moment du départ général. Elle avait fini par débarquer la nuit à Brill, et par faire le chemin jusqu'à Rotterdam à pied, sous la pluie, portant sur son dos la petite fille, qui avait perdu ses souliers dans la boue.

La vie de toute la famille était active et rude, mais personne, pas même la mère, ne supportait une charge aussi lourde que la fille aînée. Grisell tenait de son père, sir Patrick, une gaieté indomptable et une sérénité que rien ne pouvait troubler. Le père avait récité naguère des psaumes toute la journée dans sa sombre cachette, et il riait en causant gaiement avec Grisell lorsqu'elle apparaissait. Toute la famille était maintenant réduite à se passer à peu près de domestiques, les enfants faisaient l'ouvrage de la maison, et Grisell en prenait une double part pour soulager sa sœur cadette Christine, qui aimait mieux chanter et jouer de la harpe que faire le ménage. Sir Patrick s'était chargé de l'éducation de ses enfants, et faisait en outre un peu de médecine, sous le nom de docteur Wallace. Deux fois par semaine au moins, Grisell passait la nuit à achever tout l'ouvrage de la maison qui se trouvait en retard, ou à travailler pour son frère Patrick, jeune enseigne dans la garde du prince de Galles, qui n'aurait pas pu fournir les cravates et les manchettes brodées de rigueur pour son uniforme, si sa sœur n'avait veillé en sa faveur. La maison était toujours ouverte à tous les camarades du jeune militaire; un grand nombre venaient des familles exilées d'Écosse ou d'Angleterre, et quelque pauvre que fût la table, le docteur Wallace et sa fille trouvaient toujours moyen d'avoir quelque chose à donner à tous ceux qui mouraient de faim parmi leurs compatriotes; mais aucun n'était mieux venu que le jeune George Baillie, fils de Baillie de Jerviswood, engagé comme Patrick dans la garde du prince.

La générosité de sir Patrick et des siens laissait souvent la bourse de la famille presque vide; lorsque le quartier de la pension de lady Hume venait à se faire attendre, on engageait alors quelque vieille pièce d'argenterie de famille, apportée à grand'-peine en Hollande. Dès que l'argent arrivait, on se hâtait de courir chez le prêteur, pour rentrer en possession des reliques de la patrie; mais il arriva un jour, à l'une de ces époques de grande misère, que la sonnette du quêteur des pauvres se fit entendre dans la rue. C'était alors la coutume en Hollande de recueillir ainsi les sommes nécessaires au soulagement des malheureux; le solliciteur allait s'arrêter devant la maison belle et de bonne apparence que le docteur Wallace avait choisie pour donner bonne opinion de son aisance. Il n'y avait dans toute la famille qu'une petite pièce de monnaie, la plus petite qu'on trouvât dans la poche d'un habitant d'Utrecht. Personne n'osait offrir au quêteur un si mince cadeau, les enfants se renvoyaient l'humiliation l'un à l'autre; sir Patrick se leva, prenant sur la table la pauvre petite pièce : « J'irai, dit-il, on ne peut donner que ce qu'on a. »

George Baillie de Jerviswood n'était pas tout à fait si pauvre; lorsqu'il s'était présenté sur les terres confisquées de son père après l'exécution de celui-ci, tous les fermiers lui avaient aussitôt payé les arrérages de leurs fermages et s'étaient hardiment décidés à lui faire l'avance du terme suivant, quitte à faire attendre le duc de Gordon, qui avait reçu en partage les biens du condamné. La somme apportée ainsi en exil avait été d'abord assez ronde, et elle s'était un instant accrue de tout l'argent que le jeune Baillie avait gagné à ses compagnons lorsqu'il s'était mis à jouer sur le vaisseau qui transportait en Hollande une troupe d'exilés; mais il avait rendu à chacun le montant de ses pertes, en jurant tout haut de ne plus toucher une carte de sa vie. Il avait continué d'accompagner Grisell dans ses courses pour le service de la famille, et chacun savait, sans en parler, qu'il n'attendait qu'un retour de fortune pour lui demander de devenir sa femme.

La révolution de 1688 rouvrit aux exilés les portes de leur pays natal; sir Patrick Hume, son fils aîné, et le jeune Baillie de Jerviswood accompagnaient le prince d'Orange lorsqu'il partit pour l'Angleterre; mais la nouvelle de l'arrivée triomphale du libérateur trouva lady Hume et Grisell au chevet de Christine expirante. « Ce ne sont pas les événements publics qui m'atteignent au cœur, disait franchement Grisell, et plus les temps sont durs, plus je sens mon courage grandir; mais lorsque je vois quelqu'un des miens touché, j'ai de la peine à me soutenir comme je le dois. »

Comme pour lady Russell la prospérité entrait maintenant

dans la maison de sir Patrick Hume, qui n'était pas comme Southampton-House une demeure désolée ; il fut nommé chancelier sous le titre de comte de Marchmont, et lady Grisell, comme on l'appelait maintenant, avait été choisie comme fille d'honneur de la reine Marie, mais elle allait occuper un autre poste, car elle épousa bientôt George Baillie de Jerviswood.

Les temps troublés étaient passés pour lady Grisell Baillie, et elle ne devait plus subir d'autres épreuves que celles de la vie commune ; elle restait l'appui et l'efficace soutien de tous les siens ; son mari, excellent et charmant, n'avait ni la gaieté, ni l'indomptable entrain des Hume, il laissait à sa femme le soin de gouverner sa famille et sa fortune, occupé qu'il était par les affaires publiques et les détails d'une charité inépuisable ; mais elle avait réussi à communiquer à ses filles l'animation simple, franche et résolue qui avait fait le bonheur de tous les siens. Personne dans la maison ne savait ce que c'était que de dire : « Je n'ai pas pu m'empêcher de commettre telle ou telle faute, » car lady Grisell soutenait qu'il n'y avait point de défaut auquel on ne pût résister par la grâce de Dieu. Ses enfants ne voulaient pas croire que son caractère eût jamais été violent, ils savaient qu'elle n'avait jamais été égoïste : « Je n'ai guère de mérite à cela, disait-elle en riant : jamais ce qu'il était nécessaire de faire ne m'a paru désagréable. » Elle était adorée de ses gendres presque autant que de ses filles ; l'un d'eux, lord Binning, était malade, toute la famille l'avait accompagné en Italie ; lady Grisell était souffrante un jour, le malade était inquiet et agité, bien que sa femme fût auprès de lui : « S'il arrive quelque chose à maman, dit-il, je mettrai ma tête sous les couvertures, et je ne me relèverai plus. »

Lord Marchmont vivait encore, aussi tendrement soigné par sa fille qu'au temps où il était caché dans le caveau de famille. La dernière fois qu'elle fit le voyage d'Écosse pour aller le voir, il lui fit prendre le psautier en latin et se donna le plaisir de réciter au choix de sa fille les psaumes qui l'avaient consolé dans sa cachette : « Nul n'a autant de raisons d'être heureux et joyeux que ceux qui servent Dieu, » avait-il coutume de dire, et il conserva en effet sa gaieté jusqu'au terme de sa longue vie. Il était mourant, à quatre-vingt-quatre ans, lorsqu'on vit un sourire errer sur ses lèvres ; sa fille se pencha vers lui : « Je ris à la pensée des vers qui vont venir pour me dévorer, dit-il faiblement, ils seront bien attrapés quand ils ne trouveront qu'un squelette. »

Lady Grisell Baillie s'était chargée de ses petits-fils à la mort de leur père lord Binning. Les grands-parents s'étaient établis à Oxford pendant les études des jeunes gens, lorsque M. Baillie vint à mourir presque subitement. La joie de ses yeux avait disparu pour lady Grisell, mais elle resta dévouée jusqu'au terme de sa course, car elle suivit ses petits-fils à Londres, lorsque leurs études et leurs voyages furent terminés : « Peu m'importe où je mourrai, disait-elle, fût-ce sur la route, pourvu que mon corps repose auprès de celui de mon mari. » Elle avait quatre-vingts ans lorsqu'elle expira, le jour de Noël, comme elle était née. « Je n'ai plus rien à dire ni à faire, » avait-elle répété à ses enfants et à ses petits-enfants quelques instants avant de rendre le dernier soupir. Alors seulement l'infatigable courage et l'inépuisable activité de lady Grisell pouvaient consentir au repos.

LA DUCHESSE DE MONTMORENCY

Je quitte l'Angleterre pour revenir en France ; les temps troublés de la patrie de lady Fanshaw, de mistress Hutchinson, de lady Russell et de Grisell Hume avaient devancé ceux de notre patrie. Ce n'était pas cependant absolument dans le repos que devait vivre Marie-Félicie des Ursins, duchesse de Montmorency, mais les infortunes de sa vie furent dues surtout à l'humeur aventureuse et à l'imprudence de son mari. C'est comme veuve héroïquement inconsolée que son nom trouve place dans l'histoire des femmes de son temps ; elle ne tint pas toujours dans la vie de son mari la place qu'elle méritait ; mais lorsque le malheur atteignit le maréchal témérairement engagé dans l'insurrection de Gaston d'Orléans, ce fut chez sa femme qu'il trouva le plus tendre, comme le plus fidèle appui.

Nièce de Marie de Médicis et mariée par elle, Félicie des

Ursins avait toujours su ménager à la cour les influences rivales de sa bienfaitrice et du cardinal de Richelieu. La modération naturelle de son esprit et une sorte d'indifférence fière pour les grandeurs l'avaient garantie contre le désir de mettre la main aux innombrables intrigues qui se tramaient autour d'elle. Elle fut plus heureuse en Languedoc, siège du gouvernement de son mari, qu'elle ne l'avait été à la cour. « Que voulez-vous, disait la reine mère, nous n'avons que la moitié de Mme de Montmorency, tout son cœur est en Languedoc. »

Ce fut la popularité et la faveur générale que le duc maréchal de Montmorency et sa femme rencontrèrent dans leur gouvernement qui furent indirectement la cause de leur perte. Gaston d'Orléans renouvelait ces tentatives d'ambitieuses révoltes qui faiblissaient toujours à l'heure décisive, et les dégoûts dont la jalouse prudence du cardinal de Richelieu avait abreuvé le duc de Montmorency le jetèrent dans les bras de Monsieur. Tous deux comptaient sur le soulèvement du Languedoc. Félicie des Ursins ne s'y laissait pas tromper : elle jugeait sans peine que la partie n'était pas égale pour le frère du roi et pour son mari, et que la haine du cardinal pourrait devenir un danger mortel pour l'un, tandis que l'autre en serait quitte pour faire l'un de ses plongeons accoutumés. Elle pria, elle pleura, elle insista ; le duc lui montra la lettre qu'il venait de recevoir de Gaston d'Orléans déjà à demi vaincu : « J'ai recours à vous comme à mon dernier refuge, vous pouvez me sauver sans vous perdre. Laissez-moi me confier à votre valeur et me jeter dans vos bras. »

Il n'y avait plus à hésiter, et la duchesse le sentait ; son mari avait été trop loin dans la conspiration contre le cardinal pour reculer au dernier moment. C'était chose à faire pour Gaston d'Orléans, mais non pour le duc de Montmorency.

Gaston d'Orléans était en effet à Béziers, attendant l'issue de la partie qui se jouait dans les environs de Castelnaudary sans y prendre part. Le duc en partant avait laissé sa femme évanouie entre les bras de ses suivantes qu'il avait appelées à son secours ; un pressentiment funeste s'était emparé de son âme comme de celle de la duchesse, qui ne s'était d'ailleurs pas fait un moment d'illusion sur les conséquences probables de la rébellion de Monsieur. Dans son long séjour à la cour, silencieuse qu'elle était d'ordinaire, sans se laisser absorber comme la plupart des dames qui l'entouraient par quelque intrigue romanesque, elle avait eu le temps de peser la puissance du cardinal en comparaison de toutes les autres influences qui s'agitaient autour du roi Louis XIII, et elle savait bien que les tentatives pour le renverser échoueraient misérablement. « Il a plus d'esprit qu'eux tous, » pensait la jeune Italienne, amenée du pays des conspirations compliquées à la cour de France ; elle ne quittait plus la chapelle de son hôtel.

Le combat ne fut pas long ; malgré la bravoure héroïque de son chef, la petite bande d'Henri de Montmorency vit en un instant tous ses chefs renversés sur le carreau, le comte de Moret et le comte de Rieux furent tués au commencement de l'action, plus heureux que le maréchal de Montmorency qui avait reçu dix-huit blessures lorsque son cheval, blessé comme lui, s'abattit subitement et le livra aux mains de ses ennemis. Il fut aussitôt emmené à Villefranche, d'où il écrivit à la duchesse sa femme, qui lui avait envoyé sur-le-champ l'un de ses écuyers : « Mon cœur, j'ai reçu une très singulière consolation de voir Maurens ; je vous avais déjà écrit ce qu'on espérait de mes blessures. Je puis vous assurer qu'elles sont en l'état qu'il vous dira, et que la plus cuisante peine que je ressens en mes malheurs est de m'imaginer la vôtre. Sortez-en donc pour l'amour de moi, puisque la vie est assurée et que Dieu fait tout pour le mieux. Adieu, je suis tout vôtre.

« Henri de Montmorency. »

La vie n'était pas assurée, bien qu'aucune des blessures du maréchal ne fût mortelle ; il le savait bien et sa femme le savait comme lui. La malheureuse duchesse avait fait demander au maréchal de Schomberg, vainqueur à Castelnaudary, la permission de voir son mari, qui avait été transféré au château de Lectoure : « Attachez-vous plutôt à Monsieur, dit-il en refusant, et tâchez qu'il se souvienne de votre mari en ses accords. » La

COMBAT DE CASTELNAUDARY (d'après gravure du temps).

duchesse avait suivi ce conseil. Elle suivait Gaston d'Orléans dans sa litière tristement fermée; elle était malade et faible, mais elle s'attachait comme à son unique espoir à ce prince ondoyant et infidèle qui venait de rentrer à Béziers avec quelques troupes en désordre, les unes qui n'avaient pas combattu, non plus que leur chef, les autres, restes débandés des soldats de Montmorency. Le roi avançait vers le Midi, et était arrivé à Lyon, puis à Pont-Saint-Esprit. Sur le bruit de sa venue, les villes effrayées s'empressaient de rentrer dans leur devoir : Alby avait chassé son évêque, qui l'avait, disait-on, entraînée à la rébellion; Béziers se préparait à se rendre. Le roi avait fait donner ordre à son frère de s'y rendre. « Dites à mon frère qu'il peut rentrer à Béziers, et que je traiterai avec lui en ce lieu, témoin de son crime, mais que je n'y veux point d'autre que lui, » avait dit Louis XIII.

Les premières propositions de Gaston d'Orléans avaient été rejetées : elles étaient fières et stipulaient la sûreté de tous ses amis et des avantages pour eux comme pour lui. Lorsque l'accommodement fut enfin conclu, le prince avait abandonné tous ses serviteurs, s'engageant même à ne se point plaindre du châtiment qui pourrait leur être infligé, et la duchesse de Montmorency se voyait refuser l'accès auprès du roi, fort prévenu contre elle comme une créature de la reine sa mère ; elle avait reçu l'ordre de se retirer au château de la Grange de Pézénas.

Les sollicitations et les solliciteurs ne manquaient pas auprès du roi et du cardinal, avant même que le procès du duc, transféré devant le parlement de Toulouse, fût clos par la fatale sentence; le duc d'Orléans lui-même, par pure honte, le duc de Ventadour et la princesse de Condé, beau frère et belle-sœur de Montmorency, le duc d'Angoulême, le vieux maréchal d'Épernon et, à l'étranger, le pape Urbain VIII, le roi Charles Ier, le duc de Savoie demandaient ardemment cette grâce, que personne ne devait obtenir : « Je ne serais pas un roi, si mes sentiments étaient semblables à ceux des autres hommes, » avait dit Louis XIII au maréchal de Châtillon qui s'aventurait à insister encore auprès de lui.

L'arrêt fatal était prononcé, et le duc avait déjà revêtu l'habit de toile blanche qu'il avait fait préparer à Lectoure en prévision de sa condamnation. Il écrivit à sa femme pour la dernière fois : « Mon cher cœur, je vous dis ce dernier adieu, avec une affection pareille à celle qui a toujours été parmi nous. Je vous conjure, par le repos de mon âme, que j'espère être bientôt au ciel, de modérer vos ressentiments et de recevoir de la main de notre doux Sauveur cette affliction. Je reçois tant de grâces de sa bonté que vous devez avoir tout sujet de consolation. Adieu, encore une fois, mon cher cœur. »

« *Surgite, eamus,* » dit Montmorency en se soulevant avec peine sur la couche encore douloureuse où le retenaient ses blessures et il marcha sans faiblir vers l'échafaud dressé dans la première cour du palais du Capitole. Il avait fait couper pour la duchesse la petite tresse de cheveux ou cadenette qu'il portait sur la tempe gauche et les dernières paroles de son testament léguaient au cardinal de Richelieu un beau tableau et deux statues. Il avait envoyé au roi son collier de l'ordre et son bâton de maréchal, l'assurant qu'il était fort repentant de l'avoir offensé et qu'il mourait son très humble serviteur. Ainsi en paix avec ses amis et avec ses ennemis, Henri de Montmorency mourut à trente-sept ans, au pied de la statue de Henri IV, qui l'avait lui-même tenu sur les fonts baptismaux : « Je n'aimais que lui, ô mon Dieu ! s'écria la malheureuse femme en sortant des défaillances où l'avaient jetée la fatale nouvelle, et vous me l'avez ôté pour m'obliger à n'aimer que vous ! »

Madame de Montmorency n'avait pas d'enfants pour lesquels elle fût obligée de vivre. La confiscation des biens de son mari la réduisait à la plus extrême gêne ; la liberté même lui était refusée, car à peine le maréchal était-il mort, qu'un exempt du roi avec deux officiers se présentait au château de la Grange de Pézénas pour lui ordonner de quitter le Languedoc, et de se retirer à son choix à la Fère, à Montargis ou à Moulins. Il lui fallut emprunter quelque argent pour payer son voyage, et se faire porter à demi mourante dans le carrosse qui l'attendait

PORTRAIT DE H. DE MONTMORENCY, PAR CL. MELLAN.

pour la mener à Moulins, où elle resta presque emprisonnée pendant plus d'un an.

Elle s'était mise sous la direction du P. Arnam, qui avait assisté son mari à ses derniers moments, et tout l'effort du bon prêtre allait à l'amener au pardon pour les ennemis de son mari. Une vision qu'elle eut à cette époque servit plus que toutes les exhortations à lui donner la force de cet acte de charité chrétienne, quelquefois le plus difficile de tous. « Un matin qu'elle sommeillait doucement, dit son biographe, presque son contemporain, il lui sembla voir M. de Montmorency dans un de ces costumes qui lui étaient habituels autrefois. Écartant les rideaux dont elle était enveloppée, il s'assit sur le bord du lit ainsi qu'il lui arrivait quand elle était malade, et la regardant gravement, mais d'un œil doux et joyeux : « Me voici, dit-il, avec la permission de Dieu, puisque vous m'avez souvent demandé. Que voulez-vous savoir ? — Où vous avez mérité d'être placé par la main du Seigneur ? demanda-t-elle avec une vive émotion. — Ah ! que Dieu est bon ! dit le duc ; je suis heureux de son bonheur même, je suis parmi les élus. — Mais, reprit Marie-Félicie, quelle est surtout celle de vos actions qui vous a fait obtenir cette grâce souveraine ? — La facilité avec laquelle j'ai pardonné. Dieu m'a fait miséricorde parce que je me suis montré miséricordieux envers ceux qui ont désiré ma mort. » — Ces paroles rappelèrent à la duchesse une personne morte tout récemment et qui avait été l'un de leurs ennemis les plus acharnés. « Qu'est-il devenu ? » demanda-t-elle précipitamment. Mais le duc d'un ton sévère : « Ne vous informez pas de ce qui concerne ceux que Dieu doit juger. N'est-ce point assez de l'assurance que je vous donne pour moi, qui ne suis qu'un autre vous-même ? Pardonnez de cœur à vos ennemis et aux miens. » Et il disparut.

« Ceux que nous avons perdus sont plus près de nous que nous ne le savons ! » ai-je entendu dire souvent à l'un des plus fermes esprits comme des cœurs les plus fidèlement tendres que la terre ait jamais connus ; pourquoi Dieu ne permettrait-il pas quelquefois que les voiles se soulevassent un instant ?

La duchesse avait sur les instances de ses amis réclamé son

douaire et sa dot, qui lui avaient rendu l'aisance, sinon la fortune dont elle avait joui naguère. Son premier soin, en dehors des charités inépuisables qu'elle versait à pleines mains sur tous les pauvres à la portée de ses bontés, fut de faire préparer le projet de l'église et du mausolée qu'elle voulait élever à la mémoire de son mari et qui font encore aujourd'hui l'ornement de la ville de Moulins. Elle avait été autorisée à sortir de sa demeure pour se promener dans la ville et jusque sur les remparts ; mais elle n'usa pas longtemps de la liberté qui lui était ainsi rendue, car elle devint religieuse dans le couvent de la Visitation de Moulins, fondé comme toutes les maisons de cet ordre par sainte Jeanne de Chantal, qui ne tarda pas à passer quelque temps comme supérieure dans la maison même où la duchesse faisait son noviciat. Elle était tendrement liée avec elle et l'aida sans doute à rompre les derniers liens qui l'attachaient à la terre. Marie-Félicie de Montmorency avait fait, avant d'entrer dans son couvent, le grand pas de pardonner à ses ennemis, car elle avait reçu avec douceur et sans récriminations la visite de Gaston d'Orléans, et elle devait peu après, dans le fond de sa cellule de religieuse, recevoir les compliments du roi Louis XIII et du cardinal de Richelieu qui se rendaient à Perpignan en traversant Moulins, et qui s'étaient souvenus de celle qu'ils avaient rendue veuve dix ans auparavant. Elle mourut en 1657 ; depuis longtemps, comme le dit Bossuet, « elle ne respirait plus que du côté du ciel. »

SAINTE JEANNE DE CHANTAL

Elle avait aimé et elle avait été aimée par une des femmes qui ont le plus puissamment agi sur leur génération dans cette voie de la consécration directe à Dieu qu'on a cru trouver exclusivement à l'ombre du cloître. Personne n'en a été plus complètement convaincu que Jeanne Frémyot, baronne de Chantal ; l'amie et la fille spirituelle de saint François de Sales, la veuve pieuse et inconsolable de Christophe de Chantal, grand-père de madame de Sévigné. Elle était la seconde fille du président

MADAME MARIE-FÉLICITÉ DES URSINS, DUCHESSE DE MONTMORENCY.

Frémyot et elle appartenait ainsi à une famille habituée depuis longtemps aux plus grandes charges de la magistrature de province, en attendant qu'elle eût reçu l'honneur d'arriver au premier rang dans l'Église. Le frère de sainte Chantal fut archevêque de Lyon. Le père de Jeanne, le président Frémyot, avait été le modèle des vertus fortes de son temps ; à travers l'époque troublée de la fin de la Ligue et du règne d'Henri IV, il avait su s'attirer la confiance du roi et l'estime qu'il méritait. Pendant la Ligue, il lui était arrivé de s'emparer par un coup de main de la petite ville de Flavigny et d'y convoquer les magistrats royalistes sortis de Dijon ; les ligueurs furieux s'emparèrent à leur retour de son fils André tout jeune encore, et firent savoir au père que s'il ne dissolvait le parlement royaliste, la tête de son fils était dans le sac. « Mieux vaut que l'enfant meure innocent et que le père ne vive pas coupable ! » s'écria le président en face de cette horrible alternative, et il écrivit à M. de Fervaques, gouverneur de la province, une lettre si courageuse, si ferme et si pénétrante, que les ligueurs, même les plus violents, n'osèrent passer outre. « J'aimerais mieux mourir tôt ayant réputation entière, que vivre longuement sans réputation, » avait-il écrit. Son fils lui fut rendu au bout de quelque temps.

Élevée dans cette atmosphère de vertu courageuse et de droiture inflexible, la petite Jeanne s'habitua dès l'enfance à faire tout plier devant l'idée du devoir. Elle a pu se tromper, elle s'est trompée, bien des fois, dans son appréciation du devoir que Dieu exigeait d'elle ; mais le devoir, tel qu'elle le comprenait, était le maître de sa vie : elle le fit toujours passer avant même les inspirations de l'amour le plus tendre. Dieu et sa volonté avaient pris possession de son âme, avant même qu'elle eût atteint l'âge de raison ; elle avait vingt ans lorsqu'elle se maria.

La vie du monde et de la cour ne pouvaient convenir à la fille du président Frémyot et à la femme de Christophe de Chantal. Le jeune ménage n'était pas riche d'ailleurs, et la terre de Bourbilly, plus tard si chère à madame de Sévigné, était grevée de quinze mille livres de dettes. Jeanne de Chantal n'avait pas de goût pour les soins du ménage. « Elle était de riche taille, d'un port généreux et majestueux, écrit la mère de Changy, la compagne de toute sa vie religieuse, et d'une beauté naturelle fort attrayante, sans artifice et sans mollesse ; son humeur était vive et gaie, son esprit clair, prompt et net, son jugement solide ; il n'y avait en elle rien de changeant ni de léger. » On l'avait surnommée *la Dame parfaite*, et ce fut avec un regret universel qu'on la vit sortir de Dijon pour aller demeurer à Bourbilly, dont la terre avait grand besoin de l'œil et de la main du maître, étant depuis longtemps une maison déserte par l'absence d'une maîtresse dans la demeure. Madame de Chantal cependant ne se sentait pas portée vers ces modestes soins. « Il lui fâchait beaucoup, reprend la mère de Changy, de sacrifier sa liberté innocente aux tracas embarrassants des soins du ménage. » Le baron, qui avait l'esprit fort sage, lui dit pourtant un jour qu'il fallait qu'elle se résolût à porter ce fardeau, que la femme sage édifie sa maison, que celles qui méprisent ce soin détruisent les plus riches. Pour l'encourager à se résoudre à cette nécessité, il lui donna l'exemple de feu madame la baronne de Chantal, sa mère, femme d'incomparable vertu, et la jeune baronne touchée se résolut, dès ce jour même, de se rendre son imitatrice, et sans plus disputer elle se chargea des affaires et des soins de la maison. Elle ceignit ses reins de force et fortifia ses bras pour entreprendre la charge de cette maison où, comme dans un ménage de garçon, elle trouva les choses fort mal réglées, d'autant mieux que M. de Chantal le père faisait ménage à part à Montelon, et son fils à Bourbilly, brûlant ainsi la chandelle par les deux bouts. Cette femme diligente devint donc la couronne de son mari, dont le cœur se fiait en elle, et elle entreprit avec joie et générosité de régler sa maison. Avec quel soin et quelle autorité naturelle elle s'en acquitta, la preuve en fut l'ordre qui succéda au désordre, dans cette maison constamment assiégée par les pauvres dont elle était devenue la mère, si bien qu'ils venaient de six à sept lieues à la ronde chercher leur pain quotidien en temps de famine chez cette soigneuse ménagère qui faisait toujours la distribution elle-même. Elle était sévère à bannir la mauvaise conduite de sa maison, mais extrêmement bénigne

SAINTE CHANTAL ET SAINT FRANÇOIS DE SALES.
(D'après une ancienne gravure).

pour ceux dont les fautes n'étaient point malicieuses, et elle avait des adresses toutes particulières pour adoucir l'esprit de

FRANÇOISE-FRÉMYOT CHANTAL.
(D'après la gravure de Daret.)

son mari, quand elle voyait qu'il se fâchait contre quelqu'un ou qu'il voulait faire quelque châtiment avec trop de promptitude, ce qui faisait que M. de Chantal lui disait souvent : « Si je suis trop prompt, vous êtes trop bonne. » Quelquefois il faisait mettre des paysans dans la prison du château, qui était malsaine à cause de son humidité. Quand c'était pour des sujets qu'elle jugeait trop minces, elle faisait sortir le prisonnier et coucher dans un lit; et le lendemain de grand matin, pour ne pas déplaire à son mari, elle remettait le prisonnier dans sa prison, et en allant donner le bonjour à M. de Chantal, elle lui demandait si aimablement congé d'ouvrir à ces pauvres gens et de les mettre en liberté, que quasi toujours elle l'obtenait.

Avec cette grâce qui embellissait tout ce qu'elle touchait, on ne saurait s'étonner du témoignage que rend Bussy-Rabutin lui-même aux vertus de Mme de Chantal. « Trouvant en sa femme de grands agréments de corps et d'esprit, Chantal s'attacha fort à elle, l'aima avec des tendresses extraordinaires. Ce qui entretint encore cet amour jusqu'à la mort fut les fréquentes absences et plus longues que les séjours qu'il faisait auprès d'elle. Quand il était à l'armée ou à la cour, elle se donnait toute à Dieu; quand il retournait auprès d'elle, elle se donnait toute à lui. »

Ces absences dont M. de Bussy parle si légèrement étaient le grand chagrin du mari et de la femme. Pendant ce temps-là Mme de Chantal ne sortait pas de sa terre, occupée exclusivement du soin de ses affaires et de celui des pauvres; habituellement très simple dans sa parure, à une époque où le débordement des folles dépenses avait nécessité des actes royaux pour les réprimer, elle retranchait encore quelque chose à ses ornements lorsque M. de Chantal n'était pas à Bourbilly. « Ne me parlez pas de cela, disait-elle lorsqu'on lui reprochait sa simplicité; les yeux auxquels je dois plaire sont à cent lieues d'ici : ce serait bien inutilement que je m'agencerais. »

M. de Chantal avait quitté la cour depuis quelque temps, ne voulant pas obéir à un ordre qu'il avait reçu et qu'il trouvait injuste; il était venu se consoler auprès de sa femme de sa disgrâce, lorsqu'il devint gravement malade et faillit mourir. « Chantal étant tombé malade, dit encore Bussy-Rabutin, sa femme, qui l'aimait éperdument, passait les jours au chevet de son lit et les nuits à la chapelle. » Dieu préparait ainsi ces deux âmes si tendrement unies au grand sacrifice qu'il allait leur demander. M. de Chantal s'était remis et il avait repris sa vie ordinaire, encourageant de sa présence et de sa sympathie les grandes charités auxquelles se livrait sa femme de plus en plus, si bien qu'elle avait été obligée de faire construire un four spécial, qu'on appelait le four des pauvres, où l'on cuisait sans cesse, sans pouvoir satisfaire aux besoins de la population affamée; il avait fallu faire ouvrir dans la cour une seconde porte, afin que les pauvres qui avaient reçu leur pitance pussent se retirer par là sans gêner ceux qui entraient. Il arrivait parfois que ceux qui avaient déjà été servis, rentraient par la première porte. Mme de Chantal s'en apercevait fort bien, mais elle n'avait pas le cœur de les renvoyer à vide. « Mon Dieu, disait-elle, à tout moment je mendie à la porte de votre miséricorde; voudrais-je à la seconde ou à la troisième fois être chassée? Mille et mille fois vous souffrez bénignement mon importunité; n'endurerai-je pas aussi celle de votre créature? »

Pendant sa maladie, M. de Chantal voulait que sa femme et lui se fissent une promesse réciproque, que le premier libre par la mort de l'autre consacrerait le reste de ses jours au service de Dieu; mais, le cœur de sa femme ne pouvant ouïr parler de séparation, elle détournait toujours le propos.

La fin venait cependant, foudroyante et terrible. Un des voisins et des parents de M. de Chantal était venu l'inviter à une partie de chasse. Il aimait beaucoup cet exercice et s'y livrait souvent. M. d'Anlezy sortit donc avec M. de Chantal, accompagnés de quelques domestiques. Ils n'allaient pas loin, les bois étant tout proches du château. Tous deux avançaient lentement par une des avenues, leurs gens étaient un peu en arrière, lorsque tout à coup on entendit une détonation, un cri, on accourut; M. de Chantal gisait à terre, baigné dans son sang.

Plusieurs balles du fusil de M. d'Anlezy s'étaient logées dans la cuisse et la hanche de son ami; par quelle mésaventure, on ne le sut jamais. Le malheureux auteur de l'accident errait comme un fou, cherchant à attenter lui-même à sa vie. C'était toute la crainte de M. de Chantal, qui ne le quittait pas des yeux.

« Cousin, criait-il à son ami, le coup m'est lâché du ciel avant de venir de ta main. Je t'en prie, ne pêche point et rappelle-toi toujours que tu es chrétien. »

On avait transporté le mourant dans une maison voisine ; plusieurs domestiques avaient été envoyés à la recherche d'un prêtre, un cinquième était allé prévenir Mme de Chantal. Elle était à peine relevée après la naissance de son dernier enfant, lorsque le domestique lui annonça que M. de Chantal était blessé à la cuisse, ainsi qu'il en avait lui-même donné l'ordre. Un pressentiment sinistre la saisit ; elle courut retrouver son mari en répétant plusieurs fois : « On me dore la pilule, j'en suis certaine. » Dès que son mari l'aperçut, il lui cria de loin : « M'amie, l'arrêt du ciel est juste, il faut l'aimer, et puis mourir. »

La malheureuse Mme de Chantal n'était pas naturellement d'un caractère soumis et patient. « Non, s'écria-t-elle en entendant ainsi parler son mari : il faut chercher guérison... — Ce sera en vain, » dit le malade. Elle ne put s'empêcher de dire quelques mots sur l'imprudence de celui qui avait fait ce funeste coup. « Ah ! dit M. de Chantal, honorons la divine Providence, regardons ce coup de plus haut ! » Ce généreux seigneur, d'un esprit tranquille et résigné, s'informa s'il n'était point encore venu de prêtre ; il en arriva un qui le confessa. C'est chose admirable que la constance de ces grands cœurs ! Le malade parlait de sa blessure et de son prochain repos comme si cela eût touché un autre que lui ! Il encourageait celui qui l'avait blessé, qu'il préserva par ses paroles de l'attentat qu'il voulait commettre sur lui-même pour venger la mort de son ami. Enfin, les médecins qu'on avait envoyé chercher arrivèrent, auxquels la baronne affligée dit sans détours : « Messieurs, absolument, il faut guérir M. de Chantal. » Le malade entendit cela de son lit et répliqua en souriant : « S'il ne plaît au médecin du ciel, ceux-ci ne feront rien. »

Le médecin du ciel ne voulait pas guérir le serviteur excellent et charmant qu'il rappelait à lui dans la fleur de son âge. On avait rapporté dans sa maison M. de Chantal, qui ne se plaignait pas, ne murmurait pas, mais qui se sentait mourir. Il cherchait en vain à obtenir de sa femme la résignation à laquelle il semblait s'être porté lui-même d'un seul coup. La douleur de cette femme désolée était si grande, qu'elle ne put jamais faire taire son cœur jusqu'à prononcer le oui de cette résignation ; mais, se dérobant de la chambre du malade, elle allait crier tout haut dans quelque lieu écarté : « Seigneur, prenez tout ce que j'ai au monde, parents, biens et enfants, mais laissez-moi ce cher époux que vous m'avez donné ! »

Dieu ne voulait point écouter les prières de la malheureuse Mme de Chantal. Il y a de ces coups de foudre qui brisent les âmes les plus fortes, comme le tonnerre déchire et fend les plus grands chênes. Jeanne de Chantal vit mourir son mari neuf jours après sa blessure. Il avait pris toutes ses précautions pour la protection de celui qui avait causé sa mort, insérant même dans son testament que, si l'un de ses enfants cherchait jamais à le venger, il serait par cela même et de ce fait déshérité de toute part dans les biens paternels. Quelques mois plus tard, Mme de Chantal présentait au baptême un des enfants de M. d'Anlezy, comme un dernier et suprême acte d'obéissance aux charitables volontés de son mari.

« Nous n'entreprendrons pas, dit la Mère de Changy, de servir d'écho à la douleur de celle qui demeurait veuve à vingt-huit ans, avec ses quatre petits enfants qui lui restaient des six qu'elle avait eus ; elle s'échappait du château pour pleurer seule, fuyant les consolations et la sympathie des hommes. « Ah ! disait-elle, « que ne me laisse-t-on pleurer à mon aise ! On croit me soulager et « on me martyrise ! » « La douleur de la pauvre veuve, écrit Bussy-Rabutin, fut telle qu'elle n'était plus reconnaissable ; elle se faisait mille violences pour la réprimer, mais on s'aperçut qu'elle passait les nuits à genoux, à prier et à pleurer, en sorte qu'on fut obligé de veiller pour la faire au moins tenir au lit. Au bout de trois ou quatre mois, elle était devenue comme un squelette et l'on commençait à craindre pour sa vie. »

Elle n'avait pas encore achevé sa tâche de mère de famille et elle commençait à peine une œuvre plus étendue qu'elle n'entrevoyait pas encore. Elle fut appelée chez son beau-père, le baron de Chantal, « homme sévère et chagrin, âgé de près de soixante-quinze ans, et qui lui écrivit qu'il voulait qu'elle vînt demeurer avec lui, sans quoi il se remarierait et déshériterait ses enfants. La vertueuse veuve reçut par manière d'obéissance ce commandement de son beau-père et, soumettant son cœur à cette croix, elle alla demeurer chez lui avec ses quatre enfants pour y faire un purgatoire de sept ans et demi ».

Le vieillard avait en effet une servante qui ne bougeait d'auprès de lui pour le service de sa personne, et à laquelle il avait entièrement remis le maniement de sa maison et de ses biens. Et certes, comme rien n'est plus insupportable qu'une servante qui devient maîtresse, cette femme faisait si bien valoir sa surintendance que l'humble belle-fille n'aurait pas osé faire donner un verre de vin à un messager sans son ordonnance. Elle avait en vain essayé de porter remède au désordre qui régnait dans la maison, mais elle vit que c'était exciter de nouveaux troubles et fâcher son beau-père, qu'elle espérait toujours gagner à Dieu. Elle se résolut donc à une profonde patience, dans laquelle elle posséda son âme, ne se réservant aucune autorité dans la maison que celle de servir les pauvres.

Cet effort continuel sur une nature ardente et impérieuse devait jeter et jeta en effet Mme de Chantal dans une dévotion de plus en plus exclusive, dirigée et réglée désormais par le grand évêque auquel elle avait depuis l'année 1604 confié l'empire souverain sur son âme. C'était à Dijon, chez son père, le président Frémyot, qu'elle avait appris à connaître saint François de Sales; ces deux âmes et ces deux esprits d'élite s'étaient sentis attirés l'un vers l'autre par une irrésistible puissance, comme s'ils s'étaient connus et aimés de longue date. « Je sens une suavité extraordinaire dans l'affection que je vous porte, écrivait à sa nouvelle fille l'évêque de Genève, dès ce temps-là grand directeur des âmes pieuses; elle est forte, indestructible, sans mesure, ni réserve, mais douce, facile, toute pure, toute tranquille, bref, si je ne me trompe, toute en Dieu. »

Saint François de Sales, tout sage et tout modéré qu'il était dans la prudente direction des âmes, ne se trompa-t-il pas en poussant doucement Mme de Chantal dans la voie où elle était entrée d'elle-même, et ne l'arracha-t-il pas trop tôt et trop complètement à cette famille qui avait besoin d'elle, à cette place du monde où Dieu l'avait visiblement envoyée lui-même? Je n'entreprends pas de discuter la question, qui serait celle de beaucoup de vocations religieuses, et je m'arrête à cette période de la vie de Mme de Chantal, à laquelle cesse son rôle dans la famille humaine. Elle n'a plus sa place dans l'histoire des hommes de sa maison, celle qui passa sur le corps de son fils, Celse-Benigne, couché en travers de la porte pour retenir une mère chérie dans l'enceinte de sa demeure terrestre. Désormais cette grande âme, cet esprit supérieur appartiennent à la famille spirituelle qu'elle a fondée; les grandes facultés d'administration, d'organisation, de direction dont elle était douée ne trouvaient pas un champ assez vaste dans les étroits domaines de Bourbilly et de Monthelon, elle va plus loin, peut-être plus haut, et les quatre-vingts monastères de la Visitation sortant, pour ainsi dire, de terre à sa voix, sont une preuve assez frappante de l'influence qu'elle exerçait sur les âmes. Lorsqu'elle mourut, en 1633, son fils avait été tué à la défense de l'île de Ré contre les Anglais; ses deux filles aînées l'avaient également devancée dans l'éternité, il ne lui restait plus que Mme de Toulongeon, la petite Françoise, qui venait de naître au moment de la mort de son mari; tous ses enfants avaient pieusement vécu ou étaient morts dans la foi. Le Dieu auquel elle les avait confiés en les quittant pour se consacrer complètement à lui n'avait pas abandonné les orphelins.

LA MÈRE ANGÉLIQUE ARNAULD

Ce n'est pas sans hésitation que je recueille ici, dans une même gerbe des femmes mêlées activement à l'histoire des hommes de leur famille et de leur nom, celui d'Angélique Arnauld, la grande abbesse de Port-Royal, et cependant elle a exercé sur ses frères, sur ses neveux, sur son père lui-même une influence si considérable et si décisive, qu'il me semblerait injuste de passer sous silence cette religieuse, qui ne fut jamais femme ni mère. Elle a tenu dans son temps une place qui ne saurait rester vide ici.

On sait l'histoire des manœuvres de M. Marion, père de Mme Arnauld, pour doter ses petites-filles Jacqueline et Jeanne des abbayes qu'elles devaient rendre célèbres par leur vertueuse direction. Dès leur petite enfance, le vieil avocat général avait entrepris en cour de Rome une campagne qui aboutit à faire désigner ses deux petites-filles comme abbesses de Port-Royal et de Saint-Cyr, avant qu'elles eussent, l'une sept et l'autre cinq ans. La différence des natures se manifestait dès lors entre les deux petites sœurs, qui devaient rester si tendrement unies. Toutes deux avaient été d'abord transportées de joie en apprenant une promotion dont elles ne comprenaient ni le sens ni l'importance ; mais lorsque la petite Jeanne (plus tard la Mère Agnès) eut gravement réfléchi à la nouvelle que son grand-père lui avait annoncée, elle revint auprès de lui en disant : « Bon papa, on me dit qu'une abbesse répond devant Dieu de l'âme de ses religieuses, et je crois que j'aurai bien assez à faire de la mienne ; je ne saurais donc être abbesse ; » mais Jacqueline, la future Mère Angélique, cria : « Si bien, moi, veux-je être abbesse, et je saurai bien veiller à ce que mes filles fassent leur devoir ! »

Les deux sœurs se retrouvèrent dans le couvent de Port-Royal, dont Angélique avait pris la direction à dix ans en qualité d'abbesse et à la mort de l'abbesse de Port-Royal. C'était par une fausse déclaration quant à l'âge de l'enfant que cette faveur avait été obtenue de la cour de Rome. La petite abbesse Angélique passait pour avoir atteint sa dix-septième année.

Le couvent de Port-Royal était pauvre : ce qui le préservait, dans une certaine mesure, de la corruption régnant à cette époque dans un grand nombre d'autres monastères ; il était cependant si mondain et relâché, que Mme Arnauld prit soin d'envoyer une discrète personne avec sa fille lorsqu'elle l'établit toute enfant dans son couvent sous la direction d'une bonne prieure. L'aumônier du monastère passait tout son temps à la chasse et ne savait pas dire son *Pater* en français.

Cette vie religieuse, toute mitigée qu'elle fût, et constamment entremêlée de visites maternelles, paraissait un fardeau insupportable à la petite Angélique, ardente, impérieuse et si affamée de liberté, qu'elle médita un moment de rompre tous ses liens et de s'enfuir chez ses parents huguenots, à la Rochelle, pour se débarrasser à tout jamais de l'abbaye et de la vie d'une nonne. Lorsque ses sentiments commencèrent à changer à l'égard de Dieu, et qu'elle eut pour la première fois envie de lui appartenir et de le servir, elle prit l'horreur de sa charge d'abbesse bien plus vivement encore qu'elle n'avait éprouvé d'aversion pour la vie religieuse. « J'avais tellement en dégoût l'engagement où je me trouvais d'avoir charge et autorité, disait-elle plus tard à ses religieuses, que je n'avais autre pensée dans l'esprit que de chercher les moyens d'en sortir, pour aller en tel lieu qu'il plairait à Dieu, car il m'était indifférent où ce pourrait être, et il me semblait que je serais trop heureuse partout quand je serais délivrée de ce fardeau qui m'était si insupportable. Ma première pensée fut d'être capucine, depuis je pensai à être feuillantine, et quand j'eus connu M. de Genève, je pris quasi tout à fait la résolution d'être de Sainte-Marie (de la Visitation), mais ce n'était tant ni pour les lieux ni pour les ordres que pour trouver un moyen de me dégager de ma condition d'abbesse, et de pouvoir vivre dans l'obéissance et la dépendance. J'ai souhaité bien des fois de pouvoir m'en aller à cent lieues et de ne voir jamais ni père, ni mère, ni parents, quoique je les aimasse extrêmement, d'être là toute seule avec Dieu, en sorte qu'âme du monde ne me connût, et de pouvoir vivre ainsi humble et cachée, sans avoir d'autre témoin que Dieu ni d'autre soin que de lui plaire. Certainement, je ne pensais pas qu'il pût y avoir au monde une condition plus heureuse ni une félicité plus grande, en un mot je me souciais si peu où j'allasse, pourvu que je ne fusse plus abbesse, que j'eusse cru qu'il y eût eu pour moi moins de danger et moins de péril d'entrer dans une maison qui n'eût pas été réformée pour y être sœur converse, car c'était toute ma dévotion, quelque part que j'eusse été, que de demeurer avec ma charge dans ma maison avec toute la réforme et le bon ordre que j'eusse pu mettre, et, en effet, j'avais raison. Car enfin, disais-je, j'en sais assez, et pour être dans une maison où l'on ne vit pas comme on doit, cela ne m'empêchera pas d'y faire moi-même ce que je dois, et je ne laisserai pas d'y être, si je veux, pauvre, obéissante et patiente, et avec encore plus de mérite, parce que ce sera avec plus de contradictions et moins d'exemples. »

La Mère Angélique se trompait et elle ne comprenait pas, même alors, la volonté de Dieu sur les créatures qu'il a formées, si elle pensait qu'il eût été bon d'emprisonner ses grandes et rares facultés dans l'étroit cercle de devoirs d'une sœur converse; mais le Maître de toutes choses, qui sait pourquoi il les a faites, ne se laisse pas détourner des voies adorables de sa Providence par les désirs aveugles et les aspirations ignorantes de ses enfants, quelque pur que puisse paraître leur but. Il avait créé Angélique pour le gouvernement des âmes et, quel qu'eût été le chemin dans lequel elle se serait engagée, la vocation particulière à laquelle elle était destinée l'aurait reprise par force et ramenée à sa destination primitive. Elle en vint bientôt à se résigner à la tâche que Dieu lui avait confiée, car son jugement était si droit et si sain, qu'elle ne pouvait s'égarer longtemps dans des fantaisies d'exaltation ou de dévotion déraisonnable. Sa pensée dominante devint alors la réforme de son couvent suivant la règle à laquelle elle s'était engagée dans l'innocence de son jeune âge. « Vous avez fait une règle trop stricte, » lui disait un jour saint François de Sales, qui avait, en effet, dicté des lois moins rigides à ses monastères de Sainte-Marie. « Peut-être aurais-je fait autrement si j'avais dû les rédiger moi-même, répliqua-t-elle; mais, comme nous avions toutes pris l'engagement, j'ai cru que nous étions obligées de le tenir. »

Obligées! c'était le mot d'ordre de la Mère Angélique dans tous ses combats pour le rétablissement de la règle et le bouclier qu'elle opposait aux remontrances de son père et de sa mère, qui craignaient de lui voir altérer sa santé; elle avait faim et soif de voir régner l'ordre dans sa maison et elle cherchait à inspirer le même esprit à ses religieuses; mais ces filles habituées au relâchement ancien de la règle, ne semblaient pas destinées à entrer dans les intentions de leur jeune supérieure. La prieure, qui l'avait si longtemps remplacée dans le gouvernement qu'elle ne pouvait encore exercer, s'aperçut la première que la Mère Angélique était malade de chagrin et d'inquiétude. Elle l'interrogea sur sa santé et l'abbesse répondit qu'elles savaient assez le sujet de son ennui et qu'il ne tenait qu'à elles de le faire cesser. Cette bonne fille répliqua : « Madame, dites-nous ce que vous voulez que nous fassions, et, pourvu que vous soyez contente, je vous promets que nous ferons toutes choses. » Elle lui dit que ce qu'elle désirait était qu'elles missent toutes choses en commun. La prieure dit qu'elles le feraient, mais en même temps elle lui demanda si elle y avait bien pensé, et à l'augmentation de dépenses que cela causerait, que, pendant qu'on avait eu soin chacune de ses petites hardes, on les avait conservées, mais qu'il n'en serait pas ainsi quand toutes choses seraient communes.

La Mère Angélique répondit qu'il ne fallait point avoir égard à cela, et qu'il valait mieux qu'il en coûtât davantage, et que les âmes se sauvassent, en observant le vœu de pauvreté qu'elles avaient fait. « Dès l'heure même, la prieure était gagnée, dit la relation de Port-Royal ; elle qui avait fait le plus d'opposition, fut elle-même solliciter les autres, qui se rendirent en un moment, et, dès le lendemain, elles vinrent toutes avec leurs cassettes apporter leurs hardes à Mme la Supérieure, jusqu'à une bonne religieuse qui était sourde et muette à qui l'on n'avait pu faire entendre tout cela parce qu'on jugeait que son infirmité pouvait l'en dispenser, mais qui, voyant toutes les autres apporter leurs paquets, et quelques-unes lui ayant fait entendre ce que c'était, vint aussitôt d'elle-même apporter le sien. Depuis ce jour-là la communauté fut très bien établie dans la maison et la Mère perdit sa fièvre quarte. »

La communauté ne suffisait pas aux ambitions rigoureuses de la jeune abbesse, elle voulait aussi rétablir la clôture. Et comme les sœurs ne semblaient pas disposées à admettre cette nouveauté, elle déclara que la mesure serait générale et exacte et que M. et Mme Arnauld seraient exclus de l'intérieur du monastère aussi bien que tous les parents des religieuses. Cela fit taire toutes les objections; mais la plupart des filles de la Mère Angélique n'approuvaient pas franchement la conduite qu'elle avait résolu de tenir.

La courageuse abbesse avait résolu de mettre en vigueur la nouvelle ordonnance à l'occasion de la prise d'habit d'une jeune religieuse dont les parents et les amis étaient venus en grand nombre : la porte resta fermée et l'on servit la collation à tout le monde en dehors des grilles, au grand étonnement de tous. Mais là n'était pas la difficulté; ni M. ni Mme Arnauld n'étaient venus ce jour-là; ils n'étaient même pas prévenus des intentions de leur fille, qui n'avait pas osé leur écrire et qui s'était bornée à avertir sa sœur, Mlle Arnauld, bientôt sœur Anne-Marie-Eugénie de l'Incarnation; mais celle-ci n'avait rien dit à ses parents. Tous prirent enfin jour pour venir ensemble à Port-Royal, M. et Mme Arnauld, M. d'Andilly (leur fils), Mme Lemaistre (leur fille aînée) et Mlle Anne Arnauld. Lorsque la Mère Angélique le sut, l'agitation de son esprit fut grande, sans pouvoir ébranler sa constance. Les combats qu'elle livrait se lisaient sur son visage, et celles des religieuses qui étaient dans sa confidence le voyaient bien. Elle avait eu soin de retirer entre ses mains toutes les clefs des portes, de peur que quelqu'une des sœurs ne cédât, au moment décisif, au désir de faire entrer M. Arnauld, le généreux bienfaiteur de la maison.

Comme on sortait du dîner, la Mère Angélique, entendant le carrosse de son père, s'en alla seule à la porte de clôture pour soutenir l'assaut. Comme il frappait à la porte, toutes les religieuses, instruites du dessein de l'abbesse, se retirèrent à la fois et elle s'en alla seule avec une grande résolution ouvrir le guichet. « M. Arnauld se présente, dit la relation de Port-Royal, et commande qu'on lui ouvre la porte. On n'entendit point la voix du dehors et, tout le monde s'étant éloigné, on comprit seulement qu'elle le suppliait d'entrer dans un petit parloir tout près de la porte où elle pourrait lui parler; mais il n'écoutait rien, tant il était surpris d'une pareille résolution de la part d'une

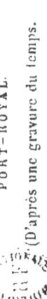

PORT-ROYAL.
(D'après une gravure du temps.)

fille de dix-huit ans. Il insiste, il presse; il commande, il se fâche, il frappe de plus en plus afin qu'on lui ouvre ; à tout cela elle ne fait que la même réponse, que s'il daignait entrer dans le parloir, elle se donnerait l'honneur de lui dire ses raisons. »

« Mme Arnauld était bonne et patiente, mais elle avait coutume d'être obéie, comme le devait être la mère de vingt enfants, qui en avait élevé dix jusqu'à l'âge de raison; elle se mit en colère,

PORT-ROYAL : CLOITRE ET CIMETIÈRE.

parlant hautement à sa fille, qu'elle nomme une ingrate : sur quoi M. d'Andilly, qui était un jeune homme de vingt et un ans et tout de feu, commença à le prendre d'un ton encore plus haut et à dire ce que les autres ne disaient pas, et ce que la passion peut suggérer en pareille rencontre à un fils qui croit agir avec d'autant plus de justice qu'il ne venge pas son injure personnelle, mais celle d'un père, offensé en apparence par sa propre fille. Il commença en même temps à s'en prendre aux religieuses et à les appeler, les conjurant de ne plus permettre qu'une personne à qui elles avaient tant d'obligations souffrît cet affront chez elles.

« Le bruit s'entendait au réfectoire, où se trouvaient encore les religieuses. Toutes n'étaient pas de l'avis de la Mère Angélique, entre autres une bonne ancienne, nommée dame Morel, et qui n'était pas tant pour la réforme, sortit dans la cour tout en

DISTRIBUTION DES AUMÔNES.

colère et, cherchant la religieuse qui avait coutume d'avoir les clefs, criait tout haut : « Quelle honte de ne pas ouvrir à M. Arnauld ! » C'était aussi le sentiment des pauvres femmes de journée qui se trouvaient ce jour-là dans le couvent, et elles le disaient parce qu'il faisait en effet beaucoup de bien aux pauvres gens à l'entour de la maison, qu'il faisait travailler à tout ce qui pouvait être utile au monastère, afin de leur faire gagner leur vie.

« M. Arnauld, voyant qu'il ne gagnait rien sur la constance de la Mère Angélique, ordonna qu'on lui rendît tout à l'heure ses deux filles qui étaient dans le couvent; il parlait de la Mère Agnès et d'une autre fille qu'il avait, et qui fut plus tard la sœur Marie-Claire : elle n'avait encore que neuf ans.

« La Mère Angélique comprit sur-le-champ son dessein, qui était d'entrer de gré ou de force dans la maison quand on ouvrirait la porte pour faire sortir ses filles. Sans se troubler, elle donna la clef de la petite porte de l'église à une religieuse en

PROCESSION DES RELIGIEUSES.

qui elle se fiait et la chargea de faire sortir ses deux sœurs par là, ce qui fut fait si promptement que M. Arnauld fut tout surpris de les voir arriver devant lui, avant de savoir qu'on les eût fait sortir. M. d'Andilly alla au-devant de ses sœurs, s'adressant à la Mère Agnès qui avait alors seize ans et lui faisant de grandes plaintes contre sa sœur. La Mère Agnès répondit avec sa gravité accoutumée que sa sœur n'avait point tort, qu'elle ne faisait que ce qu'elle était obligée de faire et ce que le concile de France lui commandait. M. d'Andilly, l'interrompant, se mit à dire à ceux qui l'entouraient : « Oh! vraiment, nous en « tenons! En voilà encore une qui se mêle de nous alléguer les « canons et les conciles! »

« Personne ne lui répondit; M. et Mme Arnauld étaient trop en colère pour écouter les remarques de leur fils, et ses deux sœurs, Mme Lemaistre et Mlle Anne Arnauld, ne disaient mot, partagées qu'elles étaient entre la douleur de leurs parents et celle de leur

CHAPITRE.

sœur, qui se faisait une si dure violence en refusant l'entrée de la maison à ses parents.

« Enfin M. Arnauld donna l'ordre de remettre les chevaux au carrosse pour s'en retourner. Il consentit cependant à entrer au parloir pour dire un mot à sa fille, qui l'en suppliait toujours avec les plus vives instances. Elle y entra de son côté. Dès qu'elle ouvrit la grille, elle aperçut ce bon père dans un saisissement de douleur qui était peint sur son visage; elle ne savait comment exprimer ce qu'elle sentait, quand son père prit la parole, lui disant en peu de mots « qu'elle avait eu jusque-là un père qui l'avait aimée, qui avait pris soin de ses affaires plus que des siennes propres, que désormais sa conduite envers lui l'empêcherait de pouvoir lui donner les mêmes preuves de son amour; mais, tout en lui déclarant qu'il ne la reverrait plus, il lui faisait une dernière prière, qui était que, pour l'amour de lui, elle eût soin de se conserver elle-même et de ne pas ruiner sa santé et sa vie par des austérités indiscrètes ».

RÉFECTOIRE.

« Jusque-là le courage de la Mère Angélique avait tenu bon devant les reproches et la colère de ses parents; mais la bonté et la tendresse de son père lui percèrent le cœur d'une douleur si pénétrante, que, son corps ne pouvant plus supporter l'horrible combat de son esprit, elle tomba par terre évanouie.

« A l'instant tout changea de face : M. Arnauld ne se souvenant plus s'il était offensé, mais seulement qu'il était père, ne sachant pas si sa fille était encore en vie, se mit à crier, à appeler pour faire venir les religieuses, afin de relever la Mère Angélique qui était toute seule au parloir; mais pas une n'avait le courage d'entrer, car ce jour-là on était bien éloigné de courir où l'on entendait du bruit et on s'enfuyait plutôt.

« Mme Arnauld n'était pas si effrayée, et elle comprenait plus vite que les religieuses ce que voulait M. Arnauld; elle courut donc avec ses filles à la porte de clôture, commençant à heurter

CONFÉRENCE DANS LA SOLITUDE.

et à faire un tel bruit qu'il semblait qu'elles dussent tout enfoncer. Les religieuses ne venaient cependant pas : elles étaient si effrayées qu'elles eussent toutes voulu se boucher les oreilles. Enfin l'une d'elles, qui se trouvait moins effarée, entendit la voix de M. d'Andilly qui leur criait de toutes ses forces « qu'elles s'en allassent songer à leur abbesse qui se mourait dans le parloir. Elles y coururent enfin et trouvèrent la pauvre Mère Angélique encore étendue à terre, sans mouvement et sans connaissance. Lorsqu'elle commença à revenir de sa faiblesse, ouvrant à peine

ANTOINE ARNAULD.

les yeux, elle aperçut son père encore à la grille, qui était dans une inquiétude et une appréhension qui ne se peuvent dire; elle fit effort pour prononcer ces paroles : « Je ne vous demande « autre chose que de vouloir bien ne pas vous en aller aujour- « d'hui. »

« Le passé était passé, continue la relation de Port-Royal; le pauvre M. Arnauld ne se souvenait plus que de l'état où il voyait sa fille et il promit sur-le-champ qu'il ferait tout ce qu'elle voudrait. On emporta l'abbesse pour la mettre au lit, et un autre lit fut préparé dans le parloir pour l'y rapporter lorsqu'elle aurait un peu repris ses esprits et ses forces. »

Ce fut à ce moment même que le religieux qui avait conseillé la Mère Angélique en toute cette affaire et que le couvent avait demandé pour confesseur, ayant appris qu'elle s'était trouvée mal, vint au parloir pour en savoir des nouvelles. « Mon père l'ayant accusé de m'avoir donné ce conseil, il lui répondit durement, ce qui fâcha encore plus mon père, écrit la Mère Angélique elle-même; ce qui fut cause que M. de Citeaux nous le retira, et je n'en fus pas trop fâchée, car je voyais bien, quoiqu'il eût la crainte de Dieu, qu'il n'avait pas tout ce qui nous était nécessaire, et il était temps qu'il sortît. »

La Mère Angélique était encore plus pénétrée que son confesseur de cette crainte de Dieu qui est le commencement de la sagesse, et qui devait porter en elle tous ses fruits; elle avait triomphé ce jour-là moins par son courage et sa tendre résolution que grâce aux sentiments excellents de son père et de sa mère, qui ne pouvaient s'empêcher d'être pénétrés de respect pour leur fille quand ils la voyaient décidée à faire à tout prix ce qu'elle regardait comme la volonté de Dieu, dans l'état où ils l'avaient eux-mêmes placée. Mme Arnauld résista plus longtemps que son mari, qui n'essaya jamais de rompre la clôture et se contenta de circuler dans les bâtiments extérieurs et dans les jardins pour y donner ordre tant qu'il vécut; mais elle, bien qu'elle eût obtenu d'entrer dans le couvent avec ses filles tant qu'elles voudraient, ayant juré dans sa première colère qu'elle ne reviendrait jamais à Port-Royal, se crut obligée de garder son serment pendant toute une année, jusqu'à ce qu'un jour, étant allée le matin aux Jacobins entendre le sermon, le prédicateur parla des engagements qu'on avait pris par colère, disant qu'ils ne pouvaient obliger étant mauvais, en sorte que se sentant libre du sien, dès qu'elle eut achevé de dîner, elle s'en vint à Port-Royal et dit à sa fille ce qui la ramenait. La Mère Angélique en eut une telle joie, qu'elle n'oublia jamais chaque année de se rappeler ce souvenir lorsque revenait le 6 août, jour où elle avait revu sa mère.

La clôture rétablie, la Mère Angélique procéda au rétablissement de la règle et à la réforme intérieure de sa maison, sans vouloir jamais rien demander à son père, qui avait accoutumé de la traiter avec une grande libéralité. La maison était pauvre, ce qui était un sujet de satisfaction pour la Mère Angélique. « Dieu me donna dès le commencement une très grande aversion à marchander les filles, dit la Mère Angélique ; je veux bien croire qu'il y avait aussi là bien du courage humain, car la chose semblait honteuse ; mais je savais aussi par M. l'archevêque d'Auch, qui était venu pour confirmer nos sœurs, que c'était simonie que d'exiger de l'argent pour recevoir des filles religieuses. Cela me demeura toujours dans l'esprit, malgré tout ce qu'on fit pour m'ôter cette créance, que favorisait peut-être mon inclination d'orgueil. »

La charité régnait dans la maison avec la pauvreté, et le soin des pauvres et des malades n'était pas négligé, malgré la gêne où l'on se trouvait souvent dans l'intérieur même du couvent. Une sœur converse tremblait la fièvre dans une petite infirmerie, faisant tomber toutes ses couvertures, tant la fièvre la secouait rudement. La Mère Angélique la venant visiter la trouva en cet état, et commença à dire fort gaiement que les couvertures n'étaient pas assez lourdes et qu'elle allait lui en servir elle-même pour arrêter le grand tremblement. En même temps elle se jette sur le lit et se couche sur les pieds de la malade pour arrêter et appuyer les couvertures. Elle était là ainsi sur la pauvre converse, les rideaux fermés (suivant la coutume du temps), à l'haleine de cette fièvre, consolant la pauvre malade par de bonnes paroles,

ARNAULD D'ANDILLY.

pendant qu'on la cherchait par toute la maison pour des choses importantes. Après qu'on eut perdu bien du temps, la Mère Agnès s'avisa de lever le rideau de ce lit et ne put s'empêcher de dire à la Mère qu'on la croyait quasi perdue, tant on avait couru pour la chercher. A quoi elle répondit avec sa gaieté ordinaire qu'« il n'y avait pas sujet de s'étonner et qu'elle servait de couverture à une pauvre malade qui n'en avait pas assez ». Après quoi elle s'en alla à ses affaires.

La première mission qui fut confiée à la Mère Angélique, après qu'elle eut établi sa réputation par la réforme de son couvent, devait la mener dans un lieu où les couvertures ne manquaient pas plus que tout ce qui pouvait être agréable à la vie, si les tendres soins pour les malades faisaient défaut. L'abbaye royale de Maubuisson, sous la direction de Mme d'Estrées, sœur de la favorite du roi Henri IV, était tombée dans un tel état de désordre, que le général de l'ordre de Cîteaux, après plusieurs tentatives infructueuses pour y établir une décente réforme, avait fait enlever de force l'abbesse, qui avait été conduite dans une maison de filles pénitentes; puis, assemblant les religieuses, il leur permit de choisir, entre trois abbesses de leur ordre qu'il désigna, celle qui devait tenir l'abbaye de lui en qualité de commissaire, afin de réformer les abus scandaleux qui y régnaient; mais, ne pouvant se décider entre les réformatrices, elles prièrent le général de leur donner plutôt une religieuse ayant fait profession dans leur maison, et promirent de se soumettre à celle d'entre elles qu'il désignerait.

Il se trouvait précisément que la Mère Angélique avait fait profession à Maubuisson, où elle avait passé six mois dans sa petite enfance. M. de Cîteaux alla donc voir M. Arnauld, qui conservait dans l'esprit public la haute main sur la vie de ses filles, toutes religieuses qu'elles étaient, pour le décider à trouver bon que la Mère Angélique se chargeât de la difficile mission de remédier aux désordres de cette abbaye royale qui avait scandalisé une partie de la France, et d'y établir une bonne discipline, comme elle l'avait fait à Port-Royal. M. Arnauld eut grand'peine à se laisser vaincre, car il craignait pour la santé de sa fille; mais il consentit enfin et reçut chez lui avec joie la Mère Angélique et les trois religieuses qu'elle emmenait avec elle parmi les plus vertueuses et les mieux résolues à servir Dieu. La Mère Agnès restait à Port-Royal en qualité de coadjutrice. C'était le projet de la Mère Angélique de profiter de cette occasion pour se démettre de sa charge d'abbesse et de ne plus rentrer à Port-Royal.

« On tremblait à Maubuisson de la sévère discipline qu'on prévoyait avec effroi, dans une maison où se trouvaient alors vingt-deux religieuses dont la plupart y avaient été mises contre leur gré, dit la relation de Port-Royal, et y menaient une vie aussi éloignée des devoirs de leur vocation qu'elles y avaient peu d'amour. Non seulement elles en ignoraient les obligations, mais elles ne savaient même pas les premiers éléments du christianisme et les principaux mystères de la foi, étant pour toutes ces choses dans une ignorance qui n'était pas concevable, passant tout leur temps, en dehors de l'office qu'elles célébraient d'une manière tout à fait pitoyable et ridicule, à se divertir en toutes les manières qu'elles pouvaient et à entretenir le monde qui les venait voir et qui entrait indifféremment dans le couvent avec autant de liberté qu'on pourrait faire dans une maison séculière de noblesse de la campagne, et plus encore, puisque les moines de Saint-Martin de Pontoise qui sont tout proches venaient danser avec les religieuses sans que personne imaginât y trouver quelque chose à redire. »

La Mère Angélique n'avait donné aux religieuses qui l'accompagnaient, dont l'une était sa sœur Marie-Lucie, qu'une seule instruction : celle d'une grande charité qui les obligeait toutes d'oublier leurs propres intérêts et leur santé pour tâcher de procurer le salut des âmes, puisqu'elles avaient déjà donné leur vie à Dieu. Ce fut en effet la seule règle de la Mère Angélique elle-même que de travailler à force de dévouement, de prudence et de charité à gagner ces pauvres religieuses, afin qu'elles acceptassent volontairement le joug dont elles ignoraient les obligations. « On n'osait pas se promettre de voir naître sitôt le désir dans le cœur des anciennes religieuses dont les longues et pernicieuses habitudes y étaient si entièrement opposées; aussi était-il absolument nécessaire de recevoir de nouvelles filles qui pouvaient être instruites et façonnées par les soins de leur supérieure aux devoirs d'une bonne vie religieuse. M. de Cîteaux en avait donné l'ordre et la Mère Angélique se hâta de remplir la maison de novices, auxquelles on ne demandait que la vocation et la solidité de la vertu sans avoir aucun égard à la dot, » en sorte que le courant de la ferveur et du zèle religieux s'établit dans un sens contraire à ce qui avait jusqu'alors régné à Maubuisson, entraînant dans son cours la volonté récalcitrante de la plupart des anciennes religieuses, édifiées malgré elles par la sainte vie de la Mère Angélique et de ses sœurs, que rien ne rebutait dans l'exercice de la plus patiente et plus humble charité.

L'affection des religieuses de Maubuisson, pour la Mère Angélique allait être mise à l'épreuve, car Mme d'Estrées, ayant réussi à s'échapper du couvent où elle était retenue, se présenta un jour à la porte de l'abbaye de Maubuisson, où elle entra par la connivence d'une religieuse toute à elle qui avait dès longtemps fait fabriquer une clef de la grille. « Elle avait déjà franchi la grande porte de l'église, lorsqu'elle se trouva en face de la Mère Angélique, qui ne parut point troublée ni émue, étant d'un naturel qui se montrait aux grandes occasions, et comme Mme d'Estrées lui dit avec colère : « Madame, il y a assez long-
« temps que vous tenez ma place; je reviens à ma maison, il
« faut que vous en sortiez, » la Mère Angélique répondit avec fermeté : « Madame, je suis toute prête de le faire quand ceux
« qui m'y ont mise m'en retireront, » et sans répondre davantage aux injures de Mme d'Estrées, elle la conduisit tout droit au logis abbatial qu'elle-même occupait. »

La Mère Angélique habitait la chambre de l'abbesse. Cette chambre en était naturellement venue à faire partie de l'infirmerie; deux religieuses malades y étaient couchées à terre sur des paillasses, en sorte que Mme d'Estrées dit en entrant : « Qu'on ôte toutes ces saletés de ma chambre ! Quelle vilenie que tout cela ! » La Mère dit froidement : « Madame, si votre chambre est en mauvais ordre, la faute en est bien pardonnable, on ne vous attendait pas. »

Quelques instants plus tard, la Mère Angélique prenait sa place au chœur au rang d'abbesse, sans prendre garde à Mme d'Estrées, qui ne se tenait pas de colère et allait et venait partout dans la maison, cherchant à reprendre son empire sur l'esprit des religieuses : ce à quoi elle ne réussit guère, car lorsqu'elle eut fait entrer par force dans le couvent les gentilshommes qui l'avaient accompagnée pour mettre dehors la Mère Angélique, non seulement les religieuses de Port-Royal et toutes les filles qu'elle avait reçues depuis qu'elle était à Maubuisson s'élancèrent sur ses pas pour l'accompagner, mais plusieurs des anciennes ne voulurent pas la quitter, en sorte que trente-quatre ou trente-cinq personnes sortirent avec elle, marchant en aussi bon ordre que si elles eussent été en procession, après qu'elle leur eut fait des voiles avec le bas de la robe d'étamine noire d'une postulante, en sorte qu'elles entrèrent dans Pontoise avec beaucoup de gravité et de décence, et furent reçues dans la maison du grand vicaire, qui la quitta pour la leur laisser.

Ce ne devait pas être pour longtemps, car, M. Arnauld ayant été aussitôt prévenu de ce qui se passait à Maubuisson, son fils, M. de Trie, s'adressa aussitôt à la chambre des vacations, en sorte qu'un ordre du roi rétablit promptement la Mère Angélique dans cette abbaye de Maubuisson, d'où Mme d'Estrées s'échappa dès qu'elle sut l'approche du prévôt avec ses archers. Les gentilshommes qui l'avaient accompagnée prirent aussi la fuite, en sorte que le prévôt n'eut autre chose à faire qu'à aller à Pontoise chercher la Mère Angélique et ses filles, ce qu'il fit aussitôt, et bien qu'il fût plus de dix heures du soir, toutes obéirent sur-le-champ, marchant dans le même ordre où elles étaient venues, sauf qu'elles étaient accompagnées par deux rangs d'archers à cheval, portant chacun un flambeau à la main et le mousquet sur l'épaule.

Ainsi rétablie de force dans la maison où elle avait remis l'ordre et la discipline, la Mère Angélique n'avait plus qu'une pensée et qu'un désir, qui était de la quitter le plus tôt possible pour s'aller cacher dans quelque maison de Sainte-Marie de la Visitation, car elle n'avait point abandonné son dessein de se démettre de sa charge d'abbesse, qu'elle comptait confier à sa sœur, la Mère Agnès, déjà coadjutrice de Port-Royal. Elle avait déjà fait part de ses intentions à M. de Genève (saint François de Sales), qui dirigeait alors sa conscience, et peut-être eût-elle mis son projet à exécution s'il eût vécu, mais il mourut peu de temps après avoir visité la Mère Angélique à Maubuisson, non sans lui avoir écrit « qu'elle ne se donnât point d'inquiétude, mais qu'elle suivît Dieu, qui voulait se servir d'elle pour de grandes choses », en sorte qu'elle renonça à son projet d'entrer dans une maison de Sainte-Marie, et lorsqu'une abbesse eut été nommée pour Maubuisson dont elle avait refusé la charge, elle revint tout simplement à cette maison de Port-Royal qu'elle avait tant de fois voulu quitter.

Elle n'y revint pas seule. C'était l'un des reproches qu'on lui adressait que d'avoir appauvri Maubuisson en recevant tant de filles sans dot. « Je répondis à cette plainte, écrit la Mère Angélique elle-même, que si on tenait une maison de trente mille livres de rente trop chargée par trente filles, je n'estimerais pas la nôtre, qui n'en valait que six, incommodée de les recevoir. J'écrivis donc à nos sœurs, les priant de me dire si elles auraient bien le courage de faire part de leur pauvreté à trente filles. Elles me répondirent par une lettre signée de toutes, où elles disaient qu'elles recevraient avec joie tout ce qui me plairait de leur amener. J'en avais de mon côté plus que je ne puis exprimer en me disposant à partir. J'écrivis à ma mère, qui était veuve, mon père étant mort saintement trois ans auparavant, que je la suppliais de m'amener des carrosses afin de conduire ces filles à Port-Royal, pourvu que Dieu le lui inspirât et qu'elle le fît de tout son cœur. » Elle ne manqua pas de se trouver au jour nommé; mais la Mère Angélique craignait que l'arrivée de tant de nouvelles religieuses ne fût un trouble dans la maison de Port-Royal, où elle ne pouvait les accompagner de suite, étant obligée d'aller passer quelques jours à Paris. Elle leur ordonna qu'aussitôt qu'elles apercevraient du haut de la montagne la pointe du clocher, elles dissent ensemble ce verset : *Pone, Domine, custodiam ori meo, et ostium circumstantiæ labris meis* (mettez, Seigneur, une sentinelle à ma bouche et une garde à la porte de mes lèvres), et que dès ce moment la porte de leurs lèvres restât fermée jusqu'à ce qu'elle-même vînt la rouvrir. Comme il fallait néanmoins qu'on pût les connaître à Port-Royal, elle leur fit mettre à toutes un billet sur leur manche où était écrit leur nom.

Ce fut un jour de fête pour la Mère Agnès et pour toute la communauté, qui non seulement ouvrait les bras de bon cœur pour recevoir ce grand nombre de filles, mais encore, comme si c'eût été elles-mêmes qui eussent reçu une grâce extraordinaire, chantèrent le *Te Deum*, en allant recevoir ce présent que Dieu leur faisait.

Cette maison, si incommode et si petite, devint tout à coup large par l'étendue de la charité de celles qui voulaient bien être incommodées pour soulager les autres, en sorte que la Mère Angélique en revenant à Port-Royal n'y trouva que la paix et la joie. Elle délia par sa présence la langue de ses trente suivantes qui n'avaient pas dit un mot en l'attendant. Elles ne faisaient que tendre le bras quand on avait affaire à quelqu'une d'elles pour qu'on pût savoir par le billet sur leur manche qui elles étaient, afin de les employer à ce qu'on voulait qu'elles fissent. Ce fut à cette époque que fut fondée, par la libéralité de Mme Arnauld, la maison de Port-Royal de Paris, dont elle fit don à la communauté avant d'y entrer elle-même et d'y retrouver, pour servir Dieu ensemble, les cinq filles qui l'y avaient devancée ; Mme Lemaistre seule était retenue encore dans le monde par les liens d'un mariage fort malheureux ; elle devait entrer plus tard à Port-Royal.

La direction du couvent avait passé entre les mains de l'évêque de Langres, plus ardent et sincèrement pieux qu'il n'était sage ; la modestie et l'humilité qui avaient jusque-là distingué Port-Royal firent place à une exaltation mystique, et ce fut précisément le moment que choisit la Mère Angélique pour se démettre enfin de cette charge d'abbesse qui pesait depuis si longtemps sur ses épaules ; désormais le monastère de Port-Royal devait élire ses supérieures tous les trois ans.

La mère Angélique avait rêvé une vie de souffrances et de sacrifices volontaires; celle qu'elle mena pendant trois ans dut satisfaire son besoin d'humiliation, car les misères qu'elle subissait n'étaient pas de son propre choix. La Mère Agnès et l'une de ses sœurs avaient quitté Port-Royal pour le monastère de Tard, et la Mère Geneviève, nommée abbesse de Port-Royal, sembla avoir pris à tâche de détruire l'œuvre de sa devancière, en l'accablant elle-même de tous les mauvais procédés qu'elle pouvait imaginer. Très probablement le récit des rapports entre les deux abbesses, ancienne et nouvelle, nous a été transmis avec quelque exagération tendre au sujet de la Mère Angélique ; mais l'effet du gouvernement de la Mère Geneviève ne fut assurément pas heureux dans la maison, et la Mère Angélique put se consoler d'être transférée au bout de trois ans dans le nouveau monastère du Saint-Sacrement, fondé par l'archevêque de Paris; cependant l'esprit de la maison nouvelle était contraire à ses idées, car elle n'était destinée qu'aux dames de qualité et par conséquent établie sur un pied moins modeste que ne l'eût désiré la réformatrice de Port-Royal et de Maubuisson. Elle en sortit enfin après deux ans et eut la joie de revenir à Port-Royal, dont sa sœur, la Mère Agnès, était devenue abbesse. La maison avait un nouveau directeur, qui avait été celui du Saint-Sacrement, du Vergier de Hauranne, abbé de Saint-Cyran. Il prit pour ainsi dire entière possession du couvent, tant il exerça bientôt un empire absolu sur l'esprit de toutes les religieuses, à commencer par la Mère Angélique elle-même ; il était le disciple et l'ami intime de l'évêque d'Ypres, Jansen, connu sous le nom de Jansénius, dont la doctrine subsiste encore dans quelques presbytères inconnus, comme chez quelques catholiques hollandais. L'étude constante des Écritures et celle de saint Augustin l'avaient amené à donner à certains dogmes une prééminence que condamna bientôt l'Église, et ce fut pendant plusieurs années l'entreprise favorite de quelques personnages bien connus dans l'Église de rechercher dans les écrits de Jansénius les passages qui pouvaient donner lieu à un soupçon d'hérésie.

« Votre ombre me gêne, » avait dit une fois l'évêque de Langres à la Mère Angélique, lorsque à travers son silence il sentait l'influence de l'abbesse contraire à l'esprit qu'il voulait faire prévaloir à Port-Royal. M. de Saint-Cyran n'eut jamais l'occasion de lui parler ainsi, bien moins encore de le penser, car elle entra aussitôt dans toutes ses vues, se réjouissant avec ferveur d'avoir enfin trouvé le directeur qu'elle avait cherché si longtemps et pénétrée de respect et d'admiration pour la manière dont il interprétait pour elle la volonté de Dieu. M. de Saint-Cyran gênait pourtant bien des gens par l'austérité de sa doctrine et par la domination qu'il exerçait; il fut mis en prison dans le château de Vincennes. Retenu prisonnier jusqu'à la mort du cardinal de Richelieu, il fut délivré lorsque le tout-puissant ministre vint à expirer. La nouvelle en arriva à la Mère Agnès, alors abbesse de Port-Royal, à l'heure du silence; elle se leva cependant, dénouant sans rien dire la ceinture qui tenait attachée sa robe de bure, et telle était la préoccupation de toutes les religieuses au sujet de leur bien-aimé directeur, que toutes comprirent à l'instant le geste de la supérieure; les actions de grâces s'élevèrent dans tous les cœurs.

Je me garderai bien d'entrer dans l'histoire des discussions et des persécutions que soulevèrent les doctrines et les pratiques de Port-Royal; les adversaires des jansénistes étaient nombreux et puissants, ils finirent par l'emporter; mais ces luttes mêmes furent utiles à l'Église catholique en France, la rivalité amena un redoublement de ferveur religieuse et de vertus pratiques, comme l'élévation de la pensée et la pureté de la vie des disciples de Port-Royal devinrent un important levain dans l'esprit même de ceux qui ne les partagèrent pas. La Mère Angélique et ses sœurs n'étaient plus seules à porter le drapeau de M. de Saint-Cyran; sous l'influence de ce grand directeur, à côté de la pauvre petite maison de Port-Royal des champs, des hommes distingués et instruits, sortis de toutes les carrières, avocats, comme Antoine Lemaistre, anciens militaires, comme M. de Séricourt, médecins, comme M. Lesson, prêtres, comme M. de Singlin et M. de Sacy, se rassemblèrent de toutes parts, pour prier

Dieu et travailler ensemble, sans faire de vœux, sans porter d'habit particulier, moines quant à la vie et à l'austérité des pratiques, mais cultivant les champs de leurs mains, instruisant les enfants riches ou pauvres qui se réunirent bientôt autour d'eux; tous profitaient également des méthodes d'enseignement nouvelles et intelligentes que ces esprits éminents mettaient au service de leurs jeunes élèves; plusieurs ont conservé leur place dans l'instruction publique et l'on n'est guère revenu sur le terrain cultivé une fois par les *messieurs*, comme on les appelait alors. Lorsque la tempête de la persécution religieuse et politique vint à fondre sur la petite troupe des solitaires, leur travail ne cessa pas d'être consacré à l'instruction et à l'édification des fidèles; ce fut au long emprisonnement de M. de Sacy à la Bastille que l'Église dut l'une des meilleures traductions de l'Écriture sainte qui ait jamais été accomplie. Il venait de la terminer après trois ans d'emprisonnement aux côtés de son fidèle compagnon, M. Fontaine, lorsqu'il fut enfin tiré de la Bastille. La douleur qu'avait causée sa captivité avait été telle parmi ses amis dispersés de Port-Royal, que plusieurs d'entre eux en étaient morts de chagrin. La passion des sentiments terrestres n'était pas encore complètement amortie chez tous ces pieux solitaires. Le cœur humain se retrouve toujours.

« Qu'est-ce que je vois là? avait dit cependant la Mère Angélique, arrivant de Port-Royal des champs à Port-Royal de Paris qui subissait toujours les premiers combats et recevait les premiers coups. Je crois qu'on pleure? Allez, mes filles, vous n'avez point la foi; qu'est-ce que tout cela? ce ne sont que des mouches. Espérez en Dieu, et ne craignez rien, tout ira bien. Mon Dieu, faites-moi miséricorde! » Et comme elle embrassait ses pensionnaires qui s'en allaient dispersées par l'ordre royal, sans perdre jamais l'empreinte de la forte éducation qu'elles avaient reçue à Port-Royal : « Adieu, mes enfants, leur dit-elle, allons à Dieu. Jésus! Jésus! vous êtes mon Dieu, ma force et ma justice. » C'était le dernier cri d'une âme énergique résistant jusqu'au bout et se cantonnant dans ses indomptables espérances. « J'ai vu quelque chose d'ineffable, dit-elle un matin en se réveillant, et je pense que c'était Dieu. » Elle mourut peu de temps après.

C'est à regret que je condense ainsi en quelques lignes le portrait nécessairement très incomplet de cette grande religieuse qui, travaillant toute sa vie au bien de l'Église de Jésus-Christ, travailla nécessairement au bien de l'humanité et pour les hommes plus que beaucoup de mères, de femmes et de filles. « Je suis de l'ordre de tous les saints et tous les saints sont de mon ordre, » disait-elle un jour qu'on s'inquiétait de savoir à quel ordre elle appartenait depuis qu'elle avait obtenu que son abbaye fût soustraite à la juridiction du général de Cîteaux pour rentrer tout simplement sous la main de l'archevêque de Paris. Elle était en effet de l'ordre de tous les saints, de ce grand troupeau qui, de l'autre côté de la tombe, reconnaît unanimement le même berger, quels qu'aient pu être les dissentiments qui ont divisé ses membres sur la terre.

JACQUELINE PASCAL

Je ne saurais cependant achever de parler de Port-Royal sans citer le nom de Jacqueline Pascal, religieuse dans cette maison, où elle mourut jeune encore et dont le nom est si étroitement lié à celui de son illustre frère. C'est de tous les deux, en effet, que le cardinal de Richelieu avait dit à M. Pascal, leur père : « Prenez soin de vos enfants, j'en ferai quelque chose de grand. » Dieu avait devancé l'œuvre du cardinal, tout puissant qu'il pût être, et il avait fait lui-même quelque chose de grand des deux enfants. « Peut-être y a-t-il dans certaines lignées, dit M. Vinet dans ses *Études sur Pascal*, un illustre moment, un moment unique où le type de la race, lentement élaboré, atteint le degré d'énergie et de perfection auquel il était destiné, dépose sur deux ou trois médailles sa nette et profonde empreinte et puis se brise pour jamais. Tel il parut dans Blaise et Jacqueline Pascal, deux vases précieux que rompirent à force d'y bouillonner la vérité, le génie et le sentiment. »

Leur enveloppe se trouva trop frêle et peut-être toute autre l'eût été pour résister à l'effort intérieur. Blaise mourut à trente-neuf ans, Jacqueline de trois ans plus jeune. Pour donner au monde de grands exemples qui ne périront pas, ce peu de temps leur avait suffi.

Tout héroïque que fût l'âme de Jacqueline Pascal, c'était bien celle d'une femme. Rien ne permet de l'oublier et elle ne l'oublie elle-même jamais. Aucune de son sexe n'eut le caractère plus viril, Mme Roland ne lui eût rien appris ; sa pensée n'est pas moins virile que son caractère, et néanmoins on n'est jamais tenté de dire : elle sort de son sexe ; non, elle n'en sort point ; toute cette force est pénétrée d'une grâce et d'une tendresse féminines. Sa vie est celle d'une femme ; sa mort est celle d'une femme. Elle meurt de douleur d'avoir, sur la foi du grand Arnaud, de son frère lui-même, de tout ce qu'il y avait d'illustre à Port-Royal, donné les mains à une transaction, sanctionné une conduite qu'ils jugent tous honnêtes, mais dans laquelle l'exquise délicatesse de son sens moral avait démêlé une certaine équivoque. Quelle force et quelle faiblesse de mourir ainsi ! Ce n'est pas la chrétienne, c'est la femme qui succombe, accablée sous le poids de son propre courage, de ce courage dont elle avait dit : « Je sais bien que ce n'est pas à des filles à défendre la vérité, quoiqu'on puisse dire en cette triste rencontre que, puisque les évêques ont des courages de filles, il faut bien que les filles aient des courages d'évêques. »

Elle avait été chargée à Port-Royal de l'éducation et de la surveillance des jeunes élèves confiées aux soins de la maison par les plus nobles familles et elle avait écrit un règlement pour les enfants qui fait frémir en nous le cœur maternel d'admiration et d'effroi, en voyant à quelle hauteur la religieuse place l'idéal qu'elle poursuit dans l'éducation des enfants et en même temps quelle rigidité ignorante de la faiblesse enfantine s'y révèle à chaque instant. Elle semble préparer des ascètes au lieu de former des petites filles destinées à la vie ordinaire, à aimer, à se dévouer, à élever à leur tour leur famille. Elle jugeait des autres par elle-même. « S'effacer soi-même avait été depuis des années la tâche de cette fille héroïque, dit M. Vinet, et elle en demande à leur tour quelque chose aux petites filles qu'elle dirige ; elle avait cru en particulier devoir mortifier sa belle intelligence, mais elle n'a pu s'en séparer et elle n'a rien fait, rien écrit, que ce soit le règlement pour les enfants ou la Lettre sur le Formulaire, qui ne porte intellectuellement son empreinte en même temps que cette unité de but qui caractérise Port-Royal. Un seul objet, une seule pensée, une seule règle, tel est l'essence de la piété de Port-Royal ; mais ils ont beau faire, ils ne peuvent arriver cependant à se débarrasser de tout l'esprit qu'ils ont. »

Marguerite Périer, mère de Pascal, exprime en quelques mots cet effort sublime de tant d'âmes lorsque, en racontant la vie de son père et de sa mère, qui avait elle-même écrit celle de Blaise et de Jacqueline Pascal, elle dit : « Voilà quelle a été la vie de toutes les personnes de ma famille ; je suis restée seule, ils sont tous morts dans un amour inébranlable pour la vérité. A Dieu ne plaise que je pense jamais à y manquer ! »

Après ces paroles, il ne reste à ajouter qu'un sincère et personnel : *Amen !*

LOUISE DE MARILLAC : MADAME LEGRAS

Ce fut l'un des traits particulièrement remarquables de ce grand mouvement de piété qui signala le commencement du XVIIe siècle, qu'il produisit autant de bonnes œuvres et d'établissements charitables qu'il créa de couvents et de saintes retraites où la dévotion exaltée put chercher un asile contre les tentations et les épreuves du monde. Mme Acarie acclimata en France les Carmélites et leurs austérités d'origine espagnole ; mais la Mère de Chantal fonda quatre-vingts maisons d'une règle moins sévère et qui n'était presque pas une religion, disait saint François de Sales. Elle avait voulu d'abord établir un ordre consacré exclusivement au service des malades et des pauvres, sans clôture et presque sans couvent ; mais le temps n'était pas encore venu et l'œuvre qu'elle méditait, modifiée peu à peu, fut reprise par saint Vincent de Paul. C'est de la coadjutrice et de l'amie de celui-ci que nous voudrions parler maintenant. Mme Legras, Louise de Marillac, était nièce du garde des sceaux et du maréchal de Marillac, qui moururent tous deux, l'un dans les prisons et l'autre sur les échafauds du cardinal de Richelieu. Elle resta veuve jeune encore; elle était belle et riche, elle ne songea pas à se remarier, et mit sa vie comme sa fortune au service des œuvres de miséricorde que commençait dès lors l'abbé Vincent, comme on appelait de son temps le prêtre admirable qui avait déjà fait connaître son nom par la fondation des confréries de la Charité. Le règlement portait qu'on donnerait l'aumône à certains jours aux pauvres qui se feraient inscrire sur les registres, mais que si on les trouvait mendiant dans les églises ou par les maisons, ils seraient punis de quelque peine, avec défense de leur donner; les passants seraient logés pour une nuit et renvoyés le lendemain avec deux sols; les pauvres honteux seraient assistés en leurs maladies et pourvus de remèdes et d'aliments convenables. « Je n'avais rien, dit saint Vincent de Paul lui-même en écrivant à Mme Legras; chacun se moquait de moi lorsque je commençai à établir la charité à Mâcon; on me montrait au doigt dans les rues, croyant que je n'en pourrais jamais venir à bout; quand la chose fut faite, chacun fondait en larmes de joie, et les échevins de la ville me firent tant d'honneur à mon départ, que, ne le pouvant supporter, je fus contraint de partir en cachette. »

Il avait été jusqu'alors, bien qu'à de certains intervalles, précepteur des enfants du comte de Joigny de la maison de Gondi, et le comte de Joigny l'avait souvent secondé dans ses entreprises charitables; il échappait maintenant à cette chaîne qui l'empêchait de se consacrer tout entier à Dieu et aux pauvres, et, fondant la congrégation de la Mission, il fut mis en possession de l'ancien collège des Bons Enfants pour s'occuper spécialement d'instruire les peuples de la campagne et de former au saint ministère ceux à qui le salut de ces mêmes peuples devait être un jour confié. Peu après le prieur de Saint-Lazare, Adrien Lebon, lui offrit sa maison et ses biens pour le développement de cette mission, qui fut aussi le germe de la grande congrégation enseignante et évangélisante des prêtres lazaristes. « A cette offre, dit Vincent dans une de ses lettres, je restai les sens interdits, comme un homme surpris du bruit d'un canon lorsqu'on le tire tout proche de lui sans qu'il y pense ; il reste comme étourdi de ce coup imprévu, et moi je demeurai sans parole, si étonné d'une telle proposition, que le prieur s'en apercevant me dit : « Quoi, vous tremblez ! »

Saint Vincent de Paul ne trembla pas longtemps, quelque grand que fût son étonnement de voir tout à coup son œuvre, modestement commencée, recevoir un développement auquel il ne s'attendait pas. Il prit possession du prieuré de Saint-Lazare. Il avait chargé déjà Mme Legras de visiter de ville en ville les confréries de charité qu'il avait fondées, ce fut encore à elle qu'il remit le soin des aliénés qu'il trouva déjà réunis à Saint-Lazare et dont il augmenta bientôt le nombre, comme des criminels destinés aux galères et qui souffraient mille morts dans des prisons infectes avant d'être expédiés à leur destination. Les femmes pieuses et dévouées commencèrent à se grouper autour de Mme Legras, dont les forces et le temps ne pouvaient suffire au soin de toutes les œuvres charitables dont elle était chargée. Le petit noyau de ces volontaires des bonnes œuvres établi sur la paroisse de Saint-Nicolas-du-Chardonnet devint le germe de la grande institution des filles de la Charité, qui compte aujourd'hui une armée de dix-huit mille Françaises, partout au premier rang du dévouement poussé jusqu'à l'héroïsme. L'abbé Vincent ne se laissa pas entraîner comme l'évêque de Genève fondant les couvents de la Visitation à fermer la porte de communication entre le monde pécheur et souffrant et les religieuses consacrées à son service.

Les filles de la Charité n'auraient pu soigner, instruire, diriger que ceux qui seraient venus eux-mêmes implorer leurs secours ; saint Vincent de Paul créa les missionnaires de la Charité : les Lazaristes formaient l'armée masculine ; les filles de la Charité, sous la première impulsion de Mme Legras, furent chargées de l'œuvre féminine. « Ces filles, dit le fondateur, dont les règlements n'ont jamais été modifiés tant ils répondaient admirablement aux besoins profonds de l'œuvre qu'il poursuivait, ces filles n'ont ordinairement pour monastère que les maisons des malades, pour cellule qu'une chambre de louage, pour chapelle que l'église de leur paroisse, pour cloître que les rues de la ville et les salles des hôpitaux, pour clôture que l'obéissance, pour guide que la crainte de Dieu, et pour voile qu'une très sainte et exacte modestie. » L'instrument était créé, on sait comment Dieu s'en est servi pour le salut des corps et des âmes à tous les bouts du monde. Les prêtres lazaristes étaient déjà partout répandus dans les campagnes de France; en 1648 ils allaient à Gênes, en 1649 à Madagascar. Les filles de la Charité étaient dans tous les hôpitaux. A côté de ces femmes absolument consacrées au service de Dieu et des pauvres, c'était l'effort de l'abbé Vincent de recruter parmi les femmes vivant dans le monde des coadjutrices et des appuis pour l'œuvre sainte qu'il poursuivait avec une infatigable ardeur; Mme Legras le secondait aussi dans cette entreprise, non seulement par la ferveur de son zèle, mais encore par la largeur de son esprit et le charme pénétrant de ses manières. Une compagnie de dames fut ainsi chargée de prendre soin des malades de l'Hôtel-Dieu. Le saint prêtre qui les avait rassemblées, excitant chez elles la charitable ambition de prendre part au travail des religieuses, eut soin de les prévenir contre les empiètements, en leur disant dès le début de leurs travaux : « Ne vous laissez jamais entraîner à contredire ou à vouloir l'emporter sur les religieuses qui se trouvent déjà dans les hôpitaux; nous prétendons contribuer au soulagement et au salut des pauvres, et c'est chose qui ne se peut faire sans l'aide et l'agrément de ces bonnes religieuses qui les gouvernent; il est donc juste de les prévenir d'honneur comme leurs mères et les dames de la maison, car c'est le propre de l'esprit de Dieu d'agir suavement et c'est le moyen le plus assuré de réussir que de l'imiter en cette manière. » La première directrice de cette charitable compagnie fut la présidente Goussaut, en tête de toutes les bonnes œuvres de son temps.

Déjà les malades, les galériens, les pestiférés, les pauvres repentants avaient reçu les soins des filles de la Charité, dont les établissements gagnaient toute la France, l'Italie, l'Espagne, la Pologne, les Pays-Bas, les Indes orientales et occidentales. Les enfants pauvres, malheureusement abandonnés par leurs parents, étaient réduits à une misère et à des souffrances qui coûtaient la vie à un grand nombre. Le cœur de l'abbé Vincent et de Mme Legras en fut touché : ils recueillirent tous ceux qui leur tombèrent sous la main; mais cette œuvre naissante était menacée. Le prêtre convoqua une assemblée générale de toutes les femmes qu'il avait enrôlées au service de la charité : « Or sus, mesdames, leur dit-il après leur avoir exposé la triste situation des enfants trouvés, la compassion et la charité vous ont fait naguère adopter ces petites créatures pour vos enfants; vous avez été leurs mères selon la grâce depuis que leurs mères selon la nature les ont abandonnées; voyez maintenant si vous voulez les abandonner à votre tour. Cessez d'être leurs mères pour devenir dès à présent leurs juges; leur vie et leur mort sont entre vos mains; je m'en vais prendre les voix et les suffrages; il est temps de prononcer leur arrêt, et de savoir si vous ne voulez plus avoir de miséricorde pour eux. Ils vivront si vous continuez à en avoir un charitable soin, et au contraire ils mourront et périront infailliblement si vous les abandonnez; l'expérience ne permet pas d'en douter. » Le même frémissement courut dans toute l'assemblée, touchant le cœur de toutes les mères présentes, et la constitution définitive de l'œuvre des Enfants Trouvés fut décidée. Mme Legras se chargea tout particulièrement de cette institution nouvelle, qui fut d'abord établie à Bicêtre concédé par le roi ; mais les enfants, ne s'y trouvant pas bien, furent transférés sur le parvis Notre-Dame et dans le faubourg Saint-Antoine. Mme Legras, comme saint Vincent de Paul lui-même, atteignit un âge avancé et mourut en 1641, un an après le saint prêtre dont elle avait partagé le sage et ardent dévouement.

GERTRUDE DE LA GARAYE

Ce que saint Vincent de Paul, aidé par Mme Legras, avait fait pour l'ensemble des malheureux et des ignorants, souffrant et mourant sans secours, en France d'abord et, par l'entremise des congrégations qu'ils avaient fondées, dans le monde entier, M. et Mme de la Garaye le firent dans le petit coin du monde sur lequel s'exerçait leur influence, dans le ravissant pays qui s'étend aux environs de Dinan. L'histoire de Mme de la Garaye, pathétique et douloureuse, a porté des fruits qui lui assurent une place dans la vie des femmes méritant d'être nommées et dont l'exemple doit rester efficace sur leur sexe. Gertrude de la Garaye était femme de Claude-Toussaint de la Garaye, et vivait avec lui dans un joli château de la Renaissance dont il avait hérité à la mort de son frère aîné. Le bien patrimonial n'était pas très considérable, et tant que son frère aîné vivait, Claude de la Garaye, militaire par état, s'était consacré par goût à l'étude de la chimie. Il vivait à Paris et ses découvertes promettaient de devenir importantes; il avait même été question de lui assurer une place lucrative en récompense de ses travaux comme des services de son père, gouverneur de la ville et du château de Dinan; mais ses devoirs de soldat entravaient souvent ses travaux scientifiques; il s'était distingué au siège de Namur en 1692. Lorsque son frère fut mort, il se maria et amena à la Garaye Mlle de la Motte-Piquet, probablement la grand'tante de l'amiral de ce nom, célèbre sous le règne du roi Louis XVI et qui jetait à la mer toutes ses perruques l'une après l'autre dans l'emportement des combats de mer, si bien qu'à la fin de l'engagement il restait en général la tête découverte, au grand divertissement de ses matelots.

En 1707, lorsqu'elle épousa Claude de la Garaye, Mlle de la Motte-Piquet était belle, gaie et douée d'une santé robuste qui lui faisait prendre plaisir à partager tous les amusements de son mari par voies et par chemins. Elle chassait à ses côtés; elle parcourait avec lui les chemins charmants de cette région enchanteresse qui s'étend aux bords de la Rance; elle recevait et elle visitait les gentilshommes des environs et leurs femmes; les fêtes succédaient aux fêtes, chacun admirait l'heureux couple et leur prédisait une existence facile et douce. Dieu en avait décidé autrement, et il ne juge pas, comme les hommes, du bonheur et du malheur. Gertrude de la Garaye avait d'autres leçons à apprendre que les frivoles amusements d'un jour de fête. Elle sortit un matin avec son mari, gaie et joyeuse comme de coutume, pour explorer en compagnie d'une troupe de jeunes gens les alentours de la Rance, traversés en tous sens par de petits ruisseaux bondissant sur les rochers avant d'aller rejoindre la rivière. Le jour commençait à baisser, le chemin devenait mauvais; des blocs de pierre soulevaient par-ci par-là le terrain amolli par les pluies et par l'infiltration des eaux; le lit du ruisseau était profond et ses flancs abruptes; les eaux jaillissantes formaient de légères cascades. D'en haut le petit cours d'eau paraissait si étroit, que le comte ne doutait pas de pouvoir le franchir par un bond de son excellent cheval; il voulut cependant sonder le terrain avant de permettre à sa femme de s'y engager et il poussa son cheval sur le bord du ruisseau; le sol manquait sous les pas du coursier, qui n'attendit même pas que son maître lui rendît la main pour le préparer à franchir l'obstacle : il s'élança de son propre mouvement et gagna l'autre rive. Mais M. de la Garaye avait senti les pieds de son cheval glisser un moment et il se retournait pour faire signe à Gertrude de ne pas tenter la même entreprise, lorsqu'il aperçut la pauvre femme rassurée par son succès et qui s'apprêtait à le suivre. Il ne pouvait plus la retenir, et, le cœur palpitant d'effroi, il attendit le moment où son cheval prendrait à son tour un élan dont il savait le danger, lorsque au même instant il la vit toucher le rivage trompeur, puis les pieds du coursier manquer peu à peu sous lui et se dérober avec le terrain glissant. Le cheval retomba sur le rocher, descendant rapidement vers une seconde pointe et de là jusque dans la rivière, où il tomba sans mouvement après les efforts les plus persévérants pour reprendre pied. Qu'était devenue celle qui le montait? Son mari ne l'apercevait pas à travers les arbres touffus qui croissaient sur la rive; il sauta à bas de son cheval, courant en toute hâte sur le point où il l'avait vue tenter le saut. La descente était difficile, presque à pic et coupée à chaque pas par des massifs de rochers. Les mains sanglantes, les vêtements déchirés, les ongles brisés du comte témoignaient assez de la difficulté du chemin qu'il poursuivait, d'obstacle en obstacle, sans autre espoir que celui de retrouver le cadavre de sa femme, lorsqu'il entendit un léger et douloureux gémissement. Au loin retentissaient le cor des gardes, les voix joyeuses des chasseurs qui avaient pris un chemin différent de celui que suivaient leurs hôtes; mais toujours à son oreille attentive arrivait ce gémissement de souffrance, qui le pénétrait à la fois de reconnaissance et d'effroi. Elle n'était pas morte, mais elle était blessée, mourante peut-être, et comment la ramener au château, comment la faire remonter par ce chemin qu'il avait traversé avec tant de peine, au prix de tant d'efforts? Claude de la Garaye ne se le demandait même pas à cette heure, il ne pensait qu'à rejoindre sa femme souffrante et à la prendre dans ses bras. Il était enfin auprès d'elle, de ce pauvre corps brisé, de cette beauté défigurée, et elle ne le reconnaissait pas, elle ne lui permettait pas de l'approcher; dans son agonie, elle résistait même à tous ses efforts pour la soulager. La nuit venait et le malheureux comte voyait la vie s'affaiblir chez la créature chérie qu'il eût voulu sauver au prix de tout le sang de ses veines. Enfin un berger passa par là, cherchant, lui aussi, quelque agneau égaré de son troupeau, et Claude de la Garaye parvint à lui faire comprendre son extrémité. Le gentilhomme et le paysan réunirent leurs efforts pour former une litière avec les branches qu'ils arrachèrent aux arbres voisins, et à grand'peine, au prix d'atroces souffrances pour la patiente, ils parvinrent à la ramener jusqu'à sa demeure. La maison était illuminée pour la fête, le maître et la maîtresse de la maison manquaient seuls, car tous les invités étaient déjà arrivés lorsqu'ils atteignirent enfin la porte du château. Mme de la Garaye s'était évanouie à la suite des tortures qu'elle avait subies, et son mari, à genoux auprès d'elle, se demandait avec effroi si la vie qu'il avait eu tant de peine à sauver ne serait pas pour la malheureuse Gertrude un fardeau cruel ?

Elle vécut cependant, sans pouvoir reprendre les forces qui s'étaient écoulées comme de l'eau sur les pointes des rochers au bord de la rivière. Les mois passèrent sans apporter de remède à son état, sans qu'elle retrouvât le mouvement de ses membres paralysés et inertes; l'épine dorsale avait subi un choc grave. D'abord on avait conçu l'espoir de voir la jeunesse et la vigueur naturelle triompher du mal ; mais cet espoir s'évanouissait peu à peu et il fallut enfin faire connaître à Mme de la Garaye la cruelle sentence des médecins : elle pourrait retrouver une santé tolérable, et voir même prolonger son existence, mais elle ne marcherait jamais et elle n'aurait jamais d'enfant; sa vie était brisée, et il ne lui restait plus qu'à se résigner !

Se résigner à la fleur de la jeunesse ! lorsque tant de joies pouvaient encore être son partage ! C'était précisément ce que Gertrude de la Garaye ne pouvait pas faire. Elle regrettait amèrement sa beauté perdue, l'activité de la vie partagée avec son mari, les beautés de la nature qu'elle ne contemplerait plus que par la fenêtre de sa chambre ou tout au mieux de son canapé; en un mot elle regrettait tout ce qu'elle avait perdu, et elle n'acceptait rien des consolations que lui offrait la main paternelle de Dieu : d'abord le bonheur de posséder un mari intelligent, tendre et dévoué, prêt à lui consacrer son existence tout entière, et, en second lieu, l'aisance et les facilités que donnent la richesse, une position considérable, une résidence charmante dans un pays ravissant. La santé meilleure que lui avait promis le médecin revenait lentement, elle souffrait moins, elle avait commencé à sortir dans un fauteuil roulant, mais elle murmurait toujours dans son cœur : « Pourquoi cette calamité cruelle ? »

M. de la Garaye était triste et inquiet; sa femme ne lui parlait pas de son chagrin, mais il se disait : « Si elle ne peut pas se consoler de la perte de cette beauté qu'elle aurait vu échapper par le cours des années lors même que cette malheureuse chute ne la lui aurait pas enlevée tout d'un coup, que deviendrons-nous ? »

Gertrude finit par épancher ses chagrins dans le cœur de son mari et elle en éprouva sur-le-champ le soulagement le plus puissant; elle avait médité douloureusement sur le sacrifice cruel qu'elle était obligée d'imposer à un homme jeune, ardent, aimable, condamné à passer sa vie auprès du lit d'une malade; mais elle trouva dans le cœur de celui auquel elle était unie tant de dévouement et de fidèle tendresse, qu'elle reprit courage à sa voix. Puisqu'il voulait bien l'accepter de la main de Dieu telle qu'elle était devenue, ne pourrait-elle pas aussi se soumettre à la volonté souveraine, trop heureuse de posséder l'affection d'un homme tel que Claude de la Garaye?

Ces pensées que Dieu lui-même avait mises dans le cœur de la pauvre malade au contact de l'esprit religieux et du cœur tendre de son excellent mari furent bientôt fortifiées et éclairées d'un jour nouveau par les instructions d'un ancien ami de la famille, moine bénédictin, qui vint visiter le mari et la femme dans leur douloureuse retraite. Jusque-là et depuis l'accident qui avait transformé leur existence, personne n'avait osé violer la consigne qui fermait les portes du château de la Garaye et le changeait en une tombe anticipée. L'amour de Dieu et des hommes pouvait seul pénétrer dans cet isolement lugubre; il y apporta la consolation.

Mme de la Garaye commençait à comprendre que son épreuve n'était pas unique et monstrueuse, que ce qu'elle souffrait d'autres le souffraient comme elle, sans posséder les moyens de soulagement dont elle disposait. L'idée lui vint de fonder un hôpital pour les incurables, et d'adoucir des maux dont elle connaissait par expérience l'amertume; elle avait retrouvé assez de force et de santé pour prendre sa part des soins à donner à ceux qui ne pouvaient pas soulever la tête ou remuer un membre sur leur couche de douleur; elle appela son mari à son aide : ses études le mettaient en mesure de soigner le corps des malades et de soulager leurs souffrances; la tendresse de son cœur ferait de lui un garde-malade incomparable. La consolation était trouvée : Gertrude de la Garaye ne pleurait plus son bonheur perdu, maintenant qu'elle avait entrepris de s'occuper des souffrances des autres. Le mari et la femme appelèrent à eux tous leurs serviteurs. « Nous voulons servir Dieu dans la personne des pauvres, dirent-ils, notre demeure deviendra désormais la demeure de ceux qui souffrent sans espoir de guérison; ceux d'entre vous qui voudront prendre part à cette œuvre de charité sont les bienvenus à rester sous notre toit et à faire partie de notre famille, non plus comme des serviteurs à gages, mais comme des compagnons de service, assurés d'être à leur tour soignés dans leurs maladies et soutenus dans leur vieillesse; nous ne voulons pas de services payés dans notre asile de la souffrance. Dieu se chargera des gages de ses serviteurs. » Presque tous les gens de Mme de la Garaye demandèrent la faveur de partager sa tâche.

Le beau château était bien changé : la salle de danse était devenue un grand réfectoire, les vastes chambres des hôtes illustres étaient remplies de malades, d'aveugles, d'infirmes de tout genre; personne n'était renvoyé des portes du château lorsqu'il se présentait avec le passeport de la souffrance; mais la maison appartenait aux incurables et ils y étaient toujours les plus nombreux; les lits les plus doux, les mets les plus séduisants leur revenaient de droit : la demeure avait été ouverte en leur nom. M. de la Garaye avait consacré toutes ses facultés scientifiques à l'œuvre de miséricorde entreprise par sa femme, qui n'avait plus le temps de gémir sur ses propres maux, tant elle en rencontrait d'autres plus cruels que les siens. Le nom et le portrait de la dame de la Garaye se retrouvent encore dans un hôpital de Dinan, dans les écoles pour la jeunesse, les refuges pour les pénitents fondés par ses soins et qui subsistent encore, devançant le mouvement philanthropique de notre époque par la divination de la charité. Lorsque Claude de la Garaye mourut à l'âge de quatre-vingt-un ans, sa femme l'avait devancé de quelques mois dans la tombe, guérie et consolée sous la main du Médecin éternel, par le baume de la compassion pour les maux d'autrui.

Le titre de Temps troublés que j'ai donné à ce chapitre, pleinement justifié par le récit des vies des femmes étrangères à la

France, déployant à travers les révolutions de leur patrie l'héroïsme de leur dévouement conjugal ou filial, ne semble pas jusqu'à présent s'appliquer aux vies des femmes françaises dont nous avons retracé l'histoire, abritées pour la plupart à l'ombre du cloître ou subissant dans la vie commune des maux communs à l'humanité tout entière. Seule dans notre galerie des femmes françaises au dix-septième siècle, la duchesse de Montmorency a souffert les calamités extrêmes que suscitent et propagent les rébellions ou les révolutions; nous approchons du temps où l'héroïsme, latent au fond de beaucoup d'âmes féminines, a trouvé occasion d'éclater au jour dans notre patrie bien-aimée, en proie à des agitations qu'un siècle de secousses et de luttes n'a pu encore apaiser. « On parle de la révolution de 1789, de la révolution de 1830, de la révolution de 1848, disait souvent mon père; ce n'est pas un langage exact : il n'y a qu'une seule révolution, qui dure encore; elle a ses périodes d'apaisement, mais c'est toujours la même révolution. » Que Dieu nous donne de la voir enfin finir par la liberté dans l'ordre!

JULIE D'ANGENNES, DUCHESSE DE MONTAUZIER

Avant de toucher à cette période agitée par les longues convulsions qui ébranlent la patrie, il faut encore citer quelques noms biens connus de femmes, modèles des vertus simples et modestes qui eussent pu devenir des vertus héroïques si l'occasion les eût poussées à germer sur un sol tourmenté. Nous sommes encore à cette heure, en France, à l'époque des grandes dames seules connues, et c'est parmi les duchesses que nous avons à enregistrer de grands et nobles caractères. Julie d'Angennes, fille de la marquise de Rambouillet, digne du mari que lui envoya le ciel, avait d'abord attiré l'attention du duc de Montauzier par le dévouement qui la porta à s'enfermer dans la chambre de son frère, le vidame du Mans, malade de la peste, et pour le soigner jusqu'à son dernier soupir. Longtemps il soupira en vain avant d'obtenir l'incomparable Julie, mais elle méritait qu'on l'attendît, et, devenue duchesse de Montauzier, elle rivalisa avec son mari pour donner à la cour du roi Louis XIV l'exemple de vertus peu communes dans leur austérité; elle vécut moins longtemps que son mari, gouverneur du grand Dauphin, dont Bossuet était le précepteur. Les deux éducateurs n'avaient pas entre les mains une nature aussi riche que celle à laquelle Fénelon eut affaire lorsqu'il éleva le duc de Bourgogne, et peut-être la rigidité même de leur caractère ne les rendait ni l'un ni l'autre bien propres à l'éducation d'un prince; mais la vertu de M. de Montauzier éclatait tout entière dans ses adieux à son royal élève : « Monseigneur, si vous êtes honnête homme, vous m'aimerez; si vous ne l'êtes pas, vous me haïrez, et je m'en consolerai. »

« Comment oserais-je dans ce discours où la franchise et la candeur sont le sujet de nos éloges, employer la fiction et le mensonge? disait Fléchier dans l'oraison funèbre du duc de Montauzier. Ce tombeau s'ouvrirait, ces ossements se rejoindraient et se ranimeraient pour me dire : « Pourquoi viens-tu « mentir pour moi, moi qui ne mentis jamais pour personne? » « Mes pères ont toujours été de fidèles serviteurs des rois leurs maîtres, disait le duc, lorsqu'on lui reprochait doucement la hardiesse un peu rude de son langage; ils n'ont jamais été leurs flatteurs. Cette honnête liberté, dont je fais profession, est un droit acquis, une possession de ma famille, et la vérité est venue à moi de père en fils comme une portion de mon héritage. » Mme de Montauzier possédait le même amour de la vérité, qui la rendait quelquefois, comme son mari, un peu redoutée et redoutable à la cour lorsqu'elle était attachée à la personne de la reine, d'abord comme gouvernante de ses enfants, puis comme dame d'honneur. Elle avait pris sa retraite deux ans avant de mourir en 1671; le duc de Montauzier lui survécut près de vingt ans.

LA DUCHESSE DE BEAUVILLIER

Le duc de Saint-Simon a laissé dans maintes pages de ses

CHARLES DE SAINCTE MAVRE DE MONTAVZIER GOVVERNEVR DES PROVINCES DE XAINTONGE ET ANGOVMOIS

LE DUC DE MONTAUZIER.

Mémoires des portraits accomplis des femmes de ses amies dont il honorait la vertu tout en jugeant sévèrement leurs défauts ou leurs ridicules ; il n'en a peint aucune avec autant de bienveillance que les deux filles de Colbert, la duchesse de Beauvillier et la duchesse de Chevreuse. Il dit de la première : « Il n'y a point à la cour de femme qui eût plus d'esprit que celle-là, plus pénétrant, plus fin, plus juste, mais plus sage et plus réglé et qui en fût plus maîtresse. Jamais elle n'en voulait montrer, mais elle ne pouvait faire qu'on ne s'en aperçût dès qu'elle ouvrait la bouche, souvent même sans parler. Il était naturellement rempli de grâces, avec une si grande facilité d'expression qu'elle en était parée, jusqu'à en faire oublier sa laideur, qui, bien que sans difformité, ni dégoût, et avec une taille ordinaire et bien prise, était cependant peu commune. Il y avait même un tour galant dans son esprit. Elle aimait à donner, et je n'ai vu qu'elle et la chancelière qui eussent l'art de le faire avec un tour et des grâces aussi parfaites. Son goût était exquis et général, meubles, parures de tout âge, table ; en un mot sur tout. Fort noble, fort magnifique, fort polie, mais avec beaucoup de distinction et de dignité. Elle avait du penchant pour le monde ; une piété sincère dès ses premières années et le désir de plaire à M. de Beauvillier la retenaient ; mais elle y était fort propre, et, indépendamment du commerce avec elle, on le sentait à la manière grande, aisée, noble, accueillante avec discernement, dont elle savait tenir sa maison ou sa cour, et les étrangers qualifiés abondaient à dîner.

« Son esprit, qui échappait quelquefois, quoique toujours avec grande circonspection, se montrait malgré elle assez pour faire regretter qu'elle ne lui laissât pas plus de liberté. Sa conversation était agréable, charmante en liberté, avec des traits vifs, fins, perçants, après lesquels il était plaisant de la voir quelquefois courir. Ailleurs il y avait du contraint, et qui communiquait de la contrainte, et en tout ; il est vrai que fort peu de gens, même des plus familiers, se trouvaient pleinement à l'aise avec elle, au contraire de Mme de Chevreuse qui, avec autant de piété, avait beaucoup moins d'esprit. D'ailleurs Mme de Beauvillier était parfaitement droite et vraie, tendre amie et parente excellente. Les aumônes et les bonnes œuvres que M. de Beauvillier et elle ont faites se peuvent dire immenses. C'était leur premier soin et avec la prière leur plus chère occupation.

« La perte de M. de Beauvillier fut un glaive qui ne sortit pas de son cœur, qui le perça. Elle restait aussi riche que Mme de Chevreuse était demeurée pauvre; aussi le chancelier de Pontchartrain prétendait-il que c'était toujours l'effet du jeu de ce même ange en faveur de l'un des deux beaux-frères pour confondre la philosophie de l'autre.

« Mme de Beauvillier, si tendrement et si pieusement unie avec son époux toute leur vie, demeura inconsolable, mais en chrétienne et en femme forte. Il voulut être enterré à Montargis, dans le monastère des Bénédictines où huit de ses filles avaient voulu faire profession, et dont l'aînée était supérieure perpétuelle, sans qu'aucune ait jamais voulu entendre parler d'abbaye. Mme de Beauvillier y alla et, par un acte de religion qui fait une terrible horreur à penser, elle voulut être à son enterrement. Ce fut aussi le lieu de sa plus chère retraite depuis, toutes les années de sa vie, et longtemps et souvent plus d'une fois par an, vivant au milieu de ses filles et d'autres fort proches dont le couvent était rempli, dans la plus poignante douleur et la pénitence la plus austère, sans que rien en parût aux heures de délassement de la communauté. A Paris, dans sa vaste maison, fort loin de ses sœurs, et c'était un autre sacrifice, surtout à l'égard de Mme de Chevreuse, elle ne se crut pas obligée à vivre comme les autres veuves, n'ayant ni enfants, ni besoins. Sa retraite fut totale, ni table, ni le plus léger amusement d'aucune espèce. Tout ce qui y avait le moindre trait fut banni, tout commerce fut rompu avec le monde. Elle se borna à sa plus étroite famille et à un nombre le plus court d'amis qui l'étaient de M. de Beauvillier aussi, avec qui tout lui était commun. Sa solitude était entière, rarement interrompue par quelqu'un de ce petit nombre. Ses journées n'étaient que prières chez elle ou à l'église, quelquefois chez ses sœurs, et chez Mme de Saint-Simon, depuis que nous fûmes à Paris; nulle autre part, ou comme jamais; assez l'été, dans ses terres, pour y faire de bonnes œuvres, où elle était, s'il se peut, encore plus seule qu'à Paris.

« Cette extrême solitude la rongea lentement et augmenta beaucoup le poids de sa pénitence; elle n'y était pas accoutumée. Rien ne put l'engager à l'adoucir. La mort du duc de Rochechouart, son petit-fils, qui donnait les plus grandes espérances, et qui la consolait de tout ce que le duc de Mortemart lui donnait de souffrances par sa conduite et ses procédés avec elle, et la perte de la duchesse de Chevreuse, qui arrivèrent coup sur coup, achevèrent de l'accabler. Elle succomba enfin sous les épreuves d'une dure paralysie, qu'elle porta avec une patience et une résignation parfaites. Depuis que la tête commença à s'attaquer, il n'y avait plus que les choses de Dieu qui la rappelassent, et dont elle pouvait être occupée, vivement même. Elle et M. de Beauvillier en étaient si remplis, que ce qui leur échappait quelquefois avec moi là-dessus, mais toujours courtement, était rempli d'une onction et d'une foi admirables. Elle vécut presque vingt ans dans la plus solitaire et la plus pénitente viduité et, moins d'un an après Mme de Chevreuse, mourut en 1733, à soixante-quinze ans, infiniment riche en aumônes et en toutes sortes de bonnes œuvres. »

C'était pour la duchesse de Beauvillier, qui avait dix filles, que Fénelon avait écrit son *Traité de l'éducation des filles*.

ANNE D'ORMESSON, MADAME D'AGUESSEAU

Mme de Beauvillier avait beaucoup connu, honoré et aimé le chancelier d'Aguesseau et son fils, qui devait plus tard lui succéder dans sa charge. « M. d'Aguesseau avait beaucoup d'esprit, mais encore plus réglé et sage, dit Saint-Simon. Sa capacité était profonde et vaste, son amour du bien ardent, mais prudent, sa modestie en tout retraçait les premiers et les plus anciens magistrats; sa douceur était extrême, ses opinions justes et concises lorsqu'il s'était une fois décidé, à quoi la crainte de l'injustice et la défiance de soi-même le rendaient souvent trop incertain et trop lent, assez capable d'amitié et tout à fait incapable de haine, grand et aisé travailleur, exact à tout et ne perdant jamais un instant, d'une piété solide, unie et de toute la vie, et si appli-

D'AGUESSEAU.

qué à ses devoirs qu'il ne s'était en aucun temps mêlé avec le monde. Lui et sa femme, qui était d'Ormesson, aussi vertueuse que lui et de plus d'esprit encore, mais dont l'extérieur n'était pas aimable comme le sien, étaient soupçonnés de jansénisme.

LE FÈVRE D'ORMESSON.

Avec cette tare, c'était merveille comme ses vertus et ses talents l'avaient porté sans autre secours jusqu'à la charge de procureur général, mais c'eût été un vrai miracle si elles l'eussent conduit plus loin. »

M. d'Aguesseau n'était pas toujours aussi prudent que le disait M. de Saint-Simon, et le sentiment de ses devoirs l'emportait parfois sur tout le reste. Il soutint et dirigea, vers la fin du règne de Louis XIV, la résistance du parlement à la volonté royale au sujet d'importantes affaires ecclésiastiques. Sa disgrâce parut imminente un moment : « Je ne sais pas si je n'irai pas coucher ce soir à la Bastille, » dit-il à sa femme en l'embrassant, avant de se rendre chez le roi qui l'avait mandé. Elle le regarda résolument et lui répondit : « Allez, monsieur, et agissez comme si vous n'aviez ni femme, ni enfants. J'aime beaucoup mieux vous voir conduire avec honneur à la Bastille, que vous voir revenir ici déshonoré. »

Le procureur général ne fut pas disgracié, et le roi mourut quelques jours plus tard (1ᵉʳ septembre 1715).

Bientôt le duc d'Orléans, régent pour le petit roi Louis XV, le nomma chancelier. Les disgrâces successives ne tardèrent cependant pas à l'honnête magistrat, et un second exil ramena pour toujours M. et Mme d'Aguesseau dans leur petit château de Fresnes.

Mme d'Aguesseau avait soutenu le courage et la vertu de son mari, par un désintéressement supérieur au sien. « Femme chrétiennement forte, écrivit-il lui-même sur son tombeau, en cultivant toutes les vertus, en remplissant tous ses devoirs, elle paraissait moins obéir à un commandement que céder à son propre naturel ; sans orgueil dans la prospérité, sans abattement dans l'infortune, elle a accueilli la mort comme tout le reste, avec bonté. Elle a désiré qu'on l'ensevelît au milieu des pauvres de la paroisse. »

LA DUCHESSE DE CHOISEUL

J'ai de la peine à me séparer de la noble et grande compagnie au milieu de laquelle je prenais plaisir à errer; les beaux exemples des ménages irréprochablement unis s'éloignent lentement; les femmes restent encore souvent fidèles au dévouement et au devoir conjugal, mais elles sont de plus en plus rarement heureuses, au moins dans cette atmosphère de la cour funeste et corruptrice qui nous a presque seule laissé les traces de son existence au détriment de la réputation de notre patrie comme de notre satisfaction à retracer son histoire. La duchesse de Choiseul fut le type accompli de ces femmes tendres et persévérantes, sans bonheur. Elle avait épousé à dix-huit ans le comte de Stainville, plus tard duc de Choiseul, lui apportant la grande fortune qu'elle tenait de son grand-père, le célèbre financier Crozat du Châtel, dont l'influence et les richesses rivalisaient sur la fin du règne de Louis XIV avec la situation de Samuel Bernard. Elle était charmante, d'une santé délicate et frêle. Horace Walpole la peint ainsi, dans une lettre à George Montagu : « J'ai soupé hier soir avec la duchesse de Choiseul, et j'ai vu la robe qu'elle doit porter aujourd'hui à un grand mariage entre un baron et Mme de Boufflers. Oh! c'est bien la plus gentille, la plus aimable, la plus gracieuse petite créature qui soit jamais sortie d'un œuf enchanté, si juste dans ses paroles et ses pensées, si pleine d'attention et de bonté! Tout le monde l'aime, excepté son mari qui lui préfère sa propre sœur, la duchesse de Grammont, une amazone fière et hautaine, qui aime et déteste vigoureusement et qui est abhorrée. La duchesse de Choiseul, passionnément éprise de son mari, a été martyre de cette affection; elle a fini par se soumettre de bonne grâce; cela lui a fait gagner un peu de crédit auprès de lui. Elle passe encore pour l'idolâtrer, mais j'en doute; elle se donne trop de peine pour le montrer. »

Walpole avait tort de douter de la tendresse passionnée de Mme de Choiseul pour son mari, mais elle avait eu trop souvent besoin de s'en parer dans sa lutte de jalousie et d'influence contre la duchesse de Grammont, pour se permettre de délicates réticences. « Elle est vraiment la reine des fées, disait encore Walpole, et c'est la plus jolie, la plus aimable, la plus raisonnable Titania que vous ayez jamais vue; malheureusement elle n'est pas aimée d'Obéron, qui lui préfère une grande Hermione qui est sa sœur. »

M. de Choiseul en avait préféré bien d'autres, mais il conservait pour sa femme une estime et une confiance dont elle se contentait faute de mieux. C'était par l'influence de Mme de Pompadour que le duc de Choiseul, d'abord employé à l'étran-

LE DUC DE CHOISEUL.

ger dans les négociations diplomatiques, était devenu ministre et tout-puissant; il était chargé du département de la guerre et de celui de la marine; les affaires étrangères étaient entre les mains de son cousin le duc de Praslin. « Il laissait pressentir déjà un esprit indépendant et un caractère fier, capable d'exercer le pouvoir envers et contre tous les obstacles, dit M. Guizot dans son *Histoire de France*. Le pays espérait retrouver en lui un grand ministre, ses espérances ne devaient pas être complétement déçues. »

Il exerça pendant près de douze ans un pouvoir hardi et efficace ; le Pacte de famille resserrant entre elles toutes les forces de la maison de Bourbon lui permit de lutter quelque temps avec succès contre la politique hautaine et ambitieuse de lord Chatham, alors premier ministre d'Angleterre. L'effort de M. de Choiseul s'était porté sur le développement de la marine, indispensable à la lutte contre l'Angleterre ; mais les unes après les autres nos colonies nous étaient enlevées par notre adversaire. Les efforts héroïques des Canadiens restaient aussi vains que l'habile diplomatie de Dupleix dans l'Inde ; l'Espagne était entraînée dans notre échec, elle perdait Cuba et les Philippines, lorsque la paix de 1762 vint mettre un terme douloureux à nos malheurs. Le duc de Choiseul n'approuvait pas le traité qu'il fut obligé de signer. « Si j'étais le maître, disait-il, nous serions à l'égard de l'Angleterre comme l'Espagne vis-à-vis des Maures ; si on prenait ce parti, l'Angleterre serait détruite d'ici à trente ans. »

Le roi Louis XV jugeait mieux de sa faiblesse et de la force de ses adversaires. « La paix que nous venons de faire n'est ni bonne ni glorieuse, disait-il dans cette correspondance secrète qu'il entretint toujours à l'insu de ses ministres même favoris, personne ne le sent mieux que moi ; mais, dans ces circonstances malheureuses, elle ne pouvait être meilleure, et je vous réponds bien que si nous eussions continué la guerre, nous en aurions fait une encore pire l'année prochaine. » Tout le courage et toute l'ardeur patriotique de M. de Choiseul ne pouvaient suffire même à pallier les conséquences de tant d'années d'ignorance, de faiblesses et d'incapacités successives.

Le duc de Choiseul restait cependant puissant, soutenu qu'il était par Mme de Pompadour. Il avait engagé la lutte contre les jésuites avec l'aide du Parlement et contre les désirs ardents du Dauphin, fils de Louis XV, prince pieux et modeste auquel le duc de Choiseul avait dit une fois dans un accès de colère injuste : « Monsieur, je puis avoir le malheur d'être un jour votre sujet, mais je ne serai jamais votre serviteur. » Les jésuites furent enfin expulsés de France et d'Espagne, l'ordre même fut dissous par ordre du pape. « Retour étrange et solennel des choses humaines, dit M. Guizot, le principe de la liberté religieuse, si longtemps méconnu et qui se faisait enfin jour dans tous les esprits, remporta sa première et sérieuse victoire, en dépouillant à leur tour les jésuites de cette liberté dont on leur faisait payer les longues injures, et leur condamnation fut le signe précurseur des violences et des injustices qui devaient bientôt se commettre au nom des droits et des libertés les plus saintes, longtemps et impunément violées par le pouvoir arbitraire. »

Le ministre marchait vers sa chute : il venait d'obtenir la réunion de la Corse à la France (1768) et continuait à servir le roi avec une passion un peu présomptueuse, qui usait lentement sa faveur, ébranlée dans ses fondements par la mort prématurée de sa protectrice. Mme de Pompadour venait de mourir, et le roi Louis XV, faisant un pas de plus dans l'abaissement, tombait sous l'influence de Mme Dubarry. Elle espéra un moment se servir du duc de Choiseul comme l'avait fait Mme de Pompadour; mais celui-ci, soutenu par les conseils hardis et fiers de Mme de Grammont et de son amie intime la maréchale de Beauvau, repoussa constamment les secrètes et dégradantes avances de la favorite. La disgrâce était au bout. Après douze ans d'un pouvoir incontesté et après avoir tenu dans ses mains tout le gouvernement de la France et la paix de l'Europe, M. de Choiseul reçut du roi, le 24 décembre 1770, une lettre ainsi conçue :

« Mon cousin, le mécontentement que me causent vos services me force à vous exiler à Chanteloup, où vous vous rendrez dans les vingt-quatre heures. Je vous aurais envoyé beaucoup plus loin sans l'estime particulière que j'ai pour Mme de Choiseul, dont la santé m'est fort intéressante. Prenez garde que votre conduite ne me force à prendre un autre parti. Sur ce, je prie Dieu, mon cousin, qu'il vous ait en sa sainte et digne garde. »

La disgrâce de M. de Choiseul fut un triomphe. On n'était plus au temps où le froncement des sourcils du roi Louis XIV et sa froideur à l'égard d'un courtisan suffisaient pour créer aussitôt le vide autour de lui : toute la cour se porta en foule à Chanteloup;

le Parlement avait perdu son plus ferme appui en perdant le duc de Choiseul, et les carrosses des magistrats suivaient ceux des courtisans sur le chemin de la retraite où le premier ministre tombé recevait ses hôtes, si magnifiquement, que les embarras de sa fortune allaient croissant tous les jours. Il avait donné sa démission de la charge de lieutenant-colonel des Suisses, il n'était plus rien, il n'avait presque plus rien que la constante affection de ses amis et le fidèle dévouement de sa femme, plus heureuse mille fois à Chanteloup qu'elle ne l'avait été à Versailles, dans ce tourbillon des plaisirs et des affaires qu'elle avait naguère dépeint avec tant de charme dans une lettre à Mme du Deffand. Plus âgée qu'elle de beaucoup d'années, celle-ci s'amusait à l'appeler sa grand'maman, du nom d'une vieille duchesse de Choiseul qui était en effet sa grand'mère. « Faites-moi grâce, ma chère enfant, des gens de Versailles, écrivait Mme de Choiseul, je croirais y être encore. Je viens de m'arracher de mon lit pour achever une frisure commencée d'hier. Quatre pesantes mains accablent ma pauvre tête. Ce n'est pas le pis pour elle. J'entends résonner à mes oreilles le fer, les papillotes, il est trop chaud... « Quel ajustement madame mettra-t-elle aujour-
« d'hui ? Cela va avec telle robe... Angélique, faites donc le toc-
« quet. Marie-Anne, apportez le panier. » (Vous entendez bien que c'est la suprême Tintin qui ordonne ainsi.) Ce n'est pas tout : un militaire pérore sur l'expulsion des jésuites ; deux médecins parlent, je crois, de guerre, ou se la font peut-être ; un archevêque me montre une décoration d'architecture. L'un veut attirer mes regards, l'autre occuper mon esprit, tous obtenir mon attention ; vous seule, à qui j'essaye d'écrire, intéressez mon cœur. On me crie de l'autre côté de la chambre : « Madame, voilà les trois
« quarts, le roi va passer pour la messe. — Allons vite, vite ! mon
« bonnet, ma coiffe, mon manchon, mon éventail, mon livre, ne
« scandalisons personne ; ma chaise, mes porteurs, partons ! »
— J'arrive de la messe ; une femme de mes amies entre presque aussitôt que moi, elle est en habit ; mon très petit cabinet est rempli de la *vastitude* de son panier. Elle veut que je continue. « Je n'en ferai rien, madame ; je ne serai pas assez mon ennemie

« pour me priver du plaisir de vous voir et de vous entendre. » Enfin elle est partie, reprenons ma lettre; mais on vient me dire que le courrier de Paris va partir, il demande si madame n'a rien à lui ordonner. Si fait, vraiment, j'écris à ma chère enfant; qu'il attende... Une jeune Irlandaise vient me solliciter pour une grâce que je ne lui ferai pas obtenir; un fabricant de Tours vient me remercier d'un bien que je ne lui ai pas procuré. Celui-ci vient me présenter son frère que je ne verrai pas; il n'y a pas jusqu'à la chanteuse, Mlle Fel, qui n'arrive chez moi.

« J'entends le tambour, les chaises de mon antichambre sont culbutées; ce sont les officiers suisses qui se précipitent dans la cour.

« Le maître d'hôtel vient me demander si je veux qu'on serve. Il m'avertit que le salon est plein de monde, que monsieur est rentré et qu'il a demandé à dîner. Allons donc, il faut finir. Voilà le tableau exact de tout ce que j'ai éprouvé hier et aujourd'hui en vous écrivant, et presque tout cela à la fois! Jugez si je suis lasse du monde, et si vous devez vous donner quelque peine pour me procurer encore des visiteurs; jugez aussi si je vous aime de pouvoir m'occuper de vous, et comme votre pauvre grand'maman est impatientée, tiraillée, harcelée! Plaignez-la, aimez-la, et vous la consolerez de tout! »

Mme du Deffand, moins entourée que Mme de Choiseul, bien qu'elle le fût beaucoup, s'ennuyait incurablement; sa grand'maman lui écrivait de ce Chanteloup où elle devait bientôt être exilée : « Vous me parlez de votre tristesse avec la plus grande gaieté, et de votre ennui de la façon du monde la plus amusante; vous faites donc aussi du courage, ma chère enfant? c'est ce qu'on a de mieux à faire quand on n'en a pas. Entre en *faire* et en *avoir*, il y a loin; mais c'est pourtant à force d'en faire qu'on en acquiert. Oh! combien j'en ai fait dans ma vie! Faire du courage n'est point, je le sais bien, une expression française; mais je veux parler ma langue avant celle de ma nation, et nous devons souvent à l'irrégularité de nos pensées celle des expressions pour les rendre telles qu'elles sont. De tout ceci je conclus que vous êtes malade et ennuyée, et cela me fâche; vous êtes triste et ennuyée parce que vous êtes malade, et vous êtes malade parce que vous êtes triste et ennuyée. Soupez peu, ouvrez vos fenêtres, promenez-vous en carrosse et appréciez les choses et les gens. Avec cela, vous aimerez peu, mais vous haïrez peu aussi ; vous n'aurez pas de grandes jouissances, mais vous n'aurez pas non plus de grands mécomptes, et vous ne serez plus triste et ennuyée et malade. Écrivez-moi toujours dans vos moments de tristesse, ce sera une dissipation. Ne craignez pas de me faire partager votre ennui, je ne partagerai que vos sentiments, et j'en aurai toujours un infiniment tendre pour vous. »

Mme de Choiseul avait en effet beaucoup *fait de courage*, dans cette vie tout extérieure et du monde sans les douceurs de la vie intérieure et cachée. En arrivant à Chanteloup après l'exil de son mari, elle eut une autre sorte de courage ; le moment y était propre. Elle fit pour la première fois de sa vie la loi à Mme de Grammont qui la lui avait faite si souvent ; et dans cette maison où elle suivait son mari exilé et disgracié, elle reprit possession de lui avec une hauteur douce qui ne laissait plus de place à la jalousie fraternelle. Mme de Choiseul se sentait donc plus heureuse qu'elle ne l'avait jamais été pour son propre compte comme pour celui de son mari lorsqu'elle écrivait à Mme du Deffand, qui s'inquiétait de nouvelles rigueurs : « Que voulez-vous donc qu'on nous fasse encore? Le roi ne frappe pas deux fois. La terreur a gagné nos amis au point qu'il y en a qui craignent que l'intérêt public même n'aigrisse contre nous. Je crois bien qu'il aigrira ! mais en même temps, si on voulait nous faire plus de mal, ce serait lui qui retiendrait ; on n'oserait, il y aurait révolte générale ; qu'on le laisse donc aller cet intérêt, il est trop flatteur pour nous en priver. Qu'on le perpétue s'il est possible, il assure la gloire de mon mari, il le récompense de douze ans de travaux et d'ennuis, il le paye de tous ses services ; nous pouvions l'acheter encore à un plus haut prix, et nous ne l'aurions pas cru trop payé par le bonheur immense d'un genre nouveau dont il nous fait jouir. M. de Choiseul le sent bien, et pour moi, il faut l'avouer, j'en ai la tête tournée. Je n'ai d'ailleurs plus d'étouffements, le voyage les a absolument guéris; je ne suis point enrhumée. Nos chambres commencent à s'échauffer grâce au papier qui calfeutre toutes les fenêtres et aux peaux de mouton qui entourent toutes les portes. Nos cheminées commencent aussi à fumer un peu moins. Nous faisons assez bonne chère, nous passons des nuits fort tranquilles et toute la matinée se passe à nous parer de perles et de diamants comme des princesses de roman. Je n'ai jamais été si bien coiffée ni si occupée de ma parure que depuis que je suis ici. Je veux redevenir jeune et, si je puis, jolie! Je tâcherai au moins de faire accroire au grand-papa que je suis l'une et l'autre, et comme il aura peu d'objets de comparaison, je l'attraperai plus facilement. »

Mme de Choiseul vécut ainsi longtemps auprès de son mari, plus tendre pour elle, dans cet exil dont elle était fière, qu'il ne l'avait jamais été, mais toujours égoïste et imprévoyant. La mort de Louis XV lui avait rendu la liberté de ses mouvements; lorsqu'il mourut lui-même en 1785, à la veille de la tempête qui devait bouleverser la France et l'Europe, il menait toujours un train de magnificence excessive, qui avait si bien détruit toute la fortune de sa femme, que lorsqu'il expira laissant par testament des dons considérables à ses amis, sa succession eût été hors d'état d'en payer un seul sans le dévouement de sa femme, aussi complet pour sa mémoire qu'il l'avait jamais été pour sa personne. Son intendant voulait qu'elle réclamât ses droits. « Certes, oui, je les réclamerai, dit-elle, rien ne m'y fera renoncer, » et elle s'empressa de garantir tous les legs, en ajoutant de nouvelles munificences à celles de son mari, et en s'engageant à payer toutes les dettes. Le lendemain, quittant sans bruit sa demeure, elle s'établit avec une seule femme de chambre dans le couvent obscur des Récollettes, décidée à vivre le plus pauvrement du monde jusqu'à ce que les affaires de son mari fussent remises en ordre. Elle était déjà vieille et sa santé était faible lorsqu'elle sortit un instant de sa retraite pour disputer à la guillotine son vieil ami l'abbé Barthélemy, auteur du *Voyage du jeune Anacharsis*, qui lui avait toujours été tendrement dévoué. Il fut mis en liberté, mais la duchesse de Grammont périt sur l'échafaud en 1794, avec un courage remarquable même alors. Elle tint tête à Fouquier-Tinville ivre de sang et comme emporté par la fureur de la guillotine, sans daigner plaider sa propre cause. « Que ma mort soit décidée, dit-elle, cela ne m'étonne pas; j'ai quelquefois occupé l'attention du public et, quoique je ne me sois mêlée d'aucune affaire depuis le commencement de tout ceci, mes principes et ma manière de voir sont connus; mais quant à cet ange qui ne vous a jamais offensés (et elle montrait son amie, la duchesse du Châtelet), pourquoi la condamneriez-vous? Elle n'a jamais fait de mal à personne et sa vie entière n'offre que l'exemple de la vertu et de la bienfaisance. » Mme du Châtelet mourut comme son amie.

Mme de Choiseul resta ignorée et vécut jusqu'en 1801. « Elle habitait un petit appartement rue Saint-Dominique, raconte M. Sainte-Beuve. Un jour, sous le Directoire ou le Consulat, M. Pasquier l'allant voir la trouva fort émue; il lui en demanda la cause, craignant que ce ne fût quelque mauvaise nouvelle. « Non pas. Imaginez que tout à l'heure on m'annonce qu'un homme de Chanteloup est là qui voudrait me parler. Je dis qu'on le fasse entrer. Je vois un homme grand, assez bien mis, qui me demande si je ne le reconnais pas? « Est-ce que vous ne vous « souvenez pas, madame la duchesse, du petit Pierre qui ramas- « sait des cailloux sur la route et pour qui vous étiez si bonne « quand vous passiez et que vous le voyiez plein de cœur à l'ou- « vrage? C'est moi qui suis le petit Pierre. Vous m'avez demandé « un jour ce qu'il me faudrait pour me mettre dans mes affaires, « vous m'avez acheté un âne et une charrette; ça m'a porté bon- « heur. J'ai travaillé, j'ai fait mon chemin, je suis devenu entre- « preneur de routes. Savez-vous que je suis un des premiers dans « ma partie? Je suis riche. Mais, madame la duchesse, tout cela « vous appartient; on dit que vous n'êtes pas à l'aise... Je viens « vous rendre ce qui est à vous. » On peut juger de l'émotion de Mme de Choiseul en racontant cette visite inattendue. Des larmes altéraient sa voix.

MADAME NECKER

Mme de Choiseul avait passionnément aimé et servi un mari qui ne lui rendait pas tout ce qu'il lui devait; Mme Necker aima et servit avec une tendresse aussi vive, quoique moins gracieuse, un homme plus vertueux, qui ne lui laissa pas toujours assez pénétrer le secret de son attachement pour elle. Elle ne fut jamais à Paris qu'une fleur transplantée et garda toujours quelque chose de la rude franchise de ses montagnes, qu'elle travaillait en vain à policer et à renouveler à l'image du monde élégant dans lequel elle se trouvait transportée. Mariée à vingt-quatre ans, après avoir déjà été l'objet d'un sentiment très vif de la part de Gibbon, elle avait apporté à Paris la réputation méritée d'une instruction extraordinaire chez une femme toute jeune encore; elle avait professé en Suisse avec succès et donné des cours de littérature. Fille du pasteur M. Curchod, très savant lui-même et qui l'avait élevée avec le plus tendre soin, elle était belle, ce qui ne gâta sans doute rien à la gloire du professeur et ce qui servit à Paris pour la marier, jeune femme, à un homme plus âgé qu'elle, riche et dans une position brillante qui embarrassait un peu la jeune savante. « En arrivant dans ce pays-ci, écrit-elle à une de ses amies, je croyais que les lettres étaient la clef de tout, qu'un homme ne cultivait son esprit que par les livres, et n'était grand que par le savoir. Je m'aperçus bientôt qu'il n'en était rien. Je n'avais pas un mot à dire dans le monde, j'en ignorais même la langue. Obligée par mon état de femme de captiver les esprits, j'ignorais toutes les nuances de l'amour-propre; et je le révoltais quand je croyais le flatter. Ce qu'on appelait franchise en Suisse devenait égoïsme à Paris; négligence des petites choses était ici manque aux bienséances; en un mot, détonnant sans cesse et intimidée par mes bévues et par mon ignorance, ne trouvant jamais l'à-propos, et prévoyant que mes idées actuelles ne s'accorderaient jamais avec celles que j'étais obligée d'acquérir, j'ai enfoui mon petit capital pour ne le revoir jamais, et je me suis mise à travailler pour vivre et pour accumuler un peu si je puis. »

Cet effort constant se fit sentir pendant toute la vie de Mme Necker dans sa conversation et dans ses relations mondaines. La personne qui prenait d'avance des notes pour diriger ses politesses, ne pouvait entretenir dans sa maison la grâce facile qui fait le charme de la causerie. Après avoir écrit sur son carnet : « *Relouer* plus fort M. Thomas, » elle pouvait bien entretenir avec ce savant académicien un commerce d'amitié intime qui dura autant que leur vie ; elle ne pouvait pas, elle ne savait pas causer ou plaisanter, comme on avait accoutumé de le faire au xviii siècle, lorsque les idées nouvelles animaient et charmaient tous les esprits dans ce monde, où, comme le dit Mlle de Meulan, la plaisanterie naissait naturellement sous sa forme la plus brillante du mouvement très vif de la société. Voilà ce qu'on ne trouvait assurément pas chez Mme Necker. « La plaisanterie naturelle, la seule qui puisse être piquante, disait Mlle de Meulan dans un de ses articles du *Publiciste*, jaillit comme un trait d'un esprit animé par la gaieté, passe comme l'éclair sur les objets qu'elle colore d'un jour particulier, éveille une foule d'idées, ne s'arrête sur aucune et ne s'éteint que lorsqu'elle n'a plus qu'à revenir sur ses pas. » Les phrases se terminaient rarement dans ce choc étincelant des pensées, et tout le monde avait compris avant que le développement de l'idée fût complet et arrondi. M. Necker lui-même, avec beaucoup d'esprit, partageait avec sa femme ce défaut de ne point donner de facilité à ceux qui causaient avec lui. Mme du Deffand disait qu'on était toujours plus bête avec lui qu'on ne l'était tout seul ou avec les autres. Sensation peu agréable et qui n'est pas propre à accroître le charme des relations mondaines. « J'ai été obligée de refaire mon esprit tout à neuf, écrivait Mme Necker à une de ses amies, pour les caractères, pour les circonstances et pour la conversation. »

Elle n'y avait pas complètement réussi, et ses vraies amies ne pouvaient pas le regretter, car elle avait conservé une pureté et une droiture d'esprit et de sentiments qui valaient bien les grâces qu'elle n'avait pu complètement acquérir.

« Étrangère aux mœurs de Paris, dit d'elle Marmontel,

Mme Necker n'avait aucun des agréments d'une jeune Française. Dans ses manières, dans son langage, ce n'était ni l'air ni le ton d'une femme élevée à l'école des arts, formée à l'école du monde. Sans goût dans sa parure, sans aisance dans son

MADAME NECKER.

maintien, sans attrait dans sa politesse, son esprit, comme sa contenance, était trop ajusté pour avoir de la grâce.

« Mais un charme plus digne d'elle était celui de la décence, de la candeur, de la bonté. Une éducation vertueuse et des études solitaires lui avaient donné tout ce que la culture peut ajouter dans l'âme à un excellent naturel. Le sentiment en elle était parfait, mais dans sa tête la pensée était souvent confuse et vague. Elle semblait ne voir certains objets qu'à travers un brouillard qui les grossissait à ses yeux et alors son expression s'enflait tellement, que l'emphase en eût été risible si l'on n'avait pas su qu'elle était ingénue. » N'arriva-t-il pas quelquefois aussi à M. Necker de voir à travers un brouillard ces espérances d'un ordre social nouveau dont il ne prévoyait ni la portée ni le prix ?

Mme Necker s'aperçut bientôt que la vertu et les bonnes intentions ne suffisaient pas pour guérir le mal profond qui agitait la France. « Mon cœur et mes regrets, écrit-elle dès le mois de juillet 1779, cherchent sans cesse un univers où la bienfaisance soit la première de toutes les vertus. Je croyais voir l'âge d'or sous une administration si pure, je ne vois que l'âge de fer ; tout se réduit à faire le moins mal possible. » Elle secondait son mari par les efforts constants d'une charité touchante, à laquelle fut due la fondation de l'hôpital Necker, qu'elle dirigea elle-même pendant dix ans comme une économe vigilante.

Elle avait entrepris de prouver que l'économie n'exigeait pas qu'on plaçât plusieurs malades dans un même lit, quels que fussent les maux dont ils pouvaient être atteints, et ce furent les essais qu'elle pratiqua dans son hôpital qui assurèrent dorénavant aux malheureux reçus dans les hôpitaux de Paris les soins habiles et éclairés dont ils sont devenus l'objet.

Elle était troublée et inquiète pour son mari comme pour l'œuvre qu'il avait entreprise, et elle pressait M. Necker de penser à la retraite, bien peu de temps après le début de son second ministère. Lorsqu'elle se retrouva enfin dans sa paisible retraite de Coppet, la fille qui lui était si chère et qu'elle avait élevée avec tant de soin lui avait déjà échappé pour prendre un élan auquel sa mère était étrangère. Sa fille avait été l'objet de sa constante sollicitude. « Pendant treize ans des plus belles années de ma vie, écrivait Mme Necker à son mari, au milieu de beaucoup d'autres soins indispensables, je ne l'ai presque pas perdue de vue ; je lui ai appris les langues, et surtout à parler la sienne avec facilité ; j'ai cultivé son esprit et sa mémoire par les meilleures lectures.

Je l'emmenais seule avec moi à la campagne pendant les voyages de Versailles et de Fontainebleau ; je me promenais, je lisais avec elle, je priais avec elle. Sa santé s'altéra, mes angoisses, mes sollicitudes donnèrent un nouveau zèle à son médecin, et j'ai su depuis qu'elle exagérait souvent les accès de toux auxquels elle était sujette pour jouir de l'excès de ma tendresse pour elle ; enfin je cultivais, j'embellissais sans cesse les dons qu'elle avait reçus de la nature, croyant que c'était au profit de son âme ; mon amour-propre s'était transporté en elle. » « L'instant présent et chacun pour soi, voilà, disait Mme Necker, la maxime du siècle : elles rentrent l'une dans l'autre. L'avenir et vivre dans autrui, voilà celle que je voudrais adopter. » Belle et noble pensée d'une grande âme, qui sut en effet de bonne heure s'absorber dans une autre, et vivre pour la gloire de son mari comme pour le bonheur de sa fille ; bel éloge à faire d'une femme et d'une mère, distinguée par elle-même, mais liée par le sort à des esprits sinon à des âmes d'une portée supérieure au sien.

Lorsque Mme Necker mourut à cinquante-quatre ans, elle était occupée à écrire un essai contre le divorce, que son mari publia après sa mort, tout incomplet qu'il fût. « Le bonheur ou le malheur de la vieillesse n'est souvent que l'extrait de notre vie passée, » disait-elle. Jusqu'au dernier moment elle avait travaillé et combattu pour la cause de la pure vertu. « Elle ne se plaisait que dans une seule route, » disait d'elle Mme Necker de Saussure, l'éminent auteur de *l'Éducation progressive*. Je me souviens qu'au temps où l'éclat de Mme de Staël était encore nouveau pour moi, je témoignais à sa mère Mme Necker mon étonnement de sa prodigieuse distinction. — Ce n'est rien, me répondit-elle, rien absolument, à côté de ce que je voulais faire d'elle. » En effet, Mme de Staël voulut être le représentant des dons naturels, parce qu'à ses yeux sa mère était celui des vertus acquises. « Il n'a peut-être manqué à Mme Necker, disait son mari dans la confiance de l'intimité, pour être jugée parfaitement aimable, que d'avoir eu quelque chose à se faire pardonner. »

« J'aime beaucoup quelques-uns de nos philosophes, mais je n'aime pas leur philosophie, » disait Mme Necker, et je suis tentée d'en dire autant qu'elle, en face de ce xviiiᵉ siècle si brillant et si séduisant. Ce qui me manque dans le caractère, et la vertueuse conduite de la duchesse de Choiseul, c'est d'y retrouver ces douceurs et ces consolations de la foi religieuse, qui avaient soutenu tant de femmes dans des épreuves analogues aux siennes. J'éprouverai donc une véritable satisfaction à rechercher l'empreinte puissante de ces principes éternels, immuables dans leur force souveraine, en retraçant rapidement la vie de la duchesse d'Ayen et de ses filles, nobles figures que je choisis pour le type glorieux des femmes chrétiennes dans ces temps profondément troublés, auxquels je ne veux emprunter ni les noms royaux, ni ceux des Vendéens. Le souvenir du dévouement de Mme Élisabeth de France est irrévocablement lié à celui du roi Louis XVI; le nom de Mme de Lescure, devenue Mme de la Rochejaquelein, ne se séparera pas de celui de son mari; ni les unes ni les autres ne me paraissent représenter d'une manière aussi frappante que la famille de la duchesse d'Ayen cette diversité des opinions au sein même de la noblesse française, qui mena Mme de Montagu dans l'émigration et Mme de Lafayette à Olmütz, comme elle avait d'abord placé tant de gentilshommes à la tête des armées révolutionnaires.

LA DUCHESSE D'AYEN ET LA VICOMTESSE DE NOAILLES

La duchesse d'Ayen appartenait à cette forte race des d'Aguesseau qui avait fourni deux chanceliers à la France, avec tant de grands exemples de vertu. Elle s'était mariée très jeune. Son mari, qu'elle aima beaucoup, devait rester jeune toute sa vie; elle fut dès l'abord chargée de toute la sagesse du ménage. Sa seconde fille, Mme de Lafayette, dont l'histoire nous présente le modèle le plus accompli de la femme forte, a retracé le souvenir de cette mère adorée pendant qu'elle était elle-même en prison à Olmütz, auprès de son mari. Elle écrivait avec un cure-dent sur les marges d'un exemplaire de Buffon: « Les sentiments de ma mère étaient trop vrais, ses résolutions trop fortes pour que toutes ses actions n'en fussent pas la conséquence parfaite. On peut donc juger de ses soins dès notre berceau et du but auquel elle les rapporta. Nous étions la plus tendre affection de son cœur et le premier objet de ses devoirs. A cette vive impulsion du cœur le plus maternel qui fut jamais, se joignait cette disposition si fortement enracinée en elle de faire la volonté de Dieu et d'accomplir son œuvre. Tout était donc réuni pour nous : toutes ses facultés étaient employées à ce qui pouvait faire notre bien, à préparer notre bonheur ; la sollicitude et toute la prévoyance de son esprit, à détourner ce qui pouvait nous nuire ; sa pénétration, à discerner nos caractères (et dès notre plus tendre enfance, elle les étudiait de manière à influer sur chacune de nous, à l'élever et à le conduire d'une façon qui lui fût propre) ; la droiture et la force de son esprit, à écarter de notre éducation toutes les puérilités et à nous accoutumer dès l'enfance, à raisonner droit et juste, en éloignant une foule d'illusions ; sa vive tendresse pour nous, à cimenter notre union mutuelle, enfin sa douce éloquence, fortifiée par son exemple, à nous faire connaître la vertu, et la vertu chrétienne, c'est-à-dire le principe, les secours et la récompense de la vertu. »

Tant et de si admirables soins portèrent leurs fruits. Mariée au sortir de l'enfance, les cinq filles de la duchesse d'Ayen l'entourèrent de leurs vertus et de leurs perfections naissantes, comme autant de fleurs d'une tige vigoureuse et saine. L'une d'elles mourut jeune, après s'être mariée deux fois, et ne laissa de traces que dans le cœur des siens. L'aînée, la vicomtesse de Noailles, mariée à son cousin, ne quitta presque jamais sa mère, dont elle était le plus cher appui et la séduisante image. Les orages de la Révolution ne les séparèrent pas. M. de Noailles, qui avait été membre de l'Assemblée constituante, avait émigré en Angleterre ; sa femme le rejoignit quelque temps ; mais, toutes ses sœurs étant dispersées, elle revint auprès de sa mère, qui n'avait pu quitter Paris avant les massacres de Septembre. Elle avait abandonné l'hôtel de Noailles, situé rue Saint-Honoré, et s'était réfugiée dans une petite maison du faubourg Saint-Germain. De là elle s'établit avec sa fille à Poissy, puis à Saint-Germain, veillant de là autant qu'il lui était possible sur la destinée de tous ses enfants éloignés d'elle et sur les objets de leur tendresse. M. de Lafayette était en prison à Olmütz, sa femme retourna sur sa parole dans le château de Chavaniac en Auvergne. « Je n'étais pas oubliée au milieu de ces bouleversements, écrit-elle. Ma mère, en qui le sentiment de la tendresse surpassait celui de la crainte, ma sœur, dont les dangers personnels n'ont jamais détourné la pensée ni des dangers, ni même des inquiétudes de ce qui lui était cher, m'écrivaient avec une exactitude que rien ne dérangeait, recherchant le peu d'information qu'on pouvait avoir sur M. de Lafayette, comme s'il était leur plus constante préoccupation, même au milieu des dangers de tout genre qu'elles couraient. »

Le duc d'Ayen avait gagné la Suisse, mais l'état de dépérissement de son père, le maréchal de Noailles, ne permettait pas à sa femme de le suivre. Elle resta à Saint-Germain auprès de son beau-père, risquant sans cesse à Paris de périlleuses visites, tant pour veiller aux affaires de tous les siens, que pour y voir un prêtre. Le vieux maréchal étant mort, la mère et la fille rentrèrent définitivement à Paris, où elles furent toutes deux arrêtées au mois d'octobre 1793. Elles étaient gardées à l'hôtel de Noailles, « ce qui me parut, d'après leurs lettres, les effrayer très peu », écrit Mme de Lafayette, qui ne partageait pas cette sécurité ou cette imprévoyance.

Elle prévoyait en effet, déjà de loin, les malheurs prêts à fondre sur les siens. Les enfants de Mme de Noailles étaient à Paris, dans une retraite qu'on croyait sûre, entre les mains d'un précepteur excellent et distingué, qui servait d'intermédiaire aux prisonnières avec le prêtre sur lequel elles comptaient pour leur donner l'absolution au dernier moment, si le cas échéait. La vieille maréchale de Noailles, infirme et malade, était l'objet de tous leurs soins; on lui amenait souvent les enfants. Ces premiers temps de la captivité ne paraissent pas avoir été très amers. « Il suffit d'avoir connu ma mère, écrit Mme de Lafayette, pour juger qu'au milieu de tant d'angoisses elle goûtait encore une douceur infinie à s'occuper de ses petits-enfants, à graver dans leurs cœurs les principes où se trouvent toutes les ressources, à en voir dans la plus tendre de ses filles les effets surnaturels, et à bénir, du fond de l'abîme, cette miséricorde qui était toute son espérance pour ses enfants et ses petits-enfants. »

Au premier moment le respect ne fit pas complètement défaut dans les relations de leurs geôliers avec la duchesse d'Ayen et sa fille; ce fut chez elles qu'on les interrogea d'abord. « Les réponses de ma mère et de ma sœur étaient toujours préparées, écrit Mme de Lafayette, et elles répondirent avec cette droiture et cette délicatesse de jugement et de conscience dont elles ne se sont jamais écartées. Ma mère avait mis à son côté, en chaîne de montre, tout ce qui lui restait de diamants : elle craignait qu'on ne voulût lui faire jurer qu'elle n'avait rien de caché. Les diamants furent vendus le soir même à un joaillier, qui lui remit l'argent nécessaire pour payer le peu de dettes qu'elle avait. Le reste du payement ne fut pas effectué, le joaillier ayant péri lui-même au bout de peu de jours sur l'échafaud. » Il ne restait plus à la mère et à la fille que quelques vieux chiffons qui furent vendus, et tout ce que possédait le précepteur des enfants, M. Grellet, qui faisait bourse commune avec les deux dames. « Cette pauvreté extrême et toutes ses suites méritent à peine d'être comptées au milieu de tant d'autres maux. »

Mme d'Ayen et sa fille ne se croyaient pas personnellement menacées, puisqu'elles ne donnaient aucun prétexte de crainte; elles furent bientôt détrompées. Renvoyées de l'hôtel de Noailles, elles s'étaient réfugiées dans un petit logement, lorsqu'elles furent reprises par leurs geôliers et conduites de porte en porte dans les diverses prisons de Paris, pour être enfin écrouées avec la maréchale de Noailles dans la prison du Luxembourg. Dans le même temps, Mme de Lafayette avait été amenée à la Force; Mme d'Ayen le sut par M. Grellet et ce fut sans doute un nouvel effort de sa vertu et de sa confiance en Dieu que de supporter patiemment cette inquiétude pour celle de ses filles qui lui avait toujours causé le plus de préoccupation par les qualités mêmes de son esprit et de son cœur. Quelques jours se passèrent ainsi, pleins de courage et de tendre sollicitude des prisonnières les unes pour les autres, comme pour leurs compagnes. Lorsqu'elles furent appelées pour être transférées à la Conciergerie, ce qui annonçait une mort prochaine, Mme d'Ayen prit la précaution d'avertir doucement sa fille, qui se trouvait alors dans la cellule de la duchesse d'Orléans, fille du duc de Penthièvre et mère du roi Louis-Philippe, de peur que cette nouvelle ne causât à la princesse un saisissement dangereux dans son état de santé. Constamment occupée des autres avec une charité aussi prévoyante que tendre, la duchesse d'Ayen retrouvait chez sa fille le même cœur, avec un redoublement de soins pieux pour elle. Elles étaient absolument dépourvues d'argent et ne purent payer les 45 francs que le geôlier de la Conciergerie exigeait pour leur donner des lits; la femme de l'un des adjudants prêta cependant le sien à la maréchale de Noailles. La vicomtesse ne voulait pas se coucher. « Songez, lui disait sa mère, à ce que sera la journée de demain! — Ah! maman, répondit-elle, à quoi bon se reposer la veille de l'éternité? » Elle passa la nuit à prier, ne s'interrompant que pour donner quelques soins à sa grand'mère; même alors, avec l'indomptable espérance de l'âme humaine, il ne paraît pas que la maréchale eût perdu toute illusion. Elle relisait son acte d'accusation, en disant: « Non, je ne puis pas périr pour une conspiration dont j'ignore l'existence; je plaiderai ma cause devant les juges, ils ne pourront pas me condamner. » « Elle pensait à sa robe, dit la duchesse de Duras, dans le récit qu'elle a laissé des derniers moments de ses cousines, elle craignait qu'elle ne fût trop chiffonnée, elle arrangeait son bonnet et ne pouvait croire à la possibilité de terminer sa carrière dans la journée. » Mme d'Ayen était plus inquiète, mais elle ne se croyait pas encore si près de la fin. La vicomtesse de Noailles paraît avoir été celle des trois qui comprenait le mieux que le sort en était jeté et elle consolait sa mère avec le sourire sur les lèvres. « Courage, maman, disait-elle, il n'y a plus qu'une heure. » Lorsqu'on vint à neuf heures du matin chercher les victimes du jour pour les conduire devant le tribunal révolutionnaire, les deux mères firent quelques arrangements pour le cas où elles seraient acquittées; la fille ne s'en préoccupa point ; elle avait fait parvenir ses adieux à M. Grellet et à ses enfants ; elle marchait d'un pas ferme à l'éternité.

J'emprunte le récit des derniers moments à la narration du prêtre de l'Oratoire, l'abbé Carrichon, qui accompagna les prisonnières jusqu'à l'échafaud.

« Un jour que je visitais Mmes de Noailles dans leur hôtel où elles furent détenues du mois de novembre 1793 au mois d'avril 1794, je leur avais dit : « Si vous allez à la guillotine et que Dieu

MADAME LA VICOMTESSE DE NOAILLES.

« m'en donne la force, je vous y accompagnerai. — Nous le pro-
« mettez-vous ? dirent-elles aussitôt. — Oui, et pour que vous me
« reconnaissiez bien, j'aurai un habit bleu foncé et une veste
« rouge. »

« Elles m'avaient souvent rappelé depuis ma promesse et elles en avaient sans doute parlé entre elles, car M. Grellet vint le 27 juin de leur part me demander de rendre au maréchal de Mouchy et à sa femme le service que j'avais promis à leurs parentes. J'allai au Palais et je parvins à prononcer l'absolution par l'inspiration et avec l'aide de Dieu, mais sans que M. et Mme de Mouchy, que j'eus sous les yeux pendant un quart d'heure, pussent me distinguer, car ils me connaissaient à peine. Le maréchal était singulièrement édifiant. Il priait tout haut de tout son cœur. La veille, il avait dit en quittant la prison du Luxembourg à ceux qui lui témoignaient de l'intérêt : « A dix-sept ans, j'ai monté à l'assaut « pour mon roi ; à soixante-dix-sept ans, je monte à l'échafaud « pour mon Dieu ; mes amis, je ne suis pas malheureux. » Je ne me sentis pas le courage d'aller jusqu'à la guillotine. J'en augurai mal pour la promesse spéciale faite à la duchesse d'Ayen

« Le 22 juillet, c'était un mardi, j'étais chez moi, de huit à dix heures du matin. J'allais sortir. On frappe. J'ouvre. Je vois les enfants de Noailles avec leur précepteur. L'instituteur pâle, triste, pensif, défiguré : « Passons dans votre cabinet, » me dit-il. Nous entrons, il se jette dans un fauteuil. « C'en est fait, mon « ami, me dit-il, ces dames sont au tribunal révolutionnaire. Je « viens vous sommer de tenir votre parole. Je vais conduire les « enfants à Vincennes avec leur petite sœur. Dans le bois, je « préparerai ces malheureux enfants à leur terrible perte. »

« Quelque préparé que je fusse à cette nouvelle, je fus déconcerté ; il me fallut un moment pour revenir à moi. « Partez, lui « dis-je enfin, je vais changer d'habits. Quelle commission ! « priez Dieu qu'il me donne la force de l'exécuter. » Nous nous levons, nous retrouvons dans la chambre voisine les enfants s'amusant innocemment, gais, contents autant qu'ils pouvaient l'être. Leur vue me serre le cœur. Resté seul après leur départ, je me sens épouvanté, fatigué. Mon Dieu, ayez pitié d'elles, ayez pitié de moi !

« Je change d'habits et je vais faire quelques courses projetées avec un poids accablant dans l'âme. Je vais au Palais entre une heure et deux ; je veux entrer. Impossible. Je prends quelques renseignements, qui détruisent ce qui pouvait me rester d'espérance. Je reprends mes courses, avec quelles pensées, quelle agitation, quel effroi secret, joint à une tête malade ! Je m'ouvre à une personne de confiance, qui m'encourage, et je reviens au Palais à pas lents avant cinq heures. Je m'assieds dans la grande salle, je me lève, je me promène, je ne parle à qui que ce soit. Rien n'annonce le départ. Enfin, au mouvement, je juge que la prison va s'ouvrir. Je vais me placer auprès de la grille de sortie; la première charrette se remplit, la maréchale de Noailles y monte. N'y point voir sa belle-fille et sa petite-fille fut pour moi un faible et dernier rayon d'espérance, mais, hélas! elles montent aussitôt dans la seconde charrette.

Mme de Noailles était en blanc, qu'elle n'avait point quitté depuis la mort de ses beaux-parents, le maréchal et la maréchale de Mouchy. Elle paraissait âgée de vingt-quatre ans tout au plus. Mme d'Ayen de quarante, en déshabillé rayé bleu et blanc; six hommes se placèrent auprès d'elles. A peine placées, la fille témoigne à sa mère ce vif et tendre intérêt que nous connaissions si bien. J'entends dire autour de moi. « Voyez donc cette jeune, « comme elle s'agite, comme elle parle à l'autre. » Il me semble entendre tout ce qu'elles disent: « Maman, il n'y est pas. Regar- « dez encore. Rien ne m'échappe; je vous assure, maman, qu'il « n'y est pas. »

« Elles oublient que je leur ai fait annoncer l'impossibilité d'entrer dans la cour. La première charrette reste près de moi au moins un quart d'heure. Elle avance; la seconde va passer, elles ne me voient pas. Je rentre dans le Palais. Je fais un grand détour, je me place sur un point apparent près du pont au Change. Mme de Noailles jette les yeux de tous côtés, elle passe et ne me voit pas. Je les suis le long du pont, séparé par la foule, tout près cependant. Mme de Noailles cherchant toujours ne m'aperçoit pas. L'inquiétude se peint sur le visage de Mme d'Ayen, je suis tenté d'y renoncer, j'ai fait ce que j'ai pu. J'allais me retirer, mais au même moment l'orage éclate, la pluie tombe, les rues sont balayées en un instant, plus personne qu'aux portes, aux boutiques, aux fenêtres. Plus d'ordre dans la marche. Les cavaliers, les fantassins vont plus vite, les charrettes aussi. Elles touchent au petit Saint-Antoine et j'y suis encore, hésitant et indécis. La première charrette passe devant moi, un mouvement précipité et comme involontaire m'entraîne vers la seconde; me voilà seul auprès de ces dames. Mme de Noailles m'aperçoit

et, souriant, semble me dire : « Ah ! vous voilà enfin ! Ah ! que
« nous sommes aises ! Nous vous avons bien cherché ; maman, le
« voilà. » Mme d'Ayen renaît. Toutes mes irrésolutions cessent,
je me sens par la grâce de Dieu un courage extraordinaire.
Trempé de sueur et de pluie, je continue à marcher près d'elles.
L'orage est au plus haut point. Les dames de la première charrette en sont fort tourmentées ; la maréchale de Noailles chan-
celle sur sa misérable planche sans dossier, les mains liées
derrière le dos. Son grand bonnet renversé laisse voir quelques
cheveux gris. On la reconnaît, on ne fait attention qu'à elle à
travers la pluie. « La voilà donc, cette maréchale, menant autre-
« fois un si grand train, allant dans de si beaux carrosses ; elle
« est dans la charrette comme les autres ! »

« La charrette allait moins vite. Nous arrivons à la place du
carrefour qui précède le faubourg Saint-Antoine ; je me dis que
le lieu est propice pour leur accorder ce qu'elles désirent tant ;
je les devance et je fais signe à Mme de Noailles, qui me comprend parfaitement : « Maman, M. Carrichon va nous donner
l'absolution. » Aussitôt elles baissent la tête avec un air de re-
pentance, de contrition, d'espérance, de piété. Je lève la main,
et, la tête couverte, je prononce la formule de l'absolution, puis
les paroles qui la suivent très distinctement et avec une attention surnaturelle. Elles s'y unissent mieux que jamais. Leur
extérieur annonce contentement, sécurité, allégresse. Enfin
nous arrivons au lieu fatal ; la pluie a cessé. Pendant que le
bourreau et les deux valets aidaient à descendre les dames de la
première charrette, Mme de Noailles me cherche des yeux, elle
m'aperçoit. Que ne me dit-elle pas par ses regards, tantôt élevés
vers le ciel, tantôt abaissés vers la terre ? Ces regards si animés,
si doux, si expressifs, si célestes, sont souvent fixés sur moi de
manière à me faire remarquer, si mes voisins eussent été plus
attentifs. J'enfonçai mon chapeau, sans la perdre de vue. Je
l'entendais. « Notre sacrifice est fait ; que nous laissons de per-
« sonnes chères ! Mais Dieu, dans sa miséricorde, nous rappelle ;
« nous en avons la ferme et douce espérance. Nous ne les oublie-
« rons point. Recevez nos tendres adieux pour elles, nos remer-

« ciements pour vous. Jésus-Christ, qui est mort pour nous, est
« notre force. Puissions-nous mourir en lui ! Adieu, puissions-
« nous nous revoir dans le ciel ! »

« Il est impossible de rendre l'expression de ses regards, de ses signes. Mes voisins disaient dans la foule: « Ah! cette jeune « femme, comme elle est contente, comme elle lève les yeux « vers le ciel, comme elle prie. Mais à quoi cela lui sert-il? »

« Le dernier adieu donné, elles descendent; je ne me sentais plus. Je quitte l'endroit où j'étais. Je me trouve tout près de l'escalier de bois par lequel on montait à l'échafaud. En face de moi, la maréchale de Noailles, en taffetas noir, à cause du deuil du maréchal qu'elle n'avait pas quitté. Elle était assise sur un bloc de bois ou de pierre, ses grands yeux fixes. Je cherche ces dames, je ne puis apercevoir que la mère dans l'attitude d'une dévotion simple, noble, résignée, tout occupée du sacrifice qu'elle allait faire à Dieu son sauveur, par les mérites de son divin Fils, telle en un mot qu'elle était lorsqu'elle avait eu le bonheur d'approcher de la sainte table. La maréchale de Noailles montait au même moment sur l'autel du sacrifice ! Il fallut échancrer le haut de son vêtement pour lui découvrir le cou ; j'étais impatient de m'en aller, et pourtant je voulus boire le calice jusqu'à la lie, puisque Dieu me donnait la force de me posséder au milieu de tant de frissonnements.

« Mme la duchesse d'Ayen suivit peu après. Qu'elle me parut contente de mourir avant sa fille ! Montée, le maître bourreau lui arracha son bonnet; comme il tenait par une épingle qu'il n'avait pas retirée, les cheveux tirés avec force lui causent une douleur qui se peint sur ses traits. La mère disparue, sa tendre et digne fille lui succède. Quelle émotion, en voyant cette jeune dame toute en blanc, paraissant beaucoup plus jeune qu'elle n'était, semblable à un doux petit agneau qu'on va égorger ! Ce qui est arrivé à sa mère lui arrive aussi : même oubli d'épingle, même signe de douleur et aussi même calme, même mort. « Que la voilà bien heureuse ! » m'écriai-je intérieurement, quand on jeta son corps dans cet abominable cercueil. »

On a raconté que Mme de Noailles avait, ainsi que sa mère,

exhorté avant de mourir ses compagnons entassés avec elle dans la fatale charrette, et parmi eux un jeune homme qu'elle entendait blasphémer. Près de monter à l'échafaud, le pied sur la marche fatale, elle se tourna vers celui qui la suivait en murmurant : « De grâce, monsieur, dites pardon ! »

Quel admirable sentiment de foi et de simple courage après une mort pareille de celles qu'elle avait tant aimées, que celui qui faisait dire à Mme de Grammont, dernière fille de la duchesse d'Ayen, et vieille lorsque la révolution de 1848 vint un instant renouveler l'effroi de la Terreur, quand ses petites-filles se préoccupaient de l'idée qu'elles pourraient peut-être avoir à monter sur l'échafaud comme leur grand'mère et leur tante : « Ça, mes enfants, c'est un détail. »

MADEMOISELLE DE SOMBREUIL

Comme Mme de Noailles avait eu la consolation de partager la captivité et la mort de sa mère ; lorsque M. de Sombreuil, gouverneur des Invalides, fut mené à la prison de l'Abbaye, le 3 septembre 1792, sa fille obtint d'être renfermée avec lui. Elle n'avait que dix-huit ans et sa santé était délicate, mais toute la force de son âme s'était concentrée dans le désir passionné de sauver son père ; elle le défendit elle-même devant ce tribunal de Maillard, qui méritait assurément, comme celui du duc d'Albe, le titre de tribunal de sang. « Son énergie, son dévouement furent tels, dit plus tard devant la Convention le député Piette, que les témoins de cette scène sollicitèrent un sursis pour prendre des renseignements aux sections des Invalides et du Gros-Caillou sur la conduite antérieure de M. de Sombreuil. » On a raconté que, pendant cet intervalle de douloureuse attente, l'un des égorgeurs rassemblés dans la cour de l'Abbaye avait tendu à la fille désespérée un verre du sang qui coulait à flots dans la cour en lui disant : « Bois à la santé de la nation et tu sauveras ton père ! » L'histoire ne paraît pas fondée, même dans l'explication moins épouvantable du verre de vin des massacreurs offert à Mlle de Sombreuil. Les contemporains n'y font aucune allusion et la première idée de cette légende se trouve dans une note de M. Legouvé sur le *Mérite des femmes*.

Les attestations de la section étaient favorables au civisme du vieux militaire, qu'on avait accusé d'avoir pris part à la lutte du 10 août, tandis qu'il fut prouvé qu'il n'avait pas quitté l'hôtel des Invalides. Un des spectateurs, nommé Grappin, avait d'ailleurs pris hardiment la défense de M. de Sombreuil; une rixe s'était engagée, dans laquelle Mlle de Sombreuil reçut quelques légères blessures. Peu lui importait, elle ne sentait pas les coups qu'elle recevait, lorsqu'elle entendit enfin Maillard, vaincu par son courageux dévouement, prononcer l'acquittement de son père. Les assassins la prirent dans leurs bras et la portèrent en triomphe dans la rue.

Elle avait sauvé son père pour bien peu de temps en l'arrachant aux massacres de Septembre. Arrêtée de nouveau avec lui et son frère aîné, elle fut conduite quelques mois plus tard à la prison de la Bourbe, et cette fois tous ses efforts pour sauver la vie de ceux qu'elle aimait restèrent vains. Les tigres ne lâchent pas deux fois leur proie. Elle resta seule en prison et ne retrouva la liberté qu'après le 9 thermidor. Mieux eût valu pour elle périr avec son père, car elle était destinée à de nouveaux malheurs. Elle traînait une misérable existence, sans que sa santé détruite pût lui permettre de gagner son pain de tous les jours, lorsqu'elle reçut de la Convention un secours de 1000 livres pour l'aider à vivre. Deux ans plus tard, son frère cadet, Charles de Sombreuil, commandait la seconde division de l'expédition royaliste de M. de Puisaye, qui vint prendre terre à Quiberon.

La rive était occupée par les troupes républicaines; l'état de la mer ne permettait pas de se rembarquer, quelques-uns des soldats criaient aux chouans: « Rendez-vous, on ne vous fera pas de mal. » Les malheureux se rendirent, les chefs n'avaient pas autre chose à faire qu'à suivre leur exemple. Tallien était dans la région le commissaire du comité de Salut public; l'exécution des prisonniers fut décidée, et M. de Sombreuil fut fusillé à Vannes, où il avait été conduit. Il n'avait pas plus de vingt-six ans et allait se marier.

Mlle de Sombreuil finit par se marier, mais sa santé resta toujours déplorable. « Elle avait trop souffert, » dit à la tribune de l'Assemblée son avocat conventionnel.

ÉLISABETH CAZOTTE

Comme Mlle de Sombreuil, Mlle Élisabeth Cazotte eut un moment le bonheur de croire qu'elle avait arraché son père aux assassins révolutionnaires. Il était vieux, mais sa bonne grâce, son esprit aimable et vif, comme ses contes célèbres du *Diable amoureux*, l'avaient fait connaître et rechercher du monde et de la ville. Par une contradiction bizarre, cet homme, d'un esprit si bouffon, avait donné dans les rêveries de l'illuminisme. Ce fut sans doute ce qui suggéra plus tard à M. de la Harpe l'étrange pensée de lui attribuer une prophétie célèbre reproduite dans toutes les éditions des œuvres de Cazotte et qui annonçait d'avance les horreurs de la Révolution française. J'en ai tant de fois dans mon enfance écouté la lecture avec un frémissement passionné, que je veux la rapporter ici; on ignora longtemps la supercherie. C'était en 1788, dans un banquet joyeux où étaient réunis plusieurs beaux esprits, grands enthousiastes de la Révolution que tous voyaient approcher, mais avec des sentiments bien divers. On conclut, dit le narrateur, que la Révolution qui allait se consommer porterait le dernier coup à la superstition et au fanatisme, qui seraient remplacés par la philosophie, et l'on commençait à calculer vers quel moment on pouvait espérer de voir commencer le règne de la Raison. M. Cazotte n'avait rien dit, il écoutait en silence, lorsque tout à coup il prend la parole : « Messieurs, dit-il, soyez satisfaits, vous verrez tous cette *grande* et *sublime* révolution que vous désirez tant. Vous savez que je suis un peu prophète, je vous le répète, vous la verrez. »

M. Cazotte veut s'arrêter, mais chacun le presse, on est curieux d'en savoir davantage. « Ah! voyons, dit M. de Condorcet, avec son air et son sourire sournois et niais, un philosophe n'est pas fâché de rencontrer un prophète. — Vous, monsieur de Condorcet, répliqua Cazotte, qui ne riait pas, vous expirerez étendu sur la paille d'un cachot et vous mourrez du poison que vous aurez pris pour vous dérober au bourreau, du poison que le bonheur de ce temps-là vous forcera de porter toujours sur vous.

« Vous, monsieur de Chamfort, continue Cazotte, vous vous couperez les veines de vingt-deux coups de rasoir, et cependant vous ne mourrez que quelques mois après ! »

Les autres convives eurent leur tour et c'étaient les plus illustres, Vicq d'Azyr, Bailly, Malesherbes, Roucher. « Oh ! mais c'est une gageure ! s'écria-t-on de toutes parts ; il a juré de tout exterminer. — Non, ce n'est pas moi qui l'ai juré. — Mais nous serons donc subjugués par les Tartares ? — Point du tout, comme je vous l'ai dit, vous serez alors gouvernés par la seule philosophie, par la seule raison !

— Voilà bien des miracles, dit enfin La Harpe ; et vous ne m'y mettez pour rien. — Vous y serez, lui répliqua Cazotte, par un miracle tout aussi extraordinaire ; vous serez alors chrétien. »

Cette partie de la prophétie rassura Chamfort.

« Oh ! dit-il, si nous ne devons périr que lorsque La Harpe sera chrétien, nous sommes tous immortels. »

Les femmes présentes semblaient hors de cause : « Pour ça, dit la duchesse de Grammont, sœur du duc de Choiseul, nous sommes bien heureuses, nous autres femmes, de n'être pour rien dans les révolutions. Quand je dis pour rien, ce n'est pas que nous ne nous en mêlions un peu, mais il est reçu qu'on ne s'en prend pas à nous et que notre sexe....

— Votre sexe, mesdames, interrompit M. Cazotte, ne vous défendra pas cette fois. Et vous aurez beau ne vous mêler de rien, vous serez traitées tout comme les hommes, sans aucune différence quelconque.

— Vous verrez, reprit ironiquement la duchesse, qu'il ne me laissera pas seulement un confesseur.

— Non, madame, vous n'en aurez pas, ni vous, ni moi, ni personne ; le dernier qui en aura un, par grâce.... Il s'arrêta un moment. — Eh bien ! quel est donc l'heureux mortel qui aura cette prérogative? — C'est la seule qui lui restera, et ce sera le roi de France! »

C'en était trop, le maître de la maison se leva brusquement et tout le monde avec lui, Cazotte ne laissa plus échapper qu'une prophétie, qu'il prononça à voix basse, comme s'il craignait d'être entendu. « J'en serai aussi, » dit-il.

Mlle Cazotte avait servi de secrétaire à son père et fut arrêtée avec lui, à la campagne; ils furent amenés à Paris et renfermés dans la prison de l'Abbaye. Le 3 septembre, comme le nom de Cazotte retentissait à la porte fatale, la jeune fille se jeta en avant, repoussant les piques des assassins, et entourant son père de ses deux bras. « Vous n'arriverez au cœur de mon père qu'après avoir percé le mien! » s'écriait-elle. Les bourreaux reculèrent, et Cazotte fut un moment sauvé, comme l'avait été quelques heures auparavant M. de Sombreuil par le même dévouement filial. Peu de jours plus tard, Cazotte était arrêté de nouveau; mais il ne semble pas qu'on eût cette fois emmené sa fille avec lui. Il subit un long interrogatoire; la vie du vieillard témoignait si hautement en sa faveur, que le juge révolutionnaire crut devoir expliquer la sentence qu'il allait porter. « Il ne suffit pas d'avoir été bon fils, bon époux, bon père, dit-il, il faut encore être bon citoyen. » Puis avec un étrange mélange de sympathie et de férocité, il prononça les paroles fatales en ajoutant : « Envisage la mort sans crainte, songe qu'elle n'a pas le droit de t'étonner, et que ce n'est pas un pareil moment qui doit effrayer un homme tel que toi! » Cazotte mourut en effet sans crainte; en montant sur l'échafaud, il cria d'une voix si forte, qu'elle se fit entendre aux dernières limites de la place, couverte de spectateurs : « Je meurs comme j'ai vécu, fidèle à mon Dieu et à mon roi. » Il avait alors soixante-douze ans.

LA MARQUISE DE MONTAIGU

Je reviens aux filles de Mme la duchesse d'Ayen. La quatrième, Mme de Montaigu, qu'on appelait dans son enfance

Mlle de Maintenon, n'avait pas partagé avec ses sœurs les angoisses de la Révolution en France : son mari et son beau-père avaient émigré de bonne heure et elle les avait accompagnés en Angleterre, emmenant avec elle sa fille unique, déjà bien délicate comme sa mère. Au moment du départ, Mme de Grammont, tout particulièrement liée avec cette sœur dont l'âge se rapprochait du sien, lui demanda tout bas, pour échapper à l'espionnage des domestiques par lesquels on pouvait toujours être dénoncé : « Tu n'a rien oublié; as-tu emporté tes diamants? — Pourquoi? Que ferais-je de mes diamants? nous n'allons pas à une fête, » dit Mme de Montaigu, qui ne semble pas avoir prévu les extrémités de tout genre auxquelles elle allait être réduite et qui n'avait jamais oublié que, par dévotion, sa mère l'avait vouée à la pauvreté en la faisant tenir sur les fonts baptismaux par deux mendiants de la paroisse. « Raison de plus, répartit Mme de Grammont, qui était l'esprit le plus ferme de la famille ; c'est parce que vous n'allez pas à une fête, pauvre chère, qu'il faut absolument les emporter. » Mme de Montaigu ne répondit pas, elle cacha sous son manteau le coffret que lui tendait sa sœur; toutes deux avaient pris soin d'éloigner les femmes de chambre, lorsquelles s'embrassèrent en pleurant. Quelque douloureuses que fussent leurs prévisions, elles ne devinaient pas, à coup sûr, toutes les larmes qu'elles auraient à verser, tous les sacrifices qu'elles auraient à faire avant de goûter la joie de se revoir.

Mme de Montaigu était établie à Richmond, entourée d'amis émigrés comme elle, lorsque sa petite fille tomba malade. M. de Montaigu était retourné en France : il ne s'était éloigné de sa patrie que par déférence pour son père, le vicomte de Beaune, qui l'avait absolument exigé de son respect filial. Les biens des émigrés étaient déjà menacés de séquestre : il voulait veiller à ses affaires et sa femme était seule auprès du lit de son enfant mourante. Elle connaissait les symptômes du mal qui lui avait déjà ravi deux enfants, elle sentait peu à peu les petites mains chéries qui se refroidissaient entre les siennes et elle répétait tout bas les prières des agonisants. Absorbée dans sa pieuse et douloureuse contemplation, elle ne s'aperçut pas à l'instant que le sacrifice était accompli et que la petite âme avait pris son vol « La voilà bien heureuse, madame, » dit à demi-voix la personne qui tenait l'enfant dans ses bras. Elle était à genoux et d'une voix tremblante elle essaya d'entonner le *Te Deum*. Peu à peu les accents devenaient plus défaillants ; elle tomba enfin en proie à une violente crise de nerfs, mais répétant toujours à travers ses sanglots convulsifs : « Je me soumets, mon Dieu, je me soumets ! » Son beau-père se préparait à quitter l'Angleterre pour aller se joindre à la coalition d'Auvergne dans l'armée des émigrés. Lorsque M. de Montaigu arriva pour ne plus retrouver sa fille, les événement se précipitaient en France ; il demanda à son père de l'admettre dans son régiment. Mme de Montaigu refusa d'aller rejoindre sa mère ; elle partit avec ceux qu'elle aimait et qui devaient bientôt la quitter encore ; quand les deux militaires prirent le chemin du camp de Coblentz, Mme de Montaigu resta à Aix-la-Chapelle.

Elle y recevait les plus douloureuses nouvelles du sort de ceux qui étaient restés à leur poste auprès du roi ; le duc d'Ayen était revenu de Suisse, il avait passé aux Tuileries la nuit du 9 août ; son gendre, M. de Grammont, faisait partie du bataillon des gardes nationaux des Filles-Saint-Thomas, dont la plupart étaient dévoués au roi. « Mon père n'a quitté le roi qu'au seuil de l'Assemblée, écrivait Mme de Grammont à sa sœur, et il nous est revenu sain et sauf, comme s'il nous eût été confié à nouveau par cette miséricordieuse Providence à laquelle je ne demandais le matin que son salut éternel ! Son retour m'a semblé un gage de la protection divine sur mon mari, et cependant je n'ai eu de M. de Grammont aucune nouvelle jusqu'à neuf heures du soir. J'étais alors dans un état plus violent qu'auparavant, car je voyais mon père en sûreté et je ne pouvais encore être heureuse. L'idée d'un miracle de la miséricorde divine accompli en faveur de mon mari au dernier moment et dont je n'aurais eu pleine connaissance qu'au jour de l'éternité, s'approchait de mon âme. Je goûtais dans mon agonie une paix véritable, en remettant le sort de tout ce qui m'est cher aux mains du Seigneur. Oh ! qu'il fait bon espérer en lui ! Jamais on n'est trompé. Je reçus d'abord un billet de la main de ma mère qui m'annonçait qu'il était en sûreté (il était caché dans une cheminée du garde-meuble). Une demi-heure après, lui-même m'arriva.... J'avais hâté de vous écrire en finissant cette terrible journée. Que ce Dieu, si redoutable dans ses vengeances, soit béni comme le Dieu des miséricordes! »

Les sanglants échecs des émigrés contre l'élan patriotique de la France révolutionnaire, en même temps que les horreurs de la Terreur croissante, forcèrent Mme de Montaigu et les siens de regagner le sol hospitalier de l'Angleterre. Les armées étaient détruites comme les espérances et on arrivait au bout des ressources qu'avait procurées la vente des diamants si prudemment emballés par Mme de Grammont. Mme de Montaigu n'entendait rien à la tenue d'un petit ménage ; elle ne demandait pas mieux que d'être pauvre, mais elle ne savait pas être économe. Les malheureux émigrés erraient de lieu en lieu sur la face de l'Europe, expiant cruellement l'erreur de jugement qui leur avait fait quitter la patrie. Mme de Montaigu suivit d'abord les siens à Bruxelles, puis les restes du pauvre foyer disparurent : M. de Montaigu et son père partirent pour les bords du lac de Constance ; Mme de Montaigu était réclamée par sa tante, la maréchale de Tessé, qui habitait auprès du lac de Morat.

La prudence de Mme de Tessé, sa capacité en affaires lui avaient ménagé des ressources dont elle faisait jouir quelques-uns de ses amis. « Mme de Tessé, dit une de ses petites-nièces, la vicomtesse de Noailles, était un grand caractère, elle avait l'esprit élevé jusqu'à être chimérique, mais sa fermeté imposait et on avait toujours près d'elle le sentiment de sa supériorité. J'étais souvent frappée du contraste de sa conduite avec ses discours. Dès qu'elle agissait, c'était avec une sagesse positive, un jugement sain et une complète absence de préjugés; mais dans la conversation elle me semblait souvent hors du vrai, sophistique et paradoxale. Au demeurant une forte tête et une grande âme. C'était une sorte de sibylle, parlant d'un ton imposant et doctoral, avec des grimaces et un tic fort singulier; au milieu de tout cela, une noblesse inconcevable de sentiments et de manières, enfin un mélange de raison sévère et d'exaltation chimérique aussi extraordinaire que piquant. »

Le même contraste se retrouvait dans les affections de Mme de Tessé. Elle n'avait jamais paru très occupée de son mari. Lorsque celui-ci mourut le 21 janvier 1814, elle ne lui survécut qu'une semaine. « Une habitude de cinquante-huit ans n'est pas de celles qu'on peut perdre, dit-elle tranquillement à sa mère, Mme de Montaigu, qui venait d'accourir auprès d'elle; je sens que la mort me talonne. » Mme de Staël disait que Mme de Tessé était la personne du monde à qui elle avait trouvé le plus d'esprit. Les siens ne trouvèrent jamais plus de bonté que chez cette vieille femme impérieuse, dominante, ironique, qui recueillit sous son toit, d'abord en Suisse, puis dans le Holstein auprès d'Altona, non seulement un grand nombre de membres de sa famille, mais les épaves de sa société d'autrefois, sans argent et sans moyens d'en gagner, qu'elle faisait vivre du produit de sa terre, pendant que Mme de Montaigu travaillait pour les pauvres. Elle était la charité passionnée de la maison.

Ce fut pendant son séjour en Suisse que Mme de Montaigu apprit la mort de sa mère et de sa sœur. Elle avait su la mort du maréchal et de Mme de Mouchy, et cette nouvelle lui avait porté un coup terrible, car elle savait la duchesse d'Ayen arrêtée. Elle ne vivait plus, il lui semblait que son existence était suspendue à celle des victimes destinées à l'échafaud révolutionnaire. Elle voulut aller voir son père, qui habitait dans le canton de Vaud, non loin d'elle. Comme elle marchait sur la route en se rapprochant de Lausanne, elle aperçut un char à bancs; son père lui-même le conduisait, mais si changé, les traits si altérés, qu'elle ne le reconnut qu'à sa voix. Elle monta à côté de lui, et au premier mot : « Savez-vous des nouvelles? » lui demanda-t-il, et, comme sa fille bouleversée le regardait avec effroi, il s'empressa d'ajouter qu'il ne savait rien. Mais le coup était porté : elle s'élança hors de la voiture et, s'appuyant défaillante contre un arbre, elle cacha sa tête dans ses mains, pendant que son père la conjurait de remonter dans le char à bancs et d'attendre l'arrivée au village avant de l'interroger plus avant.

Elle ne dit qu'un mot : « Rosalie? » Le duc d'Ayen n'avait pas de nouvelles de Mme de Grammont, retirée en province avec son mari. « L'esprit de sacrifice occupait confusément toutes les forces de mon âme, » dit-elle plus tard elle-même ; elle ne savait plus ce qu'elle devenait, jusqu'au moment où son père, l'ayant doucement entraînée dans une chambre de la petite auberge de Mondon, lui annonça qu'il venait de perdre sa mère, la maréchale de Noailles. « Et moi, mon père? » murmura-t-elle. Toutes les circonlocutions de son interlocuteur restaient inutiles : elle comprit sans peine que le sacrifice était accompli. « Mon Dieu, mon Dieu, soumettons-nous! Si j'avais été au moins à la place de ma sœur! » répétait-elle ; puis tout à coup, en parlant de sa mère, de son courage, de sa foi religieuse, elle se mit à réciter le *Magnificat*, et, aussitôt tombant à genoux, l'Oraison dominicale, en s'arrêtant tout particulièrement sur le pardon des injures. Elle eut ensuite la force de reprendre le chemin de Lowenberg, où son père l'accompagna. Lorsque la liste des victimes arriva dans ce petit village reculé, Mme de Montaigu avait tant pleuré qu'elle n'y voyait plus. Il fallut lui lire le nom de ceux qui avaient prié à côté de sa mère et de sa sœur.

Mme de Montaigu devait vivre longtemps, connaître encore beaucoup de joies et beaucoup de douleurs ; mais elle avait reçu ce jour-là, par la nouvelle de la mort de sa mère et de sa sœur, l'empreinte ineffaçable d'une tristesse qui ne disparut jamais. La pensée et la préoccupation restèrent uniques au milieu des efforts croissants et infatigables de sa charité pour secourir les malheureux émigrés qui souffraient auprès et au loin.

Lorsque Mme de La Fayette, échappée de France et courant à la prison d'Olmütz où elle allait retrouver son mari, passa par Altona pour revoir cette sœur à laquelle elle avait dit adieu trois ans auparavant dans une auberge, le premier mot de Mme de Montaigu, au milieu des larmes et des embrassements de la réunion, fut celui-ci : « Les avez-vous vues? » Ni l'une ni l'autre n'avait besoin d'autre explication.

LA MARQUISE DE LA FAYETTE

J'en viens à la plus héroïque des filles de la duchesse d'Ayen, à la plus distinguée comme à la plus forte, à Mme de La Fayette. Sa fille, Mme de Lasteyrie, a raconté sa vie dans une notice touchante, comme Mme de La Fayette elle-même avait péniblement retracé celle de sa mère. Elle n'avait que quatorze ans et demi lorsqu'elle épousa le marquis de La Fayette, qui en comptait à peine seize. Tous deux restèrent quelque temps chez le duc d'Ayen, puis le jeune mari partit pour son régiment. Sa femme s'aperçut alors qu'elle l'aimait passionnément.

Ce sentiment devait durer autant que sa vie et entraîner avec lui tous les autres sentiments de Mme de La Fayette, la foi religieuse exceptée. Dès sa première jeunesse, son esprit curieux et inquiet avait été agité par des doutes, qui se calmèrent complètement lorsqu'elle eut fait sa première communion, environ un an après son mariage.

La guerre commençait en Amérique, soulevée contre la tyrannie de la mère patrie; le souffle de liberté qui commençait à passer sur le monde, avant d'y soulever tant et de si terribles tempêtes, inspira à M. de La Fayette le désir d'aller combattre en Amérique. Ce projet devait rencontrer et rencontra beaucoup d'opposition dans la famille de sa femme. Il était lui-même orphelin depuis longtemps. Mme de La Fayette, désespérée par le départ de son mari, ne pensait qu'à lui épargner tous les reproches, à écarter devant ses pas tous les obstacles. Sa mère lui vint en aide par la supériorité de son jugement, rehaussé de toute sa tendresse maternelle. « Retranchant absolument des torts apparents de cette entreprise ce qu'elle pouvait coûter à sa fortune, écrit Mme de La Fayette elle-même, elle jugea la résolution de M. de La Fayette comme elle a été jugée deux ans après par le reste du monde, et elle comprit qu'elle ne devait craindre pour le bonheur de ma vie qu'en craignant pour la sienne. »

Lorsque le succès des États-Unis, soutenus et secondés par la

France, ramena M. de La Fayette à Paris, triomphant et populaire au delà de toute expression, « le bonheur de le retrouver sorti avec tant de gloire de si grands dangers et le charme de sa présence inspirèrent à ma mère une telle joie, dit Mme de Lasteyrie, que pendant quelques mois elle était près de se trouver mal lorsqu'il sortait de la chambre. Elle fut effrayée d'une si vive passion, par l'idée qu'elle ne pourrait pas toujours la dissimuler

LA FAYETTE.

à mon père, et qu'elle lui deviendrait gênante. Dans cette vue, et pour lui seul, elle cherchait à se modérer. »

Pour la première fois, la jeune femme avait vu le vieux château de Chavaniac, propriété de famille de son mari, où vivait encore la tante qui l'avait élevé, et à laquelle il était tendrement attaché. Mme de La Fayette partageait tous les sentiments de son mari et elle aima bientôt la vieille Mme de Chavaniac, qui avait perdu tous ses enfants. Une charité profonde et intelligente s'unissait chez Mme de La Fayette aux idées justes et libérales qui animaient son mari; elle lui vint en aide pour l'organisation lointaine d'une plantation qu'il avait achetée à Cayenne, afin d'y donner l'exemple d'un affranchissement graduel des noirs; elle cherchait à leur faire inculquer les premiers principes de la foi chrétienne, et entama à ce sujet une longue correspondance avec les prêtres du Saint-Esprit, qui avaient une maison à Cayenne. En même temps elle recevait avec bienveillance les pasteurs protestants, qui visitaient souvent M. de La Fayette, fort occupé alors de faire accorder l'état civil aux protestants. Jusqu'au mois de décembre 1787, les protestants de France ne possédaient d'autre état civil que les inscriptions des baptêmes par les ministres. Mon père, né en octobre 1787, ne fut inscrit que sur les registres religieux. Elle était d'ailleurs constamment occupée de bonnes œuvres. La situation de son mari, bientôt élu commandant de la garde nationale de Paris, lui procurait de grandes facilités, dont elle se servait pour faire le bien. Elle s'était passionnément unie aux sentiments qui le dirigeaient, et nul des préjugés que tous deux auraient pu devoir à leur naissance n'apportait d'obstacle à leur ardeur pour une transformation de la société dont ils ne prévoyaient ni les difficultés ni les souillures.

C'était assurément une grande preuve de l'affection éclairée et tendre qui rattachait entre elles les filles de la duchesse d'Ayen, et toutes ensemble à leur mère, que l'union qui continua de régner dans la famille lorsqu'elle fut divisée par des opinions très diverses, dans un temps où la passion politique devenait si facilement un sentiment et presque un devoir. Mme de La Fayette voyait son mari à la tête d'un mouvement dont on ne pouvait prévoir le terme. Elle tenait table ouverte chez elle, et quêtait à toutes les bénédictions de drapeaux et autres fêtes patriotiques ; « en même temps, dit sa fille, elle jugeait chaque malheur, chaque désordre avec un manque complet d'illusions sur sa propre cause. Jamais, nous a-t-elle dit, elle ne voyait alors sortir M. de La Fayette sans avoir la pensée qu'elle lui disait adieu pour la dernière fois. Elle était pourtant transportée au-dessus d'elle-même, dévouée qu'elle était, comme mon père, à l'espoir d'empêcher des crimes. »

Une seule fois, une certaine résistance au courant qui entraînait M. de La Fayette vers la Révolution mit au jour la sérieuse différence qui existait entre lui et sa femme. Elle était profonde

MADAME DE LAFAYETTE.

et tenait à la nature même de leur union. Mme de La Fayette était sincèrement pieuse et catholique, il était libéral et indifférent. Elle se crut obligée de manifester, plus hautement que personne, son opposition à la constitution civile imposée au clergé, et assista publiquement au refus solennel de serment que fit le curé de Saint-Sulpice. « Mon père était loin de la gêner, écrit Mme de Lasteyrie, mais il était bien pénible pour ma mère de songer qu'elle lui faisait, par sa conduite, un tort réel et qu'elle diminuait une popularité importante à conserver. La conviction où elle était de son devoir à cet égard l'emporta toujours sur toute autre considération. » Elle était en général pleine d'égards pour les prêtres constitutionnels, dont elle vénérait plusieurs; mais le jour où le nouvel évêque de Paris vint dîner chez M. de La Fayette en qualité de diocésain, elle alla chercher fortune ailleurs et ne se trouva pas dans le salon pour le recevoir.

Le pauvre roi Louis XVI était moins libre que Mme de La Fayette de manifester publiquement son aversion pour les lois qu'on l'avait obligé d'accepter. Lorsqu'il voulut, le lundi saint, aller faire ses pâques à Saint-Cloud, par le ministère des prêtres qui avaient refusé le serment civique, une émeute l'en empêcha, à la suite de laquelle M. de La Fayette, qui avait fait tous ses efforts pour maintenir la liberté du roi, donna sa démission de la charge de commandant de la garde nationale. Il voulut échapper aux sollicitations qu'il prévoyait, et Mme de La Fayette resta seule en butte à toutes les prières et aux visites des soixante bataillons qui vinrent conjurer leur commandant de reprendre son poste à leur tête. « Elle répondit à chacun comme il l'aurait dicté lui-même, dit sa fille, en observant toutes les nuances qu'il fallait conserver, depuis les chefs de bataillon les plus recommandables, jusqu'à ceux qui, comme Santerre, avaient obligé mon père, par leur mauvaise conduite, à donner cette démission qu'ils voulaient maintenant lui faire retirer. » La joie de Mme de La Fayette était grande, mais ne fut pas de longue durée; quatre jours plus tard, M. de La Fayette cédait aux sollicitations de ses bataillons et reprenait le commandement de la garde nationale. Il le quitta définitivement au mois de septembre 1791, lorsque, le roi ayant accepté la Constitution, l'Assemblée constituante fut remplacée par l'Assemblée législative, faible et dangereuse continuatrice d'une œuvre qui avait

MADAME DE LA FAYETTE RESTA SEULE EN BUTTE A TOUTES LES PRIÈRES.

été commencée sous les plus heureux auspices et qui se terminait à la veille de la Terreur.

M. de La Fayette avait couru les plus grands dangers à l'émeute du Champ de Mars, suscitée peu de temps auparavant par les Jacobins. « La multitude furieuse criait qu'il fallait aller assassiner ma mère et porter sa tête au-devant de mon père, écrit Mme de Lasteyrie; je me rappelle les cris affreux que nous entendîmes et l'effroi de chacun dans la maison, mais par-dessus tout la vive joie de ma mère en songeant que les brigands qui arrivaient chez nous n'étaient plus au Champ de Mars; elle nous embrassait en pleurant de joie, et prenait dans ce danger pressant toutes les précautions nécessaires avec un calme et surtout un soulagement profonds. » Ils furent cependant sur le point de pénétrer dans la maison et ils escaladaient déjà le mur, lorsqu'un petit détachement de cavalerie les dispersa.

M. de La Fayette était rentré avec sa famille à Chavaniac où la duchesse d'Ayen et la vicomtesse de Noailles vinrent passer quelque temps; ce devait être la dernière entrevue de la mère et de la fille, comme des sœurs si tendrement attachées les unes aux autres. M. de La Fayette ne tarda pas à être placé à la tête d'une des trois armées qui se formèrent alors pour défendre le sol de la patrie contre l'attaque prévue de l'étranger; il quitta donc aussi sa femme, qui ne devait plus le revoir qu'à Olmütz.

Elle ne voulut pas l'embarrasser par sa présence lorsqu'il parut à la barre de l'Assemblée pour justifier et défendre la lettre qu'il avait écrite de son camp de Maubeuge contre les Jacobins : elle craignit de gêner sa marche et de donner occasion de dire que le général voulait mettre sa famille à l'abri. Elle resta donc à Chavaniac, seule avec sa vieille tante passionnément antilibérale, et avec ses trois enfants jeunes encore. Sa fille aînée, âgée de quatorze ans, était son unique appui et sa compagne de tous les instants. La tête de M. de La Fayette avait été mise à prix à la suite des émeutes du 10 Août et du massacre des Suisses; les gazettes étaient pleines de décrets sanguinaires auxquels on se soumettait partout, dit fièrement sa fille, « excepté sur le point où mon père commandait ». Il quitta la France et sa femme l'apprit par une lettre de la vicomtesse de Noailles, toujours préoccupée du sort de son beau-frère auquel elle était tendrement attachée et plus ingénieuse que personne à faire parvenir à sa femme les nouvelles qu'elle découvrait.

Mme de La Fayette était ivre de joie, mais elle ne se dissimulait pas les dangers nouveaux que le départ de son mari devait attirer sur son paisible nid des montagnes. Ses papiers étaient brûlés et toutes ses dispositions prises pour la sûreté de ses enfants, lorsque le château fut investi le 10 septembre 1792 par une troupe de gens armés. Les scellés avaient déjà été apposés partout quelques jours auparavant, afin d'imposer aux brigands, dont on annonçait l'arrivée. Ordre était maintenant donné d'amener Mme de La Fayette à Paris avec ses enfants. La pièce était signée par Roland, alors ministre de l'intérieur.

Mme de La Fayette avait fait cacher son fils dans la montagne, au presbytère d'un prêtre assermenté, mais ses filles étaient revenues au château après une absence de quelques jours. L'aînée s'échappa aussitôt de la chambre où voulait la retenir sa gouvernante et elle vint prendre place auprès de sa mère, passionnément résolue à partager le sort de cette mère adorée. Celle-ci avait déjà donné l'ordre de mettre les chevaux. On ouvrit au même moment son secrétaire pour s'emparer des lettres de M. de La Fayette. « Vous y verrez, monsieur, dit Mme de La Fayette avec calme, que s'il y avait eu des tribunaux en France, M. de La Fayette y eût apporté sa tête, bien sûr qu'il ne se trouverait pas une action de sa vie qui pût le compromettre aux yeux des vrais patriotes. — Les tribunaux, aujourd'hui, madame, répondit le commissaire de l'arrestation, sont l'opinion publique. »

Triste présage de la justice qu'elle pouvait avoir à attendre ! Mme de La Fayette avait fait cacher sa seconde fille lorsqu'elle partit, l'aînée l'accompagnait. « Si votre père était ici, il serait bien inquiet, dit la mère à sa fille aînée, mais il serait bien content de vous. » La vieille Mme de Chavaniac voulut absolument suivre sa nièce. En arrivant au Puy, la captive demanda immédiatement à être conduite devant l'autorité supérieure. « Je respecte autant les ordres de l'administration, dit-elle au commissaire, que je déteste ceux qui me viennent d'ailleurs. » Et se plaçant aussitôt sous la protection des membres du conseil du département : « Vous recevrez, messieurs, vos ordres de M. Roland ou de qui vous voudrez ; mais moi, je n'en veux recevoir que de vous, et je me constitue votre prisonnière. » Elle demanda ensuite que les lettres de M. de La Fayette fussent copiées et envoyées à Paris, « car on ment quelquefois à l'Assemblée », et elle désira lire elle-même tout haut ces lettres. Comme un des assistants exprimait la crainte que cette lecture ne lui fût pénible : « Point du tout, monsieur, dit-elle, les sentiments qu'expriment ces lettres me soutiennent seuls et font toute ma consolation en ce moment. »

Elle réclama ensuite contre son arrestation injuste et inutile, promettant, si on voulait lui donner Chavaniac pour prison, d'y rester sur sa parole. Le *département*, comme on appelait alors l'administration locale, consentit à présenter cette requête au ministère de l'intérieur. Elle écrivit en même temps à Brissot, avec lequel elle avait eu autrefois des rapports : « Monsieur, je vous crois vraiment fanatique de liberté, c'est un honneur que je fais en ce moment à bien peu de personnes. Je suis sûre que vous estimez, je dirais presque que vous aimez M. de La Fayette, comme un ami courageux et sincère de la liberté, lors même que vous le persécutez. Je crois tout cela, et c'est pourquoi je m'adresse à vous, dédaignant de m'adresser à d'autres. Si je me trompe, mandez-le moi, ce sera la dernière fois que je vous importunerai. »

Elle exposait ensuite à Brissot quel avait été le prétexte de son arrestation et les procédés dont on avait usé à son égard dans un pays comblé des bienfaits de sa famille, et elle ajoutait : « Si la réponse de M. Roland est dictée par la justice, elle me rendra ma liberté indéfinie. Si elle est selon le vœu de mon cœur, elle me permettra de me réunir à mon mari, qui me demande en Angleterre dès qu'il sera délivré de sa captivité, afin que nous allions ensemble nous établir en Amérique dès que le voyage sera praticable. Mais si on veut absolument me retenir en otage, on adoucirait ma captivité en me permettant de la choisir à Chavaniac sur ma parole et la responsabilité de la municipalité de mon village. Si vous voulez me servir, vous aurez la satisfaction d'avoir fait une bonne action en adoucissant le sort d'une personne injustement persécutée, et qui, vous le savez, n'a pas plus de moyens que d'envie de nuire.

« Je consens à vous devoir ce service.

« NOAILLES LA FAYETTE. »

Mme de La Fayette se repentit bientôt d'avoir proposé de rester à Chavaniac sur sa parole, car elle apprit que son mari, loin d'être remis en liberté, avait été livré par la coalition au roi de Prusse et qu'on le conduisait à Spandau. Il fut transféré plus tard à Olmütz en Moravie, sous la garde de l'Autriche, lorsque le roi de Prusse eut fait sa paix avec la France; mais sa femme ne voyait qu'une chose : elle avait volontairement promis de rester éloignée de celui qu'elle aimait uniquement; la Révolution ne devait pas tarder à lui épargner ce regret.

En effet, après avoir obtenu de Roland l'autorisation de rester chez elle, sous la garde de la municipalité de la petite ville d'Aurat, et à travers toutes les tentatives qu'elle ne cessait de faire pour obtenir des nouvelles de M. de La Fayette, sur le sort duquel elle était horriblement inquiète, l'ordre d'arrestation prononcé contre elle fut rapporté; c'était un grand triomphe de ses justes réclamations toujours fièrement énoncées, car elle aurait cru manquer à la dignité de son mari si elle avait paru implorer ceux qui s'étaient toujours montrés ses ennemis. Au moment de la trahison de Dumouriez, il fut question d'emprisonner ceux qu'on appelait les ci-devant nobles. Mme de La Fayette se rendit à Brioude pour réclamer contre ce projet. « Ma vie et ma mort sont fort indifférents à M. Dumouriez, dit-elle, on ferait bien mieux de m'oublier dans ma retraite. Je demande qu'on me laisse avec mes enfants dans la seule situation qui me soit supportable, pendant que leur père est captif des ennemis de la France. — Citoyenne, répondit le représentant, ces sentiments sont dignes de vous. — Je ne m'embarrasse pas, monsieur, de savoir s'ils sont dignes de moi, je désire seulement qu'ils soient dignes de lui. »

« Digne de lui, » c'était la seule pensée et le seul souci de Mme de La Fayette dans ce moment où bien des femmes d'émigrés crurent nécessaire à la conservation de la fortune de leurs enfants et à leur sûreté personnelle de faire acte de divorce. « Ma mère estimait et même respectait plusieurs personnes qui crurent devoir prendre ce parti, écrit Mme de Lasteyrie, mais pour elle la délicatesse de sa conscience ne lui eût pas permis d'en faire autant. Son sentiment la portait d'ailleurs à jouir de tout ce qui rappelait mon père. Tandis que des femmes pieuses et tendres cherchaient leur salut dans un divorce simulé, elle n'adressait pas une demande, elle ne présentait pas une pétition sans éprouver de la satisfaction à commencer tout ce qu'elle écrivait par ces mots : « La femme La Fayette. »

Le moment approchait où la femme tendre et dévouée, où la mère soigneuse et attentive n'allait plus pouvoir se trouver dans l'impossibilité d'étendre sur ceux qu'elle aimait l'action bienfaisante de son activité et de sa prévoyance. Le 1er novembre 1792, Mme de La Fayette fut arrêtée de nouveau en compagnie de toutes les femmes des *suspects*, comme on commençait à dire. Malgré les efforts persévérants de sa fille aînée, on refusa de l'emmener avec elle, et les enfants restèrent à Chavaniac pendant que leur mère était renfermée dans la prison de Brioude, en compagnie de quelques femmes infirmes, ou presque aveugles, auxquelles dans un but charitable elle avait proposé de faire ménage avec elles ; elle faisait elle-même la cuisine pour toute la chambrée. Les opinions de M. de La Fayette, et par conséquent celles de sa femme, étaient si connues, qu'elle rencontrait aussi peu de sympathie parmi les femmes des émigrés que chez les républicains farouches. Vers la fin de mai l'ordre arriva de la transférer à Paris à la prison de la Force.

Elle savait que sa mère et sa sœur étaient emprisonnées, elles aussi, et c'eût été un adoucissement à ses peines de penser qu'elle allait partager le sort de celles qui lui étaient si chères, si elle n'avait laissé derrière elle ses enfants, jeunes encore, sans autre protection que celle de leur grand'tante, vieille et désolée. Le précepteur de Georges de La Fayette accompagna sa mère à Paris, afin de poursuivre les instances de la famille auprès du ministre des États-Unis, Gouverneur Morris, qui avait déjà rendu de grands services à Mme de La Fayette. Celle-ci était décidée à envoyer son fils en Amérique. Jusqu'à son retour la vieille tante et les enfants se trouvèrent sans argent, vivant de ce qu'apportaient tous les jours les paysans des environs; tous les meubles avaient été enlevés. On menaçait sans cesse de mettre les uns en prison et les autres à l'hôpital.

Mme de La Fayette souffrit plus cruellement que ses enfants. Elle vivait dans l'inquiétude continuelle d'entendre crier sous ses fenêtres les noms de sa mère et de sa sœur parmi ceux des condamnés ou des victimes. Elle avait été transférée de la Force à la prison du Plessis, où elle avait du moins le bonheur de se trouver seule dans sa pauvre mansarde. Elle y avait d'ailleurs été accueillie par sa cousine, la duchesse de Duras, à laquelle elle fut bientôt chargée d'apprendre la mort de son père et de sa mère, le maréchal et la maréchale de Mouchy. Chaque matin partaient de la prison une vingtaine de prisonniers qui marchaient à la mort. « L'idée qu'on sera bientôt du nombre, rend plus ferme pour supporter un pareil spectacle, » écrivait Mme de La Fayette à ses enfants. Lorsqu'elle sentait son courage près de défaillir, elle avait coutume de commencer à réciter le Symbole des Apôtres, et elle reprenait ses forces en répétant : « Je crois en Dieu le Père tout-puissant. »

Ce fut là qu'elle écrivit un testament tout moral qu'elle voulait laisser à ses enfants en signe d'adieu. Au milieu des maux qui lui étaient infligés, comme à tous ceux qu'elle aimait, sous le nom du salut public, elle écrivait avec une constance touchante : « Je déclare que je n'ai jamais cessé d'être fidèle à ma patrie, que je n'ai jamais pris part à aucune intrigue qui pût la troubler, que mes vœux les plus sincères sont pour son bonheur, et que les principes de mon attachement pour elle sont inébranlables, sans qu'aucune persécution, de quelque part qu'elle vienne, puisse les altérer. Un modèle bien cher à mon cœur me donne l'exemple de ces sentiments. »

Elle ignorait encore la mort de sa grand'mère, de sa mère et de sa sœur, lorsque les événements du 9 thermidor vinrent mettre fin au massacre des victimes, et ce fut seulement lorsque Mme de Duras, au lendemain de la chute de Robespierre, parvint à faire demander des nouvelles au Luxembourg, que l'on apprit la fatale nouvelle. « Remerciez Dieu, écrivit-elle à ses enfants, d'avoir conservé ma vie, ma tête, mes forces; ne regrettez pas d'avoir été loin de moi. Dieu m'a préservée de la révolte contre lui, mais je n'eusse pas, pendant longtemps, supporté l'apparence d'une consolation humaine. » Elle passait sa vie à lire et à relire un petit livre de Psaumes en latin qu'elle s'était procuré en prison. « J'y trouve tantôt les sentiments de celles que je pleure, écrivait-elle à ses enfants, tantôt ceux que je vous désire, puis ceux que je demande à Dieu de mettre dans mon cœur, et quelquefois je les ai obtenus. »

Les massacres étaient finis, la plupart des prisonniers avaient quitté le Plessis ; mais Mme de La Fayette était encore retenue en prison : on n'osait pas délivrer la jeune femme du captif d'Olmütz.

Transférée de demeure en demeure, elle rencontra partout, au bout de peu de jours, cette admiration émue qu'elle inspirait à tous ceux qui l'approchaient. Elle avait été installée rue Notre-Dame-des-Champs, dans une prison temporaire, qui se peuplait peu à peu des partisans de Robespierre ; ceux-ci ne lui refusèrent pas plus que les autres leur estime et leur respect. Elle souffrait beaucoup du froid dans cette maison, ouverte à tous les vents par un hiver extrêmement rigoureux ; mais elle avait le bonheur de recevoir souvent la visite de l'abbé Carrichon, le même prêtre de l'Oratoire qui avait accompagné sa mère et sa sœur à l'échafaud : il passait pour le menuisier de la maison et lui apportait, avec les consolations de la religion, les inépuisables souvenirs de celles dont il avait tant de fois consolé les chagrins, comme il cherchait maintenant à consoler les siens.

Les efforts du nouveau ministre des États-Unis, M. Monroe,

comme ceux de la duchesse de Duras, qui avait, on ne sait pourquoi, réussi à intéresser le boucher Legendre, parvinrent enfin à obtenir la liberté de Mme de La Fayette; elle était depuis seize mois en prison. Son premier soin fut d'envoyer son fils en Amérique; elle écrivit au général Washington pour mettre sous sa protection l'enfant de son ami, de son disciple; celui-ci devait être accompagné par son fidèle précepteur, mais il n'avait encore que quatorze ans, et le sacrifice était immense. Mme de La Fayette était convaincue que c'était le parti qu'eût désiré son mari, et à cette pensée elle reprenait toutes ses forces.

L'enfant parti, la mère n'avait plus qu'un désir, celui de retrouver ses filles. Elle passa huit jours avec elles en Auvergne avant de s'arracher à la vieille tante, qui retrouvait un moment tous ceux qu'elle aimait, pour les perdre tour à tour. Sur sa route elle eut la joie infinie de rencontrer inopinément Mme de Grammont, qui était venue à pied avec son mari du fond de la Franche-Comté pour la revoir avant son départ. On n'avait pas d'argent pour voyager en poste, on ne voulait pas s'exposer à rencontrer dans les voitures publiques les gens qui les remplissaient souvent; ce fut sans doute l'origine de cette habitude de voyages pédestres dont j'ai entendu parler dans mon enfance, lorsque M. de Grammont, député sous le règne du roi Louis-Philippe, arrivait toujours à pied à Paris avec sa femme, accompagnés par un domestique à cheval qui portait les bagages.

Toutes ses affaires réglées comme pour entrer dans le tombeau, Mme de La Fayette obtint enfin un passeport pour l'Amérique; elle s'embarqua à Dunkerque pour Hambourg; elle n'avait qu'une pensée, celle de rejoindre son mari, prisonnier à Olmütz.

Nous avons vu qu'elle passa par Altona, afin de revoir sa sœur, Mme de Montaigu. Les émigrés étaient nombreux dans le pays; elle se trouva entourée de beaucoup de gens hostiles à M. de La Fayette, « mais il n'y eut jamais en elle la moindre trace de ressentiment, écrit sa fille. Il est inouï d'aimer avec une si grande exaltation, sans la moindre trace d'aigreur contre ceux qui calomnièrent et persécutèrent l'objet de ses affections. » Elle appréciait la conduite de ceux dont elle avait le plus à se plaindre, avec une justice indulgente, et, dans tout le cours d'une vie si troublée, cette disposition ne s'est jamais altérée.

Il fallait arriver à Vienne; l'entrée de l'Autriche était interdite aux Français, à plus forte raison à Mme de La Fayette. Elle déploya en cette occasion tant de ressources et tant de courage, que l'empereur en fut ému lorsqu'elle parvint enfin jusqu'à lui. Elle demandait uniquement la grâce de partager la prison de son mari. « Je vous l'accorde, dit l'empereur; quant à sa liberté, j'ai les mains liées. — Les femmes des autres captifs d'Olmütz vont envier mon bonheur, » dit Mme de La Fayette, incapable d'oublier les autres, même à un pareil moment. — Qu'elles fassent comme vous, répartit l'empereur. Vous trouverez M. de La Fayette bien nourri, bien traité. On sait son nom. J'espère que vous me rendrez justice. »

La joie de Mme de La Fayette à la pensée de retrouver son mari ne put être mitigée même par la malveillance évidente des ministres de l'empereur. L'audience avait été obtenue à leur insu, et ils détestaient tous M. de La Fayette. Le ministre de la guerre, chargé du régime des forteresses, se crut obligé de prévenir Mme de La Fayette qu'elle serait fort mal à Olmütz et que cette dure captivité pouvait avoir des inconvénients pour elle et pour ses filles. L'avertissement était très fondé; elle ne l'écouta seulement pas et se mit en route.

On voyageait dans une voiture découverte. « Je ne sais comment on supporte ce que nous allons éprouver, » disait Mme de La Fayette. Lorsque le postillon lui montra de loin le clocher d'Olmütz, elle se leva dans la voiture, suffoquée par les larmes. Quand elle put enfin parler, elle entonna à haute voix le cantique d'actions de grâce de Tobie : « Seigneur, vous êtes grand dans l'éternité et votre règne s'étend dans tous les siècles! »

Quelques instants plus tard elle était dans les bras de son mari, captif depuis trois ans, loin d'elle, sans nouvelles, sans amis, dans une solitude complète depuis qu'une tentative d'évasion avait effrayé ses geôliers. Il était changé, vieilli, malade; il n'osait l'interroger sur les maux qu'elle avait soufferts, les pertes que tous deux pouvaient avoir subies pendant cet intervalle terrible de l'existence de sa patrie qu'il avait passé vivant dans un tombeau. Ce fut le soir seulement et lorsqu'elle se retrouva en tête-à-tête avec lui, que Mme de La Fayette apprit à son mari que sa grand'mère, sa mère et sa sœur avaient péri sur l'échafaud.

Je la quitte à Olmütz dans cette dure prison dont elle allégeait toutes les rigueurs par sa seule présence. Elle y devait passer deux ans, malade, au point de ne pouvoir marcher, lorsque le traité de Campo-Formio rendit la liberté aux captifs, privée des consolations de la religion comme de la joie d'écrire à son fils, qui eût pu trahir en Amérique le secret de ses souffrances; mais si heureuse, qu'elle se reprochait parfois le bonheur dont elle jouissait pendant la captivité de son mari. Elle était toute à lui, comme elle le lui dit en mourant, quelques années plus tard, et il était tout à elle, ce qui était plus rare. J'aime à contempler ce bonheur si chèrement acheté et que tant de gens auraient regardé comme un intolérable malheur, et je laisse Mme de La Fayette à ce mari qu'elle avait tant aimé, tant servi avec un dévouement si passionné et si tendre. « Vous n'êtes pas chrétien ? » disait-elle un jour tristement, dans le demi-délire qui précéda sa fin prématurée. « Et comme je ne répondais pas, écrit M. de La Fayette lui-même : « Ah! je sais ce que vous êtes, vous êtes fayettiste. — Vous me croyez bien de l'orgueil, répondis-je; mais ne l'êtes-vous pas vous-même un peu ? — Ah! oui, s'écria-t-elle de toute mon âme, je sens que je donnerais ma vie pour cette secte-là! »

Elle avait en effet donné toute sa vie et tout son cœur.

NOTRE TEMPS

J'aurais pu rattacher, aux temps troublés dont j'ai voulu retracer quelques nobles figures féminines, plusieurs de celles qui prendront place dans le chapitre de notre temps; mais j'ai tenu à terminer la douloureuse période des révolutions violentes et sanglantes par le nom de Mme de La Fayette, la plus noble et la plus imposante peut-être de toutes les femmes dont j'ai rappelé le souvenir. A partir de l'époque où j'arrive, pour la France du moins, et quelquefois même pour les femmes étrangères, des souvenirs ou des traditions personnelles se mêlent pour moi à l'histoire. J'ai entendu parler de celles dont j'ai à parler.

MADAME DE LAVALETTE

Le nom de Mme de Lavalette est le premier que je rencontre dans ces souvenirs du passé, auquel je remonte souvent avec une reconnaissance et un attachement inaltérables. Elle n'a pas été héroïque toute sa vie, comme Mme de La Fayette; mais si le moment glorieux de son existence de femme a été court, il a été aussi le dernier : elle n'a plus existé pour les siens après le jour où elle avait eu le bonheur insigne de sauver la vie de son mari.

M. de Lavalette avait été toute sa vie passionnément dévoué à l'empereur Napoléon, qui avait fait sa fortune et son bonheur, car il lui avait fait épouser Mlle de Beauharnais, parente éloignée de l'impératrice Joséphine. Attaché dès le début de sa carrière au général Bonaparte, auquel il avait rendu d'importants services au siège de Saint-Jean-d'Acre, il ne put résister à l'entraînement de son cœur et de son imagination tout ensemble, lorsque l'empereur, échappé de l'île d'Elbe, reparut en France pour le funeste épisode des Cent-Jours. Au moment même où Napoléon descendait de voiture au pied du perron des Tuileries et, jugeant lui-même fermement ses chances de succès, disait à M. Molé en lui mettant la main sur l'épaule : « Eh bien! j'ai fait une belle équipée! » M. de Lavalette, ivre de joie et de confiance, reprenait à Paris la direction des postes qu'il avait exercée pendant la durée presque entière du régime impérial, « sans que l'épanchement et la franchise eussent jamais été avec lui un danger, » dit le général Sébastiani par un éloge significatif, dans le discours prononcé sur sa tombe.

Mme de Lavalette n'était pas aussi confiante que son mari : « Ma femme fut épouvantée de la nouvelle du débarquement de l'empereur, écrit Lavalette dans ses *Mémoires;* elle en tira de tristes présages. » Cependant le directeur des postes avait repris sa tâche familière avec les mêmes sentiments qu'il y avait apportés jadis. Un de ses employés lui apporta une liste de suspects : ils pouvaient être nombreux en 1815; il jeta sur lui un regard de mépris. « Monsieur, lui dit-il brusquement, avez-vous quelquefois regardé en face un honnête homme? » L'autre ne savait que répondre. « Eh bien, apprenez à me connaître, » et il jeta la liste au feu.

La fin vint bien vite. Les efforts surhumains de la campagne de France et la bataille de Waterloo avaient mis le terme fatal à « l'équipée » de l'empereur Napoléon. Elle coûtait cher à la France, démembrée et sanglante; l'heure de la vengeance arrivait, cruelle et imprudente dans sa rigueur. Les passions politiques et les haines de parti étaient surexcitées; Lavalette fut condamné à mort comme le maréchal Ney. Toute son excuse, tout le résumé de sa défense étaient dans ces deux mots de M. de Montlosier : « On l'a accusé d'être parjure, lui croyait avoir été fidèle. »

« Mes amis, c'est un coup de canon! » dit-il à ceux qui l'entouraient lorsqu'il entendit sa sentence. Il demanda à être fusillé, comme un soldat; cette grâce lui fut refusée. Il attendait dans sa prison le jour de l'exécution, fixée au 24 décembre.

On venait de changer le geôlier principal de la Conciergerie. « Cet homme, né et élevé dans les prisons, était d'une finesse et d'une sagacité désespérantes, » disait plus tard M. de Lavalette. On mit heureusement à sa place un Bordelais, créature de M. Decazes.

Tous ses amis eussent désiré le voir malade; on espérait encore obtenir un sursis, tous les recours en grâce avaient été rejetés. « Si vous aviez été souffrant, alité, lui disait-on, il aurait bien fallu retarder l'époque de votre jugement; les passions auraient eu le temps de se calmer, votre innocence et vos amis feraient le reste. » M. de Lavalette se portait malheureusement fort bien. « Je ne pouvais me décider à me casser un bras ou une jambe, disait-il en riant; et n'a pas qui veut une fluxion de poitrine ou une gastro-entérite au dernier degré. Je gardai donc ma bonne santé et tous les dangers de ma position. »

Le danger imminent, mortel, inévitable, était devenu une question d'heures, de minutes.

Mme de Lavalette avait lassé de ses prières le roi, la dauphine, les ministres; elle allait désormais devoir tout à elle-même et à quelques amis dévoués. « Elle vint à six heures dîner avec moi, écrit M. de Lavalette; quand nous fûmes seuls, elle me dit : « Il paraît trop certain que nous n'avons plus rien à es-
« pérer, mon ami. Il faut donc prendre un parti, et voici celui
« que je vous propose : vous sortirez couvert de mes vêtements,
« et vous monterez dans ma chaise à porteurs, qui vous conduira
« rue des Saints-Pères, où M. Baudus se trouvera avec un cabrio-
« let; il vous mènera dans une retraite qu'il vous a ménagée. Là
« vous attendrez en sûreté qu'on puisse vous faire sortir de
« France. » Je l'écoutais et je la regardais en silence. Son air était calme, le son de sa voix assuré; elle paraissait tellement convaincue du succès, que j'hésitais à lui répondre. Cependant cette entreprise me paraissait folle, il fallait bien le lui dire; mais au premier mot elle m'interrompit : « Point d'objections.

« je meurs si vous mourez ! Ma conviction est profonde, je sens
« que Dieu me soutient. »

« J'allais continuer cependant, mais je m'aperçus bientôt à la pâleur de son visage et aux mouvements d'impatience qui commençaient à l'agiter (elle était à peine remise de ses couches et avait eu la douleur de perdre son enfant) qu'il fallait cesser toute objection. « Je ferai ce que vous voudrez, dis-je enfin, mais
« souffrez seulement une seule observation ; faites placer le ca-
« briolet plus près : on s'apercevra infailliblement de ma fuite et
« on me prendra dans cette chaise ; je ne saurais me sauver à pied
« avec vos habits. — Vous avez raison, dit-elle, je ferai placer le
« cabriolet ailleurs. Donnez-moi votre parole de m'obéir, car nous
« n'avons plus que cette ressource. » Je lui pris la main. « Je vous
« dis que je ferai tout ce que vous voudrez, et comme vous le vou-
« drez. » Cette promesse la calma et nous nous séparâmes, moi constamment occupé de son projet, qui me paraissait impraticable ; elle était plus grande que moi d'un demi-pouce ; sa taille était souple et élancée ; il était vrai que le chagrin m'avait singulièrement maigri, et puis j'étais si bien préparé à mourir ou à me servir de l'arme que j'avais cachée ! Enfin le cœur restait ferme. Elle reparut à cinq heures du soir le lendemain.

« Elle était accompagnée par sa fille, âgée de treize ou quatorze ans. « Je crois, me dit-elle, qu'il vaut mieux prendre notre enfant
« pour nous accompagner, je lui ferai faire plus docilement qu'à
« personne ce que j'ai en tête. » Elle s'était couverte d'une robe de mérinos noir richement doublée en fourrure, qu'elle avait coutume de mettre pour aller au bal. Elle avait dans son sac une jupe de taffetas noir. « Il n'en faut pas davantage, dit-elle, pour
« vous déguiser parfaitement. »

« Alors elle renvoya sa fille près de la fenêtre et me dit à voix basse :

« A sept heures sonnant, vous sortirez, tout est bien préparé.
« Vous donnerez le bras à Joséphine, en ayant soin de marcher
« lentement quand vous traverserez la grande pièce du greffe ;
« vous mettrez mes gants et vous vous couvrirez le visage de mon
« mouchoir. J'avais pensé à prendre un voile, mais malheureu-

sement je n'ai pas pris l'habitude d'en porter un en venant ici ; il ne faut donc pas y penser. Ayez soin en passant sous les portes, qui sont si basses, de ne pas accrocher les plumes du chapeau : tout serait perdu. Je trouve toujours les geôliers dans le greffe, et le concierge a l'habitude de me donner la main jusqu'à la chaise à porteurs, qui sera dans la cour au haut du grand escalier. Vous rencontrerez bientôt M. Baudus, qui vous conduira au cabriolet et vous indiquera votre cachette. Alors... à la grâce de Dieu, mon ami. Faites bien ce que je vous dis. Donnez-moi votre main, je veux vous tâter le pouls ; bien. Prenez maintenant la mienne, sentez-vous la moindre émotion ? » Je me convainquis qu'elle avait une forte fièvre. « Surtout, ajouta-t-elle, point d'attendrissement, ou nous serions perdus. » Je lui donnai pourtant mon anneau de mariage, sous prétexte que, si j'étais arrêté dans ma course vers la frontière, il ne fallait rien conserver qui pût me faire reconnaître. » Le souper fini, Mme de Lavalette habilla son mari. En moins de trois minutes la toilette était complète. Nous quittâmes l'abri du paravent. « Comment « trouvez-vous votre père ? » demanda Mme de Lavalette à sa fille. Je fis quelques pas. « Pas mal, » dit la pauvre petite, dont la tête retomba sur sa poitrine. On entendait déjà les pas du geôlier, que M. de Lavalette avait sonné.

Sa femme s'était élancée derrière le paravent, elle n'avait dit qu'un mot : Adieu ! « Nous embrasser eût été nous perdre, » dit le journal. Le prisonnier sortit baissant la tête et le visage couvert d'un mouchoir, comme une personne accablée par la souffrance. Il franchit sans encombre les difficultés du trajet sous les yeux de cinq geôliers assis dans le greffe. Joséphine prit le bras de son père, et le geôlier lui donnant la main : « Vous vous retirez de bonne heure, madame la comtesse, » dit-il. Il était fort ému et pensait sans doute que la malheureuse femme venait de dire un adieu éternel à son mari.

Les porteurs étaient en retard. Lorsqu'ils arrivèrent, suivis du valet de chambre qui en avait recruté un dans la rue, M. de Lavalette monta d'un pas ferme dans la chaise, traversa la grande cour et sur le quai des Orfèvres il rencontra son ami M. Baudus, qui arrêta les porteurs, en disant: « Vous savez, madame, que vous avez une visite à faire au président. » « Comme je descendais de la chaise, écrit M. de Lavalette, il me montra du doigt un cabriolet dans une petite rue obscure. Je m'élançai dans cette voiture, dont le cocher me dit: « Donnez-moi donc mon fouet. » Il était tombé. « Qu'importe? » dit M. Baudus. Un mouvement de rênes fit partir le cheval au grand trot. En passant, je vis Joséphine sur le quai, les mains jointes et qui priait Dieu de toute son âme. »

La retraite que M. Baudus avait ménagée à son ami n'était autre que l'appartement même de M. Bresson, directeur des fonds au ministère des affaires étrangères, dont il habitait l'hôtel. Naguère sauvé pendant la Terreur par le dévouement de deux amis qui l'avaient arraché à l'échafaud, il avait juré ainsi que sa femme de sauver aussi quelque victime des réactions politiques. Pendant vingt jours, il tint M. de Lavalette caché chez lui, sans que personne pensât à le chercher sous le toit même du président du conseil des ministres. Il fallait cependant sortir de France : le fugitif y fut aidé par la résolution et la présence d'esprit de deux Anglais, dont l'un, le général sir Robert Wilson, bizarre et fantasque, prit un plaisir raffiné à tromper les agents de police déchaînés à la poursuite du condamné. M. de Lavalette allait quitter celui qui lui avait sauvé la vie, et il lui exprimait toute sa reconnaissance, lorsque sir Robert se tourna vers lui avec un profond sérieux. « Ah ça ! mon cher ami, dit-il, expliquez-moi pourquoi vous ne vouliez pas être guillotiné ? »

« Je le regardais surpris sans répondre, écrit M. de Lavalette. « Oui, on m'a dit que vous aviez demandé comme une faveur « d'être fusillé. — Mais vous savez, on conduit le condamné dans « une charrette, les mains liées derrière le dos, et quand il est « sur l'échafaud, on l'attache sur une planche qu'on abaisse et « on le glisse ainsi sous le couteau. — Ah! je comprends, s'écria « sir Robert, vous ne vouliez pas être égorgé comme un veau. »

M. de Lavalette fut bien accueilli en Bavière, où il demeura six ans. Des lettres de grâce le ramenèrent enfin en France;

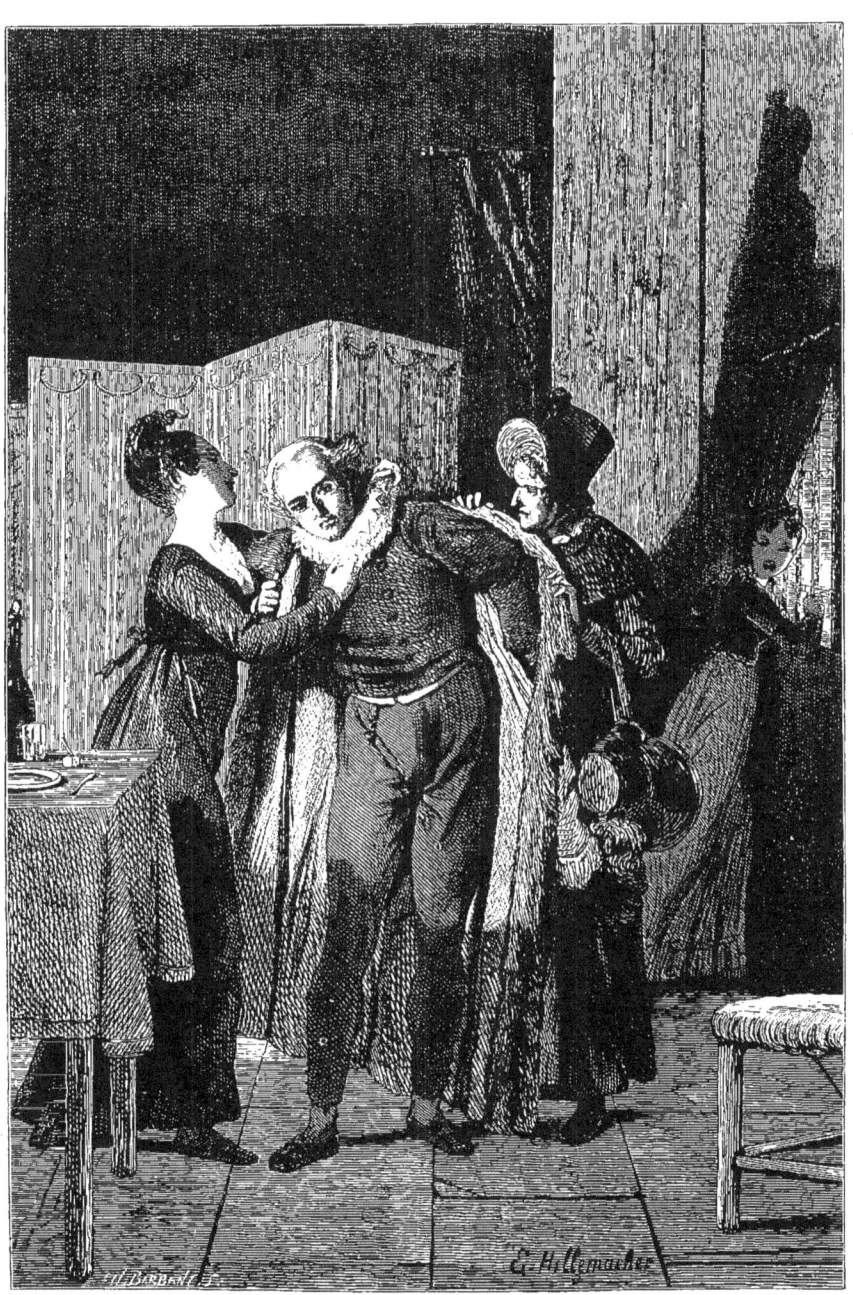
ÉVASION DE LAVALETTE.

lorsqu'il revint de l'exil, une seule voix resta muette au milieu des félicitations qui accueillirent son retour : ce fut celle de sa femme. Elle avait usé toutes ses forces pour le sauver; maltraitée dans le premier élan de colère, après le départ de son mari, retenue six semaines en prison avec une grande rigueur, elle était devenue folle, et ne recouvra jamais la plénitude de ses facultés.

L'enfant qui avait concouru docilement au salut de son père fut à grand'peine admise dans le couvent qui l'avait jusqu'alors abritée et dont plusieurs mères retirèrent leurs filles lorsqu'elle y rentra; la violence des passions politiques était alors telle, que j'ai entendu raconter bien souvent qu'une femme, bonne et sensée d'ordinaire, s'était écriée en entendant raconter la part que Mlle de Lavalette avait eue à l'évasion de son père: « Oh! la petite scélérate! »

Il y a loin de là à l'équité charitable de Mme de La Fayette soignant et consolant les femmes des émigrés ennemis de son mari.

Soixante-dix ans auparavant, à la suite de l'insurrection jacobite de 1715, la comtesse de Nithesdale avait aussi sauvé son mari, destiné à subir le même sort que ses amis politiques, le comte de Derwentwater et lord Kenmure ; mais, plus heureuse que Mme de Lavalette, elle avait réussi à s'enfuir peu après celui qu'elle avait couvert de ses vêtements, et elle n'avait pas payé de sa raison le dévouement héroïque dont elle avait fait preuve. Pendant de longues années elle avait vécu à ses côtés en Italie, heureuse et fière d'avoir conservé avec la vie de son mari quelques parcelles de l'héritage paternel pour son fils, grâce à la précaution qu'elle avait prise, avant de fuir, d'emporter avec elle toutes les pierreries de la famille. Les biens de M. de Lavalette n'avaient pas été confisqués, mais rien ne pouvait lui rendre ce qu'il avait perdu. « La puissance royale elle-même ne saurait égaler mon infortune par ses bienfaits, » écrivit-il en rentrant au roi Louis XVIII. Après tout et lorsque sa raison chancelante reprenait un moment son empire, Mme de Lavalette se trouvait assurément bien heureuse. Quelle est la femme digne de ce nom qui n'eût pas compris son bonheur?

Lady Nithesdale et Mme de Lavalette avaient arraché leurs maris à la mort par une ruse hardie, ingénieusement conçue et courageusement exécutée; d'autres ont obtenu, par leurs héroïques efforts, la grâce de ceux qu'ils aimaient. Helen Walker, la paysanne écossaise, modèle et original de Jeannie Deans dans *la Prison d'Édimbourg* de sir Walter Scott, traversa l'Écosse et l'Angleterre à pied pour aller à Londres implorer la reine Caroline alors régente, pendant une absence de George II, en faveur de sa sœur condamnée à mort et qu'elle n'avait pas voulu sauver par un faux témoignage. Mais son courageux dévouement, glorifié par le talent incomparable qui a charmé toute une génération, pâlit devant l'héroïsme modeste de Prascovie Lopouloff, elle aussi modèle et type primitif du roman de Mme Cottin : *les Exilés de Sibérie*.

PRASCOVIE LOPOULOFF

M. Xavier de Maistre a raconté avec une vérité sincère et pénétrante la simple histoire de la jeune Russe élevée en Sibérie depuis sa petite enfance, amenée dans sa première jeunesse par le désespoir persistant de son père à la pensée d'aller à Saint-Pétersbourg implorer la miséricorde du czar. Il a dit l'étonnement dédaigneux des parents et la persistance modeste de la jeune fille, sa confiance en Dieu et son courage à travers les difficultés et les innombrables périls de la route; il l'a montrée prosternée devant l'empereur de toutes les Russies et s'écriant dans un élan de pieuse reconnaissance pour le Roi des rois : « O mon Dieu, ce n'est pas en vain que j'ai mis en toi mon espérance ! » Puis, comme Mme de Lavalette devint folle à la suite de l'évasion de son mari, par l'effet de la violence de son courageux effort, nous retrouvons Prascovie Lopouloff dans un couvent, épuisée par le voyage terrible qu'elle avait accompli sans argent et sans appui, soutenue par la seule force de son dévouement filial et de sa foi religieuse. Elle n'avait pas vingt-quatre ans lorsqu'elle mourut.

MISS HANNAH MORE

Je sors enfin des tragédies pour rentrer dans la sphère du dévouement ordinaire et simple des femmes consacrées dans la vie commune au bonheur des leurs. Les seules héroïnes qui me restent à citer sont les héroïnes de la charité. « Vous aurez toujours des pauvres avec vous, » a dit Notre Seigneur. Cette promesse semble s'adresser surtout aux femmes; dans toutes les voies, à toutes les époques, nous trouvons les femmes à l'avant-garde de la charité, engagées dans toutes les réformes morales ou sociales qui se proposent pour but le bien de ceux qui souffrent. On a fait et on fera longtemps grand bruit des progrès de l'instruction primaire à notre époque, et ce n'est pas moi qui chercherai à en dérober l'honneur à qui de droit, mais l'œuvre ne s'est pas opérée partout de la même manière et dans le pays de l'initiative privée. En Angleterre, c'est à une femme, à miss Hannah More, elle-même fille d'un instituteur, qu'a été dû le premier mouvement national et puissant en faveur de l'éducation des classes populaires. Elle était née en 1746; la situation de sa famille était étroite, il n'y avait pas d'autre carrière à suivre pour les cinq sœurs que celle de l'enseignement et elles furent élevées dans l'espoir d'ouvrir une pension de jeunes filles.

« Nous étions nées avec plus d'intelligence que d'écus, écrivait plus tard Hannah More, dès sa première jeunesse la plus distinguée de toutes, et à mesure que les années augmentaient notre appétit, le garde-manger de la maison devenait plus pauvre. Nous partîmes donc à l'aventure, avec une cruche d'eau, une couverture et notre matelas, à la recherche d'un toit qui pût nous convenir. Nous rencontrâmes bientôt à Bristol une grande maison qui ne contenait rien; elle serait probablement demeurée dans le même état, si nous n'avions pas trouvé un peu d'instruction au fond de notre cervelle; grâce à cette richesse qui subsiste quand l'or et l'argent se sont envolés, nous avons pu recueillir pas mal de guinées en échange de l'instruction que nous donnions aux autres. »

L'entreprise des cinq sœurs réussit en effet au delà de toute espérance : les succès littéraires des livres qu'Hannah se mit bientôt à écrire achevèrent de leur assurer une indépendance suffisante, en même temps que des relations brillantes avec la meilleure compagnie de leur siècle et de leur pays. L'intimité d'Hannah More avec Johnson, avec Garrick, le grand acteur comique et tragique, comme avec M. Wilberforce et le poète Cowper, a laissé sa trace dans les correspondances du temps et dans les souvenirs encore récents d'hommes disparus depuis peu ; la conversation de miss Hannah More était extrêmement brillante et ses sentiments religieux seuls l'empêchèrent de consacrer une partie trop considérable de sa vie à ces plaisirs de l'esprit qui tenaient alors une place si considérable dans l'existence des gens du monde instruits, intelligents et distingués. Plus d'un pensait comme M. de Talleyrand que la conversation était le plus grand bonheur de l'existence.

Miss Hannah More avait quarante ans, et elle était arrivée au faîte de sa réputation mondaine lorsqu'elle commença à se consacrer à l'œuvre principale de sa vie, à la fondation des écoles missionnaires des environs de sa demeure à Cowslip Green, non loin de Bristol. L'ignorance était profonde et l'état des mœurs répondait à l'ignorance ; la religion était peu et mal enseignée ; les vicaires, appartenant pour la plupart à une classe assez inférieure, étaient peu payés et surchargés d'une besogne qu'ils n'accomplissaient guère. La charité profonde de M. Wilberforce, alors en visite chez les cinq sœurs, s'émut de ce triste état de choses : il promit de leur venir en aide dans l'entreprise qu'elles méditaient et de trouver les fonds nécessaires ; mais il fallait soulever les bonnes volontés du pays, et Hannah More ne possédait d'autre levier que l'influence naturelle de son caractère et de son esprit. Elle usa de ses ressources jusqu'à leurs dernières limites, avec la résolution et l'activité d'une personne de bonne heure accoutumée à l'effort. Elle écrivait à M. Wilberforce : « Vous seriez épouvanté si vous saviez combien de tyrans domestiques j'ai amadoués, combien de vilains enfants j'ai caressés, combien j'ai admiré de chiens et de chats et avalé de verres de vin ou de cidre. Après ces préliminaires, j'en venais à demander si on n'aurait pas à me recommander une petite maison qui pourrait me permettre de donner suite à une idée qui m'était venue pour mettre un peu fin au pillage des basses-cours ou des vergers et pour empêcher la taxe des pauvres d'augmenter indéfiniment. Si le résultat est la meilleure preuve de l'éloquence, il est évident que j'ai dû bien parler, car j'ai obtenu l'assentiment de tous ces braves gens et la promesse que les parents seraient encouragés par les propriétaires en proportion de leur exactitude à envoyer leurs enfants à l'école. »

La croisade contre l'ignorance brutale et immorale était commencée; la première maîtresse était installée, et la classe débordait déjà d'enfants, lorsque la même tentative amena le même résultat dans la paroisse voisine. Là, plusieurs des enfants présents à la séance d'ouverture avaient déjà passé devant la cour d'assises, d'autres appartenaient à des parents condamnés à mort, beaucoup avaient l'habitude du vol, tous étaient ignorants et vicieux. Il se trouvait dans la salle un pasteur peu accoutumé au spectacle qui frappa ses regards lorsque les enfants s'agenouillèrent autour de miss More pour faire la prière; il ne put retenir ses larmes à cette vue, qui devint bientôt moins rare dans les environs de Cowslip Green et à une certaine distance de ce centre de tous les efforts et de tous les progrès. En hiver la santé de miss More ne lui permettait pas de suivre constamment la marche de ses écoles, qui devenaient d'ailleurs chaque jour plus nombreuses; mais elle consacrait alors son temps à écrire des livres dont la vente alimentait la caisse de l'œuvre. C'était un grand élément de succès auprès des fermiers que de ne pas leur demander un sou, surtout lorsque miss Hannah More et sa sœur Patty se présentaient dans des paroisses plongées dans une ignorance et une brutalité telles, qu'elles ne s'y risquèrent, dit-on, qu'au péril de leur vie. Pendant l'été, elles visitaient successivement toutes les écoles, étendant chaque année le cercle de leur influence et conservant sur un bon nombre de leurs élèves une action qui ne se termina qu'avec leur vie. Les jeunes filles étaient placées, encouragées et soutenues dans la bonne voie; les enfants étaient soignés dans leurs maladies, car la maîtresse d'école devenait souvent une sorte de sœur de charité au milieu de ces populations grossières et abandonnées. Miss More attachait naturellement la plus grande importance au choix de ses institutrices et à leurs qualités morales et religieuses, plus encore qu'à leur instruction, qui était naturellement très restreinte.

Lorsqu'elle mourut à quatre-vingt-trois ans, en 1833, les progrès de l'éducation avaient dépassé ses espérances et presque ses désirs : elle trouvait l'enseignement primaire trop développé et trop peu religieux. Qu'eût-elle dit si elle eût vécu cinquante ans plus tard? Mais elle avait accompli l'œuvre que Dieu lui avait confiée et donné le premier exemple d'un effort sincère, persévérant et raisonné pour l'instruction des classes populaires jusqu'alors presque complètement négligées en Angleterre, comme elles l'avaient été en France à peu près jusqu'à la même époque. Toutes ses sœurs étaient mortes avant elle. Mais, dans la solitude de son lit de mort, le mot *joie* fut le dernier qui entr'ouvrit ses lèvres tremblantes; elle entrait dans la joie de son Seigneur.

MISTRESS FRY

Ce qu'Hannah More avait fait pour l'instruction primaire et qu'Howard avait commencé dans les prisons d'hommes, Mrs Fry l'entreprit dans les prisons de femmes. Je la vois encore, belle, grande, imposante, avec le sourire d'une bienveillance puissante, causant avec ma grand'mère, par l'intermédiaire de la Bible qu'elles connaissaient toutes deux, si bien que l'absence d'un langage commun ne se faisait pas gravement sentir entre elles. Elle était plus jeune, mais elle n'était assurément pas plus frappante lorsqu'elle entreprit la grande œuvre de sa vie. Elle avait dépassé sa trente-deuxième année, et elle avait déjà huit enfants. A cette époque, toutes les prisonnières étaient enfermées à Newgate, dans quatre pièces ou cellules qui contenaient près de trois cents femmes avec leurs enfants, sans autre classification que celle du sexe, sans autre surveillance que celle d'un gardien avec ses fils. Vêtues de haillons sordides, sans lits, sans matelas, sans couvertures, elles mangeaient, dormaient et faisaient leur cuisine comme leur lessive dans ces bouges infects qu'elles transformaient en repaire d'ivrognerie et de débauche, à leur fantaisie, car la cantine de la prison leur fournissait des liqueurs à leur volonté. Aucune contrainte, aucune répression n'était habituellement exercée sur les rixes sans cesse renouvelées, et lorsque Mrs Fry et l'une de ses amies éprouvèrent le désir de visiter ces lieux maudits, le gouverneur de la prison, M. Newmann, leur conseilla de cacher leurs montres ou de les déposer au greffe, de peur qu'on ne les arrachât à leur ceinture. Le premier effort de Mrs Fry n'alla pas plus loin que le soin de fournir quelques habillements aux enfants à demi nus des prisonnières; mais le spectacle hideux de cette misère précoce avait pénétré profondément dans son âme, et lorsqu'elle se trouva en mesure de consacrer quelque loisir à l'œuvre de la réforme des prisons, elle commença par ouvrir à Newgate une école pour les pauvres enfants élevés dans ce repaire d'infamie. « Je ne serai pas en repos tant que je n'aurai pas entrepris quelque chose pour l'amélioration de l'organisation en ce qui regarde les femmes, écrivait-elle à sa sœur Rachel Gurney; si mes projets échouent, au moins aurai-je fait ce qui était en mon pouvoir. » Pour la première fois une main charitable s'étendait vers les habitants de Newgate, qui avaient coutume de rugir comme des bêtes fauves dès qu'un visiteur entrait dans leur domaine, se poussant et se battant entre elles dans le désir d'arriver au premier rang des mendiantes: « Leur brutalité comme leur semi-nudité leur donnait plutôt l'aspect d'animaux sauvages que de femmes, » dit l'une des premières visiteuses accompagnant Mrs Fry.

Ce fut au milieu de ces animaux sauvages que la quakeresse, avec son modeste bonnet, ses vêtements simples et graves dans leur délicate propreté, son beau et noble visage, se fit enfermer seule, refusant la présence du gardien ou du gouverneur; puis, dans hésiter et sans tâtonner dans les premiers pas de son entreprise hasardeuse, elle lut tout haut la parabole du Maître de la vigne, et termina sa lecture par quelques mots de prière. Elle proposa alors aux femmes rassemblées autour d'elle d'instituer une petite école pour leurs pauvres enfants, et elle leur laissa le soin de choisir celle des prisonnières qui était capable de la diriger ; avant sa seconde visite l'école était organisée, la maîtresse choisie. Il fallut renvoyer une partie des prisonnières qui se pressaient à la porte de la cellule que le gouverneur avait mise à la disposition de Mrs Fry pour la petite classe qui venait de s'ouvrir. » Il ne faut pas attribuer le succès étonnant de ces premiers efforts à sa beauté imposante, à la bienveillance de ses manières, à sa voix mélodieuse, écrivent celles de ses filles qui ont raconté la vie de leur mère, mais bien plutôt à ce fait évident que Dieu, qui l'avait appelée à cette œuvre, l'avait rendue propre à son service et qu'il lui accorda dès le début toutes ses bénédictions. »

Dieu lui avait en effet accordé les dons nécessaires à l'œuvre qu'il lui destinait, car l'impression qu'elle produisait est restée ineffaçable dans le souvenir de tous ceux qui ont visité avec elle des prisons de femmes en Angleterre ou à l'étranger. Sa dignité simple et touchante, ses douces paroles subjuguaient les cœurs sur son passage. La fille de l'amiral Garrett raconte ainsi une visite qu'elle avait faite avec elle dans le pénitentiaire de Portsea. « Deux jeunes femmes lui avaient été désignées comme particulièrement endurcies et révoltées ; sans paraître les distinguer de leurs compagnes, elle adressa à toutes les prisonnières quelques paroles d'exhortation pieuse, puis, se levant pour se retirer, elle s'arrêta devant les deux délinquantes, et leur tendant la main avec l'expression d'une ineffable tendresse : J'espère que j'entendrai mieux parler de toi, dit-elle dans le langage familièrement simple de sa secte. » Les deux malheureuses fondirent en larmes ; les cœurs aigris et endurcis par les reproches, tout mérités qu'ils fussent, se brisèrent devant la bienveillance et l'espoir.

Mrs Fry avait commencé par chercher à soustraire en quelque mesure les enfants des prisonnières à l'influence délétère du milieu dans lequel ils étaient élevés. Peu à peu les mères devinrent l'objet de ses soins et après les mères toutes les femmes emprisonnées à Newgate. Par degrés aussi l'œuvre s'étendit, les compagnes de son entreprise devinrent plus nombreuses, une association se forma, désireuse de secourir partout les femmes captives, de veiller à leur état moral et religieux lorsqu'elles quittaient l'Angleterre pour le lieu de leur déportation, de pourvoir à leur surveillance lorsqu'elles touchaient terre, comme à leur travail et à leur protection lorsqu'elles étaient de nouveau lancées dans la société après le terme de leur emprisonnement. Les dépenses nécessaires à tant d'entreprises dépassaient depuis longtemps les ressources de Mrs Fry, que ses frères, MM. Gurney, aidaient largement. Les mains se tendaient de toutes parts pour la secourir.

Ce que Mrs Fry avait entrepris en Angleterre avec tant de succès, cette œuvre fondée par elle, et continuée avec tant de dévouement par celles qui marchaient sur ses traces, ne s'est pas cantonnée exclusivement dans sa patrie : partout sur le continent, en France, en Suisse, en Allemagne et jusqu'en Russie, Mrs Fry, déjà âgée et fatiguée, poursuivait sa mission sainte, fondant, organisant sur ses pas des associations, des comités pour la visite des prisons, distingués de toutes les autres œuvres du même genre par une simplicité et une largeur de vues qui ont contribué peut-être plus que toute autre chose à maintenir et à développer l'œuvre qu'elle avait voulu fonder au nom de Dieu. Nous retrouvons encore à Paris le même esprit qui l'animait chez la première secrétaire du premier comité qu'elle y eût créé; âgée maintenant de plus de quatre-vingt-quinze ans et présidente vénérée de l'œuvre protestante des prisons de femmes, Mlle Louise Dumas nous répète encore souvent les préceptes de Mrs Fry : « Ne parlez pas d'elles-mêmes aux prisonnières, disait-elle souvent, ne leur demandez pas leur histoire; parlez-leur du Sauveur, et de la vie nouvelle qu'elles peuvent mener par sa grâce : le passé est passé. »

SARAH MARTIN

Ce que Mrs Fry avait entrepris avec l'influence que lui assurait une fortune longtemps considérable, un charme personnel inexprimable, une situation sociale honorable et honorée, Sarah Martin l'a tenté et l'a fait, dans une certaine mesure, envers et contre tous les obstacles que pouvait présenter la plus humble position et la pauvreté d'une petite ouvrière cousant toute la journée pour vivre. Elle habitait les environs de Yarmouth, dans le comté de Norfolk, et se rendait tous les matins à la ville pour sa journée. Mrs Fry commençait à peine à visiter les femmes enfermées à Newgate lorsque son humble rivale dans la carrière de la charité commença à se préoccuper des malheureuses créatures enfermées dans la prison de Yarmouth, au milieu d'horreurs qu'elle ne devinait pas dans toute leur étendue.

La prison de Yarmouth était solide et bien fermée, les prisonniers ne s'échappaient pas, on n'en demandait pas davantage. La pauvre petite ouvrière commença par demander la permission de visiter une jeune femme qu'elle connaissait, emprisonnée pour les mauvais traitements qu'elle avait fait subir à son enfant. Dès le premier jour Sarah Martin semble avoir partagé d'elle-même, et par instinct, les intuitions de Mrs Fry sur la manière de traiter les malheureuses auxquelles elle venait apporter le secours de sa sympathie. Elle commença par lire l'histoire du brigand sur la croix à la mère cruelle qui avait maltraité son enfant; elle fut écoutée, elle revint; et peu à peu chaque instant de loisir fut consacré à visiter et à instruire les prisonnières.

Ce n'était pas assez, Sarah Martin abandonna son ouvrage une fois par semaine; passant toute la journée dans la prison, elle donnait ce qu'elle avait, ses vêtements et sa nourriture comme son temps ; mais par degrés l'œuvre qu'elle avait entreprise et l'influence extraordinaire qu'elle avait acquise sur les prisonnières commencèrent à être connues: on lui remit un peu d'argent; elle acheta des matériaux et fournit de l'ouvrage aux femmes, inventant sans cesse des ressources nouvelles pour l'occupation des hommes. Elle avait établi dans la prison le culte du dimanche, qu'elle dirigea longtemps toute seule. Elle avait fini par écrire de petits discours appropriés à son auditoire et les disait fréquemment à son variable public.

Elle avait institué une école, où ceux qui savaient lire et écrire enseignaient les ignorants; à chaque visite, elle faisait répéter les leçons. « Ce que je sais m'est utile pour gagner ma vie, pourquoi n'en serait-il pas de même pour vous ? » répétait-elle aux récalcitrants.

Personne ne résistait à son influence dans cette prison négligée, sans surveillants et presque sans secours en cas d'insultes; elle n'eut jamais de peine à se faire obéir par ceux qui n'ignoraient pas au prix de quels sacrifices et de quels efforts la pauvre ouvrière venait les instruire et les consoler.

Elle avait fait un mince héritage qui suffisait à sa subsistance; il était temps, car sa clientèle l'avait abandonnée, en se trouvant constamment subordonnée aux besoins des prisonniers; elle s'établit à Yarmouth et consacra désormais tout son temps au service de ses pauvres protégés. Les ressources dont elle disposait, toutes modestes qu'elles fussent, augmentant graduellement, elle finit par se trouver en mesure de pourvoir aux premiers besoins des prisonniers libérés, et c'était l'un de ses constants efforts de ne jamais se trouver absolument dépourvue de ressources pour ce but.

Il y avait vingt-deux ans que Sarah Martin travaillait ainsi dans la prison de Yarmouth, lorsque la municipalité de la ville proposa de lui accorder une rémunération pour ses services : elle refusa résolument. « Ce n'est pas par orgueil que je refuse de recevoir un salaire, dit-elle, mais je suis convaincue que tout payement ferait tort à mon œuvre, que c'est une de mes grandes forces d'avoir librement donné mon temps et mon travail, et puis j'en serais moi-même entravée, moins en repos. Laissez-moi agir à ma guise, une expérience de ce genre me fait l'effet d'un couteau placé sur la gorge d'un enfant pour voir s'il coupe. »

Les directeurs de la prison insistèrent ; Sarah Martin se soumit et consacra au service des prisonniers les très faibles émoluments qu'elle reçut jusqu'au moment de sa mort. Elle n'avait que cinquante-deux ans lorsqu'elle succomba, épuisée par un travail joyeusement incessant au service du Dieu qu'elle aimait.

MISS ANNA GURNEY

« Elle a fait ce qui était en son pouvoir ! » Parmi les paroles simples et profondes du Sauveur, aucune ne me revient plus souvent à l'esprit que celle-là. Sarah Martin avait fait ce qui était en son pouvoir de pauvre et modeste ouvrière, elle jouissait d'une bonne santé et de beaucoup de force physique et morale ; miss Anna Gurney était absolument paralysée, prisonnière dans son fauteuil depuis sa première enfance; elle était instruite, cultivée, aimable; combien de femmes se seraient contentées de faire un peu de bien aux pauvres, et de passer aussi doucement que possible une vie cruellement déshéritée! Miss Gurney ne s'en tint pas là; elle habitait au bord de la mer et la population des pêcheurs de son petit village était pour elle l'objet d'une constante sollicitude. Elle avait fait l'acquisition d'un bateau de sauvetage pour protéger la vie des pères de famille sans cesse exposés aux dangers de l'océan. Lorsque la mer était grosse, que la tempête s'élevait et que les marins étaient en péril, elle se faisait porter au bord de la mer, et tout infirme qu'elle était, constamment souffrante, elle dirigeait les sauvetages, veillait sur les soins à donner aux naufragés, les recevait souvent même dans sa maison, puis s'occupait du rapatriement des étrangers, et réparait de sa bourse les pertes des pêcheurs de la côte, avec une énergie et un courage qui n'étaient égalés que par sa capacité pratique et l'inépuisable sympathie de son âme. Lorsqu'elle mourut, deux mille personnes suivirent son cercueil. Les marins avaient perdu leur mère.

GRACE DARLING

Miss Anne Gurney avait consacré au service des marins les abondantes ressources dont elle disposait en dépit des liens de la maladie qui la retenaient dans son fauteuil. Grace Darling n'avait à donner que ses forces physiques et morales, mais elle ne recula pas même devant le sacrifice de sa vie, un moment en grand péril. Elle habitait avec son père la tour d'un phare de la côte de Saint-Abb, lorsque dans la nuit du 6 septembre 1838 elle fut réveillée par des cris de détresse : un navire avait échoué sur l'île de Longstone, son père refusait de risquer le sauvetage. Grace monta résolument toute seule dans la barque; le vieillard l'y suivit, honteux de sa lâcheté devant le courage de la jeune fille. Lentement, à travers les lames qui menaçaient à tout instant d'engloutir le frêle esquif, Grace pilota si habilement que le rocher fut atteint, puis les neuf survivants du naufrage arrachés à une mort certaine. La tempête était devenue si violente, que Grace fut obligée de recueillir les naufragés dans la tour solitaire et qu'elle les soigna seule pendant plusieurs jours avant de pouvoir entrer en communication avec la terre ferme. Comme Anne Gurney, elle avait fait ce qui était en son pouvoir.

AMÉLIE SIEVEKING
MISS FLORENCE NIGHTINGALE

Je m'arrête; comment inscrire toutes les femmes qui de notre temps, et presque sous nos yeux, ont consacré leur vie, leurs forces, tout ce dont elles pouvaient disposer, à ce service actif de l'humanité qui leur assure naturellement une place dans cette histoire des hommes, qui perdrait la moitié de sa beauté comme de son utilité pratique sans la coopération féminine? Je ne veux citer que deux noms, mais encore sans raconter les histoires : Amélie Sieveking, la fondatrice de presque toutes les œuvres de charité de la ville de Hambourg, suivant pas à pas les traces de la dévastation occasionnée par les guerres de l'Empire au début de ce siècle, élevant les enfants, soignant les cholériques, visitant les pauvres, sans autre force, sans autre trésor qu'une inépuisable charité, et Florence Nightingale, l'amie bien connue de ma jeunesse, l'héroïne des hôpitaux de Crimée, directrice, organisatrice, infirmière, apportant l'ordre et la paix par sa seule présence, et courbant sur des lits innombrables ce beau et noble visage qui m'apparaît toujours encadré dans les fleurs de rhododendrons de la belle demeure qu'elle avait quittée pour se charger courageusement d'une tâche qui paraissait au-dessus des forces d'une femme. Elle les a usées et dépensées au service de l'humanité, qui avait fait dès sa jeunesse le but de ses constants efforts. Elle en reçoit encore la récompense, non seulement par l'estime et la reconnaissance de tous ceux qui l'ont approchée, mais surtout par le développement qu'ont reçu les institutions hospitalières fondées en son nom et sous sa direction, comme par l'assurance que des milliers d'êtres souffrants, connus ou inconnus d'elle, profitent des soins éclairés et du dévouement des garde-malades dont son expérience et ses efforts puissants ont doté son pays natal.

MISS NIGHTINGALE.

LES PETITES SŒURS DES PAUVRES

Je ne veux pas cependant abandonner les héroïnes de la charité sans dire quelques mots des Petites Sœurs des Pauvres, cette œuvre toute française à son origine, comme les Filles de la Charité de saint Vincent de Paul, et qui s'étend maintenant comme elles sur la terre tout entière, gagnant les continents lointains eux-mêmes par la sainte contagion du bien.

Les Petites Sœurs des Pauvres réclament pour leur fondateur l'abbé Le Pailleur, qui subsiste encore et dont le beau portrait de M. Cabanel a révélé récemment au monde les traits un peu rudes et la ferme résolution du regard. A côté de lui, dans le même panneau, on voit le visage grave et calme de la mère Augustine de la Compassion, supérieure générale de l'ordre, la première ouvrière que Dieu ait envoyée au pauvre vicaire de Saint-Servan, tout occupé des douloureux besoins des vieillards qu'il rencontrait trop souvent dans l'exercice de son ministère, négligés, abandonnés et impuissants. Deux jeunes ouvrières et deux servantes, obligées de travailler pour vivre et ne pouvant consacrer à la charité que leurs rares moments de loisir, voilà quels furent, en 1848, les premiers éléments de l'institut des Petites Sœurs des Pauvres, qui compte à l'heure présente plus de 14,000 servantes des vieillards et 254 maisons. Une vieille aveugle leur avait été confiée par le prêtre; elle fut installée dans la chambre de l'une d'elles, Jeanne Jugan, et soignée comme une mère par les quatre jeunes filles qui ne tardèrent pas à se consacrer au service de Dieu par des vœux directs : les Petites Sœurs des Pauvres étaient fondées.

L'abbé Le Pailleur ne disposait d'aucune ressource, mais c'était le principe même du nouvel institut de compter sur la Providence divine et de vivre au jour le jour comme les pauvres, dont les nouvelles religieuses devenaient les sœurs, les filles, les mères, les servantes. Tous les services que peuvent exiger les infirmités des vieillards, admis à soixante ans seulement dans les maisons des Petites Sœurs des Pauvres, leur sont rendus par les mains pieuses de leurs protectrices, qui n'ont pas plus de domestiques ou de sœurs converses qu'elles n'ont de revenus. Chaque jour, de chaque établissement, sortent des sœurs, qui s'en vont par la ville et par la campagne quêter modestement, humblement, ce qui est nécessaire pour les besoins de leurs pauvres hôtes. Jeanne Jugan fut la première de ces héroïques mendiantes, comme elle fut la première à offrir sa chambre pour recevoir la vieille aveugle de Saint-Servan. Lorsque les cœurs sont généreux et les temps propices, les petites sœurs quêteuses reviennent chargées de provisions de toute nature pour l'entretien de leur maison; si les temps ou les cœurs sont durs, on jeûne un peu parmi les vieillards, et les sœurs souffrent les premières, plus que personne. « Nous sommes bien pauvres cette année ! » me disait récemment une petite sœur quêteuse; nulle part la gêne générale ne se fait plus vite sentir qu'à celles qui attendent littéralement leur pain quotidien de la maison des autres. Dieu, auquel elles ont confié leur admirable entreprise, ne les a jamais abandonnées, ne les laissera jamais périr.

C'est le caractère particulier de notre temps pressé et précipité que les œuvres de tous s'y développent avec une rapidité inconnue dans le passé. La presse et la publicité portent les semences à tous les vents des cieux, les éparpillant comme des germes féconds sur la surface du globe. Miss Hannah More dans les écoles, Mrs Fry dans les prisons, les Petites Sœurs des Pauvres au chevet des vieillards abandonnés, miss Nightingale dans les hôpitaux militaires, ont eu non seulement une foule d'imitatrices, de disciples directs, mais l'esprit qui les animait, les besoins auxquels répondait leur action bienfaisante, se sont tout à coup révélés au monde qui les ignorait; on s'est hâté de courir à la rencontre, on a ouvert de toutes parts des voies nouvelles, on a traversé de nouveaux déserts où la charité n'avait pas encore pénétré : « le monde est vieux et le temps est court, » telle est au fond de l'âme la conviction générale de l'époque des chemins de fer, des télégraphes et de l'électricité; il en est, il doit en être de même pour la charité.

Les germes qui mettaient naguère un siècle à porter des fruits doivent les produire aujourd'hui en quelques années ; c'est la nécessité d'une époque qui marche à la vapeur, et à laquelle peut souvent s'appliquer la recommandation de l'Apôtre : « Rachetez le temps, car les jours sont mauvais. »

Cet empressement à agir, à accomplir, à construire, pénètre-t-il dans la famille, ce royaume naturel et particulier des femmes, et hâte-t-il également le développement précipité de la jeunesse? Dans une certaine mesure, il en est certainement ainsi : les enfants sont enfants moins longtemps, moins complètement, moins simplement qu'autrefois. Les garçons à peine sortis des langes de leur petite enfance se trouvent talonnés par la perspective des examens, des concours, de la compétition fiévreuse de la vie; les petites filles sont pressées de devenir des jeunes filles, puis des femmes; bien peu savent jouir de ce premier printemps de la vie, charmant et unique, de ces années enchantées qui ne reviendront pas, où les portes s'ouvrent chaque jour dans l'intelligence et dans l'âme, sur des perspectives radieuses, auxquelles les soucis et les difficultés de l'existence n'apportent pas encore leur ombre. En achevant la rapide esquisse de tant de vies de femmes utiles et dévouées quand elles n'ont pas été héroïques, je voudrais demander aux femmes, aux mères, à celles qui ont porté le faix du jour, et chèrement acheté cette expérience personnelle seule vraiment efficace, de faire des efforts constants, persévérants, systématiques pour retenir les pas de leurs enfants, ceux de leurs fils, et surtout de leurs filles, à l'ombre de la famille et du toit domestique, au lieu de les précipiter prématurément dans le tourbillon et le combat de la vie, comme elles y semblent si souvent disposées. Remontez donc vers le passé, vers ces souvenirs de votre propre enfance, modeste et simple, vers ces leçons maternelles qui valaient bien les cours où vous entraînez vos filles, en courant d'interrogatoire en interrogatoire, au grand détriment de votre santé, comme de cette nécessaire surveillance du ménage, que l'exemple seul enseigne aux jeunes filles. Recherchez plus loin encore dans votre mémoire : étaient-ce des femmes élevées par de savants professeurs, dans les cours ou dans les collèges féminins que ces filles, ces sœurs, ces mères qui ont assisté ceux qu'elles aimaient dans leurs plus savants travaux? Mrs Kennicott avait appris l'hébreu pour seconder son mari dans ses consciencieuses recherches. Miss Wordsworth a été le critique le plus délicat et le plus écouté des charmantes poésies de son frère; Mlle de Rigny a préparé elle-même ses frères pour l'École polytechnique; Mlle Caroline Herschel a été l'acolyte fidèle et le plus intelligent du grand astronome. Elle polissait ses lentilles, elle passait la nuit auprès de son télescope pour inscrire ses observations, même lorsque le froid était si vif que l'encre gelait à côté d'elle. Elle ne se souciait pas de ses succès personnels, bien qu'elle eût pour son propre compte découvert huit planètes. En vain les savants qui entouraient William Herschel vantaient-ils ses travaux, elle tournait en plaisanterie tous leurs compliments : « Je ne suis que l'instrument fabriqué par mon frère à son usage, avait-elle coutume de dire; un chien bien dressé en aurait fait tout autant. »

Mrs Somerville a travaillé pour son propre compte et sous son propre nom, elle dont M. de Laplace disait qu'elle était l'une des cinq personnes en Europe qui pouvaient comprendre à fond sa *Mécanique céleste,* comme Mlle Sophie Germain avait excité par ses travaux la surprise et l'admiration de M. de Lagrange. Mais ni l'une ni l'autre de ces grandes mathématiciennes n'avait reçu un enseignement spécial et supérieur. Elles avaient vécu dans la famille, simplement et familièrement assises à côté de leurs pères, de leurs frères, sous la direction tendre de leurs parents, plutôt retenues que poussées sur leur glorieuse pente. Elles n'en ont pas moins triomphé des obstacles, développant et aiguisant leur intelligence et leur volonté par les difficultés mêmes qu'elles rencontraient. On ne leur avait pas forgé d'avance des clefs, souvent inutiles, pour des portes qu'elles ne se souciaient pas d'ouvrir, comme le font actuellement trop souvent les professeurs, qui ne se rappellent pas toujours que le but de l'éducation féminine est de faire des femmes dignes de ce nom, compagnes naturelles, efficaces et utiles des hommes auprès desquels Dieu les a placées, et non des émules ou de faibles rivales des facultés que Dieu leur a rarement dévolues, et qui resteraient d'ailleurs comme effacées et secondaires dans la vocation des femmes, en comparaison des dons qui leur ont été primitivement et naturellement départis.

Cultivez donc l'intelligence et les facultés de vos filles; donnez-leur le goût des lectures sérieuses, qu'elles soient assez instruites pour prendre leur part des travaux de leurs pères, de leurs frères, de leurs maris, comme le font chaque jour en silence tant de femmes modestes à nous bien connues; mais ne prétendez pas à les faire sortir de leur sphère, ne les poussez pas hors de la place que Dieu leur a assignée. Il a donné Ève à Adam comme une aide semblable à lui; dans le mariage ou à à l'ombre du toit paternel, c'est toujours dans l'histoire des hommes qu'il faut chercher celle des femmes : Dieu n'a pas séparé leur destinée, ni établi entre eux une rivalité funeste. Celles des femmes qui ont subi ou choisi une existence toute personnelle et indépendante ne vous ont pas révélé les douleurs sourdes et poignantes de leur cruel isolement.

FIN

TABLE DES MATIÈRES

L'ANTIQUITÉ

	Pages.
Alceste	4
Antigone	6
Leœna	14
Femmes juives dans l'Écriture sainte	14
La mère du livre des *Macchabées*	14
La femme forte du livre des *Proverbes*	15
Matrones romaines : Cornélie, mère des Gracques. — Arria. — Pauline	16
Éponine	18
Sainte Natalie	22
Sainte Monique	23
Sainte Agnès. — Sainte Blandine	27
Sainte Geneviève	32
Sainte Clotilde	37
Sainte Radegonde	44

LE MOYEN AGE

Blanche de Castille	56
Marguerite de Provence	61
Éléonore de Castille	77
Gertrude von der Wart	80
Philippa de Hainaut	89
Jeanne de Montfort	103
Jeanne d'Arc	115

LA RENAISSANCE

Olympia Morata	143
Vittoria Colonna	144
Rénée de Ferrare	146
Marguerite de Navarre	147
Jeanne d'Albret	149
Madame Du Plessis-Mornay	161
Margaret More	170

TEMPS TROUBLÉS (XVIIe et XVIIIe siècles)

	Pages
Mistress Hutchinson	187
Lady Fanshawe	194
Charlotte de La Trémoille, comtesse de Derby	204
Rachel, lady Russell	213
Grisell Hume	235
La duchesse de Montmorency	242
Sainte Jeanne de Chantal	252
La Mère Angélique Arnauld	265
Jacqueline Pascal	294
Louise de Marillac et Mademoiselle Legras	296
Gertrude de la Garaye	301
Julie d'Angennes, duchesse de Montauzier	307
La duchesse de Beauvillier	308
Anne d'Ormesson, Madame d'Aguesseau	313
La duchesse de Choiseul	317
Madame Necker	327
La duchesse d'Ayen et la vicomtesse de Noailles	332
Mademoiselle de Sombreuil	342
Élisabeth Cazotte	344
La marquise de Montaigu	346
La marquise de La Fayette	352

NOTRE TEMPS

Madame de Lavalette	369
Prascovie Lopouloff	378
Miss Hannah More	379
Mistress Fry	382
Sarah Martin	386
Miss Anna Gurney	388
Grace Darling	389
Amélie Sieveking. — Miss Florence Nightingale	389
Les Petites Sœurs des Pauvres	390

FIN DE LA TABLE DES MATIÈRES

Imprimeries réunies, B, rue Mignon, 2.

Imprimeries réunies, **B**, rue Mignon, 2.